Teil I des »Steiner«-Romans
ist ebenfalls als Goldmann-Taschenbuch erschienen:

Willi Heinrich:
Steiner I: Das geduldige Fleisch. Roman (3755)

ROBERT WARDEN

Steiner II

Das Eiserne Kreuz

Roman nach Motiven von

WILLI HEINRICH

Mit Fotos aus dem Film
»Steiner II: Das Eiserne Kreuz«

Originalausgabe

Wilhelm Goldmann Verlag

Made in Germany · 6. Auflage · 1/86

Umschlagentwurf: Atelier Adolf & Angelika Bachmann, München
Fotos: Neue Constantin Film GmbH, München
Satz: Mohndruck Graphische Betriebe GmbH, Gütersloh
Druck: Presse-Druck Augsburg
Verlagsnummer: 3884
MV · Herstellung: Lothar Hofmann/Voi
ISBN 3-442-03884-7

Erster Teil

An der Ostfront

1

Da ist niemand, der dieses Schauspiel in seiner ganzen schrecklichen Großartigkeit überblickt. Niemand nimmt voll diese kreischende Sinfonie wahr, in der sich das Röhren der schweren Motoren mit dem fernen Dröhnen der Artillerie, den Salven der Maschinengewehre, dem Peitschen von Gewehrschüssen, den Flüchen der Soldaten und dem Aufschrei Verwundeter mischt. Jeder sieht und hört in dieser Durchdringung von Chaos und Ordnung nur, was unmittelbar um ihn herum geschieht; alles andere ist nur eine ferne Kulisse des Grauens. Niemand wagt, an das Ziel und Ende des Rückzugs zu denken. Jeder zittert nur vor dem nächsten Augenblick. Irgendwie überleben, von einer Sekunde zur andern, weitermachen um jeden Preis, weiter und durch, koste es, was es wolle!

Der Kubanbrückenkopf lag nun schon seit Monaten hinter ihnen. Wer wußte das noch! Die Straße von Kertsch lag hinter ihnen, über die pausenlos die Fähren hin und her gedampft waren. Jede Einheit, die den Fuß an Land gesetzt hatte, glaubte sich gerettet. Aber dann war es natürlich weitergegangen; es gab kaum eine Rast. Und nun waren sie wieder einmal auf dem Marsch durch dieses endlose Rußland.
Die Kolonnen schienen sich von Horizont zu Horizont hinzuziehen. Mannschaftswagen, Laster mit Geräten, Feldküchen, die PKWs der Offiziere, Panzer; und dazwischen fuhren die Krads der Melder oder auch einmal ein Sanka mit dem roten Kreuz auf dem Dach. In manchen Infanterie-Einheiten mußten die Landser marschieren; sie setzten in verdreckten Stiefeln einen Fuß vor den andern, so seelenlos und so entschlossen wie Roboter. Selten, daß einmal ein böser Scherz durch die Reihen flog, auf Die-da-oben, auf die ganze Vergeblichkeit des Krieges. Die Mienen der müden

Männer verrieten überhaupt kaum einen Gedanken; ein jeder hatte sich abgestumpft bis auf die vitalen Reflexe, die ihn weiter trotten machten, weiter und weiter.
Rings um die Kolonnen schien gar nichts mehr zu existieren. Bis auf die fernen Geräusche natürlich – von da hinten, wo der Russe näher kam. Vielleicht hatte der Iwan erst gestern oder so begriffen, wo es nun langging, aber begriffen hatte er es. Man würde nicht einfach in aller Gemütlichkeit in Ruhequartiere spazieren können! Hatten sich Die-da-Oben das wirklich eingebildet? Trotz Stalingrad? Die Landser hatten es anders gewußt, schon immer. Jetzt hörten sie mit jedem Kilometer deutlicher, was auf sie zukam. Sie rochen es geradezu.
Langsam kamen auch die höheren Herren dahinter. Die Kolonnen wurden auseinandergezogen. Die Linie löste sich in vier oder fünf Strahlen auf. Die Nachhut wurde verstärkt. Wohin einer kam, war wie ein Lotterielos, dem man nicht ansah, ob es ein Grab am Straßenrand versprach, einen Heimatschuß, die Gefangenschaft oder bloß das Weitermarschieren. Darüber nachzugrübeln, hatten sie sich längst abgewöhnt.
Der Zug des Feldwebels Steiner befand sich jetzt ganz hinten, sozusagen als Schlußlicht der Kompanie. Hauptmann Stransky war nirgends zu sehen; vielleicht holte er irgendwo neue Befehle ein. Dieser Krieg schien wieder einmal die Sache der Feldwebel, Unteroffiziere und Obergefreiten zu sein, abgesehen natürlich von den Durchhaltebefehlen aus dem Führerhauptquartier. Dort mochte dieser Rückzug nur eine Markierung auf einer Landkarte sein. Hier war er Wirklichkeit aus Staub, Schweiß, unterdrückter Angst und unendlicher Müdigkeit.
Hatten die Laute da draußen nicht plötzlich aufgehört? Steiner spitzte die Ohren. Stille war manchmal viel gefährlicher als jeder Lärm. Lärm bedeutete Entscheidungen, die Ruhe war voll gespannter Erwartung. Und außerdem kannte man ja die Russen!

Nun stieben sie über das Land . . . Gedeckt zwischen Panzern dringen sie vor. »Hurraeh . . .« Die wilden Rufe werden immer wieder von den Salven ihrer Waffen erstickt. »Hurraeh!« Wie die Hunnen greifen sie an. Steiners Zug war, wie die ganze Kompanie, sofort in Stellung gegangen. Steiner selbst hatte ein MG auf die Erde gerammt und jagte die ersten Feuerstöße aus dem Rohr. Der Gurt rasselt durch die Maschine; einer seiner Männer hält den nächsten bereit. Drüben trifft da oder dort eine Kugel, krümmt sich jemand, stürzt, schreit oder sinkt stumm zu Boden. Und links und rechts neben sich sieht der Feldwebel eigene Männer stürzen, brüllend oder still. Der Tod kümmert sich nicht um die Farbe der Uniform. An der rechten Flanke ist ein Trupp feindlicher Infanterie unmittelbar in die deutsche Linie eingedrungen. Deutsche und Russen sind wie ineinander verhakt, verklammert. Seitengewehre blitzen auf, sogar Spatenblätter. Steiners Zug kann den Kameraden nicht zu Hilfe kommen, ohne sie selbst zu gefährden. Und dann sind da noch die anderen Iwans, zwar bislang weiter weg, aber sollen auch sie näher kommen? Schießen, nicht denken, nicht umsehen, schießen, schießen!

Wie durch ein Wunder macht die feindliche Gruppe dort drüben eine Schwenkung. Das Knattern und Schreien flaut ab. Steiner blickt sich um. Auch der Nahkampf nebenan ist zu Ende – eben erst, oder schon vor endlosen Minuten? Er hatte inzwischen keine Zeit gehabt, an etwas anderes zu denken als an das, was in unmittelbarer Nähe seiner Männer geschehen war. Jetzt sieht er die Verwundeten, die Toten, die Erschöpften. Und er sieht in der Ferne die Kolonnen, die stur weitermarschieren, und die Strudel derer, die in einen Kampf Mann gegen Mann gerissen worden sind. Er sieht, was er schon so viele Male gesehen hat: den Wahnsinn.

2

Novograd, irgendeine Stadt in Südrußland. Hier gab es sogar einen Bahnhof, und die Strecke war noch intakt. Es hieß, der Feind sei weit weg. In der Tat hatte man seit Stunden keinen Schuß mehr gehört.

An einem der beiden Bahnsteige steht ein langer Zug; die dicke alte Lok ist bereits unter Dampf. Hinter ihr warten Wagen wild gemischt aus D- und Bummelzügen, Viehwagen, offenen Rungenwagen – was immer man hatte auftreiben können. Und jeder Waggon ist mit Verwundeten vollgepackt. Behelfsmäßige Bandagen um Köpfe, um Brustkästen, um Hüften und Schenkel, sogar um einen Bein- oder Armstumpf. Fahle Gesichter, tief eingezeichnete Falten, Stoppeln, Augen, die aus den Höhlen zu fallen scheinen. Blutflecken auf Uniformjacken, Fieberschweiß auf mancher Stirn. Leises Wimmern, Aufschreien, Rufe nach Hilfe.

Aber es gibt nur eine Handvoll Sanitäter. Sie eilen hierhin und dorthin, doch was können sie schon tun? Nicht einmal genügend Schmerzmittel haben sie noch.

Und dann sind da ja die anderen, deren Bahren noch auf dem Bahnsteig stehen, wohin sie in den letzten Minuten von einem Sanka abgeladen worden sind.

Einer wacht gerade auf, guckt sich fassungslos um, ruft verzweifelt: »Wo bin ich? Was ist mit mir los?«

Ein anderer jammert nach einem Schluck Wasser, und das wenigstens hat einer der Sanitäter gehört. Er eilt zur Pumpe vor dem Bahnhof, füllt einen Blechbecher, rennt zurück. Er legt den Arm unter den Kopf des erschöpften Kameraden, flößt ihm Schluck um Schluck das leicht bräunliche Wasser ein. Der Kopf sinkt auf die Bahre zurück. Das Gesicht verzieht sich zu einem krampfhaft tapferen Grinsen. »Mein Hochzeitssekt war gar nichts dagegen«, murmelt er.

»Na siehste«, erwidert der Sani; »is' allens halb so schlimm.« Dann muß er weiter.

Beinahe stößt er gegen den Feldwebel, der über den Bahnsteig geht, als sähe er nichts um sich her. Der Sani blickt in das Gesicht eines Mannes, der keine Gefühle mehr zu kennen scheint. Ein hageres, verbissenes, gegerbtes Gesicht, streng, von einer seltsam kalten Entschlossenheit. Der Sani kennt solche Leute; er weiß, was sie hinter sich haben; daran will er gar nicht denken. Aus den Waggons fleht jemand um Hilfe.

Feldwebel Steiner geht stur seinen Weg den Zug entlang, zwischen den Bahren hindurch. Die Kämpfe, die er an der Seite seiner Männer gerade hinter sich hat – vor Stunden? vor Tagen? –, haben ihn wieder einmal bis an die äußerste Grenze seiner Kraft getrieben, hinüber in einen Zustand, in dem Zeit oder Leid nicht mehr zählen.

Wenn er nachdenken könnte, würde er die Welt für irrsinnig halten. Aber er denkt nicht mehr nach; er erlebt das alles nur wie durch einen Schleier, der ihn vor der unerträglichen Wirklichkeit abschirmt. Niemand hätte ihn fragen dürfen, warum er hier geht, wieso er überhaupt noch lebt, statt irgendwo als Kadaver zu liegen wie so viele . . . Er lebt, das ist alles.
Aber sein Empfinden ist doch nicht so abgestumpft, wie er meint. Irgend etwas fühlt man immer, solange man lebt. Er kann nicht verhindern, daß ab und zu sein Blick eines der armen Schweine trifft, die auf den Bahren liegen, die sich winden, die stöhnen, die in einem Zwischenreich zwischen Tod und Leben dämmern. Er sieht zum Beispiel einen Jüngling, schön wie eine griechische Statue, doch ein Streifschuß hat ihm das Ohr vom Kopf gefetzt. Dort ist ein Alter, mit dem Gesicht eines gemütlichen Opas, doch Tränen versickern in seinen Bartstoppeln. Verdammt, verdammt! denkt Steiner; dreimal verdammte Scheiße!
Und wofür? Aber das ist die ganz verbotene Frage. Hinter ihm schreit einer auf. Steiner dreht sich nicht um. Was könnte er auch helfen! Es scheint, daß keiner irgend etwas tun kann, seit die Kriegsmaschine ins Rollen gekommen ist. Das Gefühl der Ohnmacht droht ihn zu ersticken.

An der Bahnhofsmauer standen zwei Sanitäter. Der eine, ein Graukopf, zog krampfhaft an seiner leukoplast-geflickten Pfeife. Der andere, ein Milchgesicht, nuckelte vorsichtig an der aus Kippentabak viel zu locker gedrehten Zigarette.
Als Steiner näher kam, dachte er erst: Wie bringen sie es fertig, jetzt und hier eine Pause zu machen? Aber gleich darauf wußte er wieder, wie nötig sie die kleine Rast brauchten, für sich und all die, denen sie alsbald noch helfen mußten. Im selben Augenblick hörte er von der anderen Seite, wo die Waggons standen, die zornig tiefe Stimme eines Soldaten: »Heh, ihr Schweinekerle, holt den Burschen hier 'raus!«
Steiner blickte sich um und sah durch die halb zurückgerollte Tür eines Viehwagens einen jener Männer liegen, die der Krieg uralt und zugleich alterslos gemacht hatte. Steiner wunderte sich, daß diesen Burschen überhaupt noch irgend etwas aufregen konnte.

Danach sah der Feldwebel wieder zu den beiden Sanis hin. Das Milchgesicht hatte sich schon in Bewegung gesetzt, mit müden Schritten, wie unter Zentnergewichten gebeugt, aber noch immer an dem letzten Rest der Zigarette saugend.
Steiner blieb stehen. Der junge Sanitäter schaute in den Viehwagen. Der alte Knochen, der ihn gerufen hatte, zeigte wortlos, mit verzweifelten Gesten, auf ein Bündel Mensch neben sich. Ein Gesicht war unter den Bandagen nicht zu entdecken. Der junge Sani fragte mit leerer Miene: »Was ist mit ihm?«
»Er ist tot, du Blödmann.«
Der Sani blickte den alten Kämpen an, als hätte der Unsinn geredet. »Aber . . . aber . . ., das ist doch unmöglich!« brachte er endlich heraus. »Wir haben . . . wir haben ihn doch eben erst 'reingelegt. Ich selbst habe mit ihm gesprochen!«
»Und jetzt redet er eben nicht mehr.«
Der ältere Sanitäter hatte inzwischen längst seine Pfeife ausgeklopft und war an den Wagen gekommen. Als hätte er es schon tausendmal gemacht, so kletterte er hinein. Er beugte sich über den bandagierten Soldaten und untersuchte ihn. Er wußte sofort, was da los war – nichts mehr, gar nichts, *fini* . . . Er nickte seinem jungen Kameraden stumm zu. Dann sagte er trocken: »Hol eine Bahre.«
Der junge Sani biß sich auf die Lippen und ging zum Stationsgebäude.
Der Ältere knöpfte inzwischen die Feldbluse des Toten auf, faßte nach der Schnur der Erkennungsmarke, packte das Blechding und brach es mit sicherem Griff in zwei Hälften. Die eine ließ er in einen kleinen Sack fallen, der an seinem Koppel hing, und dort klirrte sie leise auf den Haufen, den er schon gesammelt hatte. Irgendwann würde noch ein Brief mehr in die Heimat geschickt werden: ». . . fiel für Führer und Vaterland . . .«
Steiner sah, wie der junge Sani die Bahre brachte, und wie dann die beiden die Leiche aus dem Viehwaggon zogen. Irgendwie merkte er noch, daß er an dem Geschehen nicht wirklich teilnahm. Sein einziger Gedanke war, daß es nun wieder für einen endgültig vorbei war. Aber was galt schon Einer?
»He, Feldwebel . . .«

Steiner blickte auf. Der alte Knochen da oben in der Waggontür starrte ihn an. »Ja?«
»Setzt sich denn dieser verdammte Zug nie in Bewegung, Feldwebel?«
Steiner starrte zurück. Dann nickte er ein paarmal und ging.

Weiter vorn im Zug stand ein Personenwagen, mit richtigen Fenstern, die aber zum Teil mit Holz verschalt oder vollkommen dreckverschmiert waren. Wo immer Glas war, drückte sich ein Gesicht daran, das nur noch aus Augen zu bestehen schien. Unter den Fenstern zog sich eine Inschrift in ungelenken Kreidebuchstaben hin: LETZTER ZUG NACH BERLIN. Steiner konnte nicht einmal grinsen.
Dann sah er zwei Unteroffiziere mit den Blechschildern der Feldgendarmerie sich nähern. Sie glichen allen »Kettenhunden«, die er bisher gesehen hatte, jeder von Kopf bis Fuß grimmige Autorität, sture Treue zum Reglement, mit markigen Mienen und Schritten. Der eine von ihnen platzte fast vor Wut, als er die Kreideschrift sah. Der andere, ein wenig älter, machte eine Handbewegung, die den Genossen beruhigen sollte. So blieb dem nur übrig, das Menetekel wenigstens abzuwischen – mit dem Jackenärmel; ein Opfer fürwahr!
Die Gesichter in den Fenstern und an den Türen ließen sich keine seiner Bewegungen entgehen. In ihnen stand versteckt eine bösartige Heiterkeit, eine kaum gebändigte Verachtung. Steiner hätte den Verwundeten etwas zurufen mögen, aber es war wohl besser, gar nichts zu sagen. Und wieder ging er weiter. In die Straße neben der Station bog kreischend ein Sanka ein. Am Ende des Bahnsteigs blieb er mit einem Ruck stehen. Der Fahrer sprang vom Sitz und lief um den Wagen. Inzwischen waren die Türen hinten schon aufgeflogen, und der zweite Sani landete federnd auf dem Perron. Noch während die beiden die erste Bahre herauszogen, hüpfte ein Obergefreiter ohne sichtbare Verwundung zwischen ihnen herum. Er suchte seine Habe zusammen und sah sich dann etwas verloren um.
Das weckte sofort das Interesse der Feldgendarmen. Sie gingen auf den Mann zu. Doch der Obergefreite nahm das nicht einmal wahr,

denn gerade hatte er Feldwebel Steiner erblickt. Er stieß einen Freudenschrei aus und rannte los. »Steiner! Steiner!«
Der Feldwebel fuhr herum. Langsam verzog sich sein Gesicht zu einem breiten Lächeln. So leise, als wagte er es kaum auszusprechen, sagte er: »Amseln ...« Dann packte er seinen alten Kumpel an der Schulter, schlug ihm liebevoll auf den Rücken und drückte den Obergefreiten gleich darauf um Armlänge fort, als müßte er sich vergewissern, daß es wirklich Amseln war. Der Obergefreite lächelte verlegen.
»Du verrückter Schweinehund!« Es klang seltsam zärtlich. »Wie zum Teufel kommst du hierher? Ich dachte, daß du ...« Steiner verstummte, weil er nicht aussprechen konnte, was er hatte befürchten müssen.
Aber Amseln kannte solche Hemmungen nicht. Grinsend fragte er: »Was? Daß ich tot bin? Ich hab' dir schon mal gesagt, daß ich fünfundneunzig Jahre alt werden will! Bis dahin habe ich noch dreiundsiebzig Jahre, mein Lieber.«
»Wie gut«, sagte Steiner. »Inzwischen wird der Krieg wohl zu Ende gegangen sein. Komm mit.«
Die Feldgendarmen hatten die Szene aus gemessener Entfernung beobachtet. Jetzt, da sie sahen, daß der verdächtige Einzelgänger mit einem Feldwebel losschob, verloren sie das Interesse.
Amseln folgte seinem Feldwebel den Zug entlang. Für eine Weile wurde kein Wort gewechselt. Der Obergefreite hatte den Eindruck, daß dieser Zug überhaupt kein Ende nahm. Der Anblick der Verwundeten an jeder Tür, jedem Fenster, auf dem Bahnsteig erschütterte ihn.
Steiner wußte, wie Amseln zumute war, und wieder einmal wunderte er sich, daß man nie aufhören konnte, das Grauen als Grauen zu empfinden. Damit mußte jeder für sich allein fertig werden, immer wieder.
Endlich riß sich Amseln von diesem Grauen hier los. Wie beiläufig fragte er: »Noch andere von uns hier?«
Steiner nickte. »Ja, Krueger, Dorfmann, Bethke, Chabal und Kreitz. Kreitz sitzt beim Chef, die anderen sind da hinten in Stellung.« Es blitzte in seinen harten Augen ironisch auf, als er fortfuhr: »Wir bewachen den Bahnhof, wir alle!«

Kompanie-Gefechtsstand war das Dienstzimmer des Stationsvorstehers. Dort, wo nun das strahlende Führerbild hing, hatte sicher mal das brummig lächelnde Väterchen Stalin gehangen, und vor ihm Lenin, und vor dem der Zar Nikolaus. Der ungefüge Tisch trug entsprechende Spuren der Zeit. Allerdings waren seine Kerben jetzt mit Papieren bedeckt, Befehlen, Listen, Karten. Nur der Feldfernsprecher ragte daraus hervor. Stransky, der auf einer Art Großvaterstuhl saß, starrte auf den Apparat, als könne er ihn beschwören. Die Finger seiner rechten Hand trommelten nervös auf der Bügelfalte des übergeschlagenen Beines.
Die Leute um ihn herum wagten kaum einen Laut. Stranskys Spieß, der unerschütterlich behäbige Forster, entschloß sich, seinen Rapport doch lieber nicht jetzt abzugeben. Der Hauptfeldwebel kannte seinen Hauptmann mittlerweile durch und durch. Auch Obergefreiter Kreitz, der Nachrichtenmann, wußte Bescheid.
Da hatte der Hauptmann nun vor der Tür diesen Verwundetenzug stehen. Es wäre Zeit, ihn abfahren zu lassen. Diese Ansammlung von Deutschen mochte die Russen zu einem Artillerieüberfall verlocken. Außerdem müßte man, sobald er weg war, die Strecke zerstören. Hieß nicht die Losung »verbrannte Erde«? Den Hauptmann verlangte nach Taten. Schließlich schmückte seine Brust noch immer kein Orden. Aber einfach so handeln, ohne direkten Befehl? Das konnte verdammt schiefgehen. Stransky wußte, daß der Divisionskommandeur ihm nicht gerade grün war. Gottlob hatte der Hauptmann schon seine Verbindungen spielen lassen, um von hier wegzukommen. Wozu hatte man eine Frau, die sich in höchsten Parteikreisen bewegte? Aber noch war die Versetzungsorder nicht da, sowenig wie der Befehl zur Abfahrt des Zuges.
Stransky brachte es einfach nicht mehr fertig, ruhig sitzen zu bleiben. Er sprang auf und durchmaß wie ziellos den düsteren, muffigen Raum. Als er die Tür aufriß, dachte er nur, daß es immer gut sei, die Männer seine ständige Wachsamkeit spüren zu lassen. Was in den letzten Monaten in dieser Gegend Rußlands geschehen war, hatte die Disziplin merklich untergraben. Da half nur Autorität. Stransky straffte sich unwillkürlich.
Und dann sah er den Feldwebel Steiner mit einem Obergefreiten

daherschlendern. Auch der andere Mann kam ihm bekannt vor. Dieser Bursche sah reichlich schlampig aus. Und Steiner –, na, der hatte schon immer Ärger bedeutet.
»Feldwebel Steiner!« brüllte Stransky.
Die beiden waren schon ein paar Schritte weitergegangen. Jetzt blieben sie stehen, und Steiner drehte sich um. Das geschah mit einer aufsässigen Langsamkeit. »Herr Hauptmann?«
Wie Stransky da in der Tür stand, in der tadellos sauberen Maßuniform und der gereckten Haltung eines Parade-Offiziers, das Gesicht verbissen vor Wut, die er nicht hinausschreien konnte, und vor ihm locker der Feldwebel, dessen Mundwinkel verzogen schienen, als wollte er gleich grinsen: das war wie ein stummes, bewegungsloses Duell. Die beiden Feldgendarmen hatten das über die ganze Breite des Bahnsteiges hinweg bemerkt, und sofort kamen sie näher. In Stranskys Augen blinzelte Genugtuung auf.
Amseln wurde unruhig. Steiner murmelte ihm etwas zu.
Mit einer lässigen Geste wies der Hauptmann auf den Obergefreiten. »Feldwebel, wer ist dieser Mann?«
»Obergefreiter Amseln – Herr Hauptmann.«
Also weiß er doch noch, was sich gehört, dachte Stransky. Mit einem Nicken entließ er die Feldgendarmen. Er hatte sie nicht mehr nötig. Er lächelte selbstzufrieden, als er sagte: »Das habe ich mir doch gedacht! Ich vergesse niemals ein Gesicht, Feldwebel, nie! Haben Sie ihn nicht als vermißt gemeldet, Steiner?«
Der Feldwebel nickte, aber er sagte nichts. Man würde ja sehen, was dabei herauskam.
»Und jetzt, vier Tage später, ist er plötzlich wieder da? Seltsam, Feldwebel, sehr seltsam!« Es klang, als hätte er Steiner und Amseln in Verdacht, irgendein niederträchtiges Komplott zu verfolgen.
Steiner zahlte mit gleicher Münze. »Ah, wirklich, sehr seltsam.«
Amseln dachte, der Hauptmann würde jetzt platzen. Aber in dessen Gesicht ging gleich darauf eine neue Verwandlung vor. Irgend etwas mußte ihn bewogen haben, die Herausforderung für den Moment herunterzuschlucken. Seine Hände waren noch verkrampft, als sein Gesicht sich schon wieder geglättet hatte. In einem Ton kalter Ruhe sagte Stransky zu Steiner: »Der Zug da fährt

in fünfzehn Minuten ab. Holen Sie Ihre Männer wieder hierher zurück. Melden Sie sich dann bei mir.«
Der Hauptmann tippte an die Mütze, Steiner grüßte mit übertriebener Akkuratesse, und Stransky verschwand im Dienstraum des Bahnhofs.

Im Führerstand der Lokomotive saßen der Lokführer und sein Heizer auf dem Boden und ließen die Beine nach draußen baumeln. Ihren Uniformen nach sahen sie aus wie alle anderen Soldaten; aber in ihren Gesichtern, ihrer Haltung war etwas, was sie von ihnen unterschied. Stumm saßen sie da und starrten irgendwohin. Vielleicht dachte der Heizer, daß in einer Lokomotive zu fahren immer noch besser war als in einem Panzer. Die Hitze des Kessels war er wenigstens gewohnt.
Vielleicht dachte der Lokführer an den Schlafwagenzug zwischen Hamburg und Stuttgart, den er früher einmal durch friedliche deutsche Nächte gefahren hatte. Vielleicht dachte er an dieses oder jenes Bahnwärterhäuschen, von dem aus ein alter Freund ihm zugenickt hatte. Auf diesen verdammten Strecken in Rußland wußte man dagegen nie, was hinter der nächsten Biegung lauerte. Nicht mal Fahrpläne gab es. Allerdings, so sagte er sich jetzt, war auch die Reichsbahn daheim mittlerweile reichlich heruntergekommen. Autobahnen hatten es sein müssen, und was hatten sie jetzt davon? Leitlinien für englische Bomber. Der Heizer schien seine Gedanken erraten zu haben. »Schöne Scheiße, was, Chef?«
»Kann man wohl sagen. Sieh mal die da . . .«
Der Heizer blickte hin. Jetzt sah auch er die beiden Feldgendarmen näher kommen. Der martialische Aufzug schien ihn aber nicht weiter zu erschüttern.
Der jüngere Kettenhund stellte sich direkt vor das Führerhaus. Breitbeinig markierte er seine Macht. »He, du!« rief er dem Lokführer zu. Der zuckte nicht einmal mit den Wimpern. »He, mach mal 'n bißchen Dampf in deinem Kessel!« Der Lokomotivführer bewegte sich immer noch nicht. »Mach schon, los, los, los!«
»Wir stehen nun schon sechs Stunden unter Dampf, Freundchen«, erwiderte der Eisenbahner gelassen. »Wir warten bloß noch darauf, daß ihr Clowns euch endlich entschließt.«

Der Feldgendarm zischte: »Riskier bloß keine Lippe!«
Der Lokführer drehte sich halb weg und murmelte: »Leck mich am Arsch . . .«
Das halbautomatische Sturmgewehr des Feldgendarmen ruckte in seiner Armbeuge hoch. »Was hast du da gesagt?«
Der Heizer hatte sich ein wenig nach hinten verkrochen, aber sein Kumpan blickte völlig unbeeindruckt in die gezückte Waffe. Mit weitausholender Geste wies er auf all seine Hebel, Räder, Meßinstrumente. »Kannst du so'n Ding fahren?«
Die Waffe des Feldgendarmen sank wie von selbst um ein paar Zentimeter.
Im Gesicht des jungen Mannes breitete sich so etwas wie Erschrekken aus. Sein älterer Kamerad stand jetzt auch nicht mehr neben ihm.
»Also nein«, sagte der Lokführer. »Drum sag' ich's noch mal, leck mich am Arsch.«
Noch wußte der Kerl mit dem Blechschild vor der Brust nicht recht, wie er reagieren sollte. Aber schließlich machte er kehrt und entfernte sich. Sein älterer Kamerad empfing ihn mit leerem Gesicht.
Der Lokführer erhob sich. Zu seinem Heizer sagte er über die Schulter hinweg: »Feldgendarmen! Lauter Arschlöcher!« Dann wandte er sich seinen Instrumenten zu und streichelte zärtlich über sie hin.

Vor dem Bahnhof zog sich die Strecke schnurgerade durchs Land. Links und rechts der Gleise standen Gräser, beugten sich bis über den Stahl. Hier und da sah man ein armseliges Kraut sogar im Schotter zwischen den Schwellen.
Steiner und Amseln schlenderten neben der Bahn entlang. Wenn ihre Blicke den Schienen folgten, sahen sie, wie die sich in der Ferne einander zu nähern schienen, und dort ganz nahe schienen, wo sie im Dunkel eines Tunnels verschwanden. Ringsum war alles so ruhig, als seien sie auf einem Sonntagsspaziergang über Land. Das Gewiesel auf der Station, rings um den Kompaniegefechtsstand des Hauptmannes, lag so weit hinter ihnen, als habe es niemals existiert.
Amseln blieb stehen. Er hatte eine wilde Blume entdeckt. Er bückte

sich, um sie zu pflücken. Versonnen betrachtete er sie. Vielleicht dachte er an ein Mädchen daheim. Steiner wußte, daß er eins hatte. Er hatte einmal ihr Bild in Amselns Soldbuch gesehen, nur für einen Moment, dann war es ganz schnell wieder weggesteckt worden. Das gehörte zu den Themen, über die man nicht sprach, als wären sie zu kostbar, zu gefährdet. Fast hätte Steiner seinen Kameraden um das Heimweh nach diesem Mädchen beneidet; er selbst hatte niemanden mehr und eigentlich überhaupt kein Zuhause. Aber andererseits machte das ja auch alles leichter.
Plötzlich schien sich Amseln seiner Empfindungen zu schämen. Die Blume, von der groben Liebkosung zerdrückt, fiel zu Boden. Langsam begann der Obergefreite, wieder einen Fuß vor den anderen zu setzen.
Nun hatte er den wartenden Steiner erreicht. »Still hier, was?«
Der Feldwebel nickte, ohne etwas zu sagen.
Amseln lächelte verschmitzt. »Meinst du, daß der Russe vielleicht auch nach Hause gehen will?«
»Keine Sorge, sie werden bald genug hier sein.«
Von dort, wo sie standen, erhob sich der Unterbau der Bahnstrecke wie zu einem Damm. Steiner und Amseln erkletterten ihn. Der Gleiskörper stieg so hoch, daß er das Land unmittelbar daneben verbarg. »Sind wir neuerdings bei den Gebirgsjägern?« murrte Amseln.
Aber sein Feldwebel ging nun zwischen den Schienen wortlos weiter bis an den höchsten Punkt der Steigung, von dem aus die Strecke wieder eben verlief. Dort wartete Steiner.
Als der Obergefreite neben ihm stand, sah auch er von dort aus hinunter, direkt auf eine improvisierte Maschinengewehr-Stellung. Er sah drei alte Kameraden, den Unteroffizier Krueger und die Gefreiten Dorfmann und Bethke. Sie hatten ihre Besucher offenbar noch nicht bemerkt. Amseln sah zu Steiner hin, als wollte er warten, bis der etwas tat.
»Krueger!« rief Steiner. Er legte Amseln die Hand auf die Schulter. »Sieh mal, wer hier ist.«
Jetzt fuhren die drei da unten auf. Dorfmann und Bethke grinsten halb spöttisch, halb erfreut. Krueger rief mit freundschaftlichem Hohn: »Was ist los mit dir, Amseln? Warum bist du nicht einfach

weitergelaufen? Inzwischen hätt'st du ja schon zu Hause sein können.«
»Klar«, brüllte Amseln zurück. »Aber ich will erst das Geld wiederhaben, das du mir beim Skat abgeknöpft hast.«
»Kriegst du nie.«
Amseln wollte etwas erwidern, aber Steiner winkte ab, und so schwieg er. Gleich darauf rief Steiner hinunter: »Wir rücken ab. Macht, daß ihr zum Bahnhof kommt.«
»Prima.« Die drei da unten begannen, ihr Maschinengewehr abzubauen. Auch Steiner kehrte nun um. Nach einem Augenblick des Zögerns folgte ihm Amseln. Noch immer rätselte er manchmal, was eigentlich im Kopf seines Zugführers vorging.
Wie sie nun wieder den Gleiskörper abwärts wanderten, sahen sie plötzlich auf der anderen Seite einen Soldaten wie auf Wache stehen. Er hatte ihnen den Rücken zugekehrt, aber Steiner schien den Mann zu erkennen. Er rief: »He, Chabal!«
Der Mann da unten drehte sich um und sah hoch. Er schien aus irgendeiner wichtigen Beschäftigung herausgerissen worden zu sein, so daß er nichts zu sagen wußte.
»Siehst du da was, Chabal?« fragte Steiner.
»Ja, komm nur runter und guck dir das an.«
Steiner und Amseln sprangen von dem nur noch niedrigen Bahndamm. Sie konnten nichts Besonderes erblicken, nur Äcker, die in einem früheren Kampf von Granaten zerfurcht worden waren. Steiner zog verwirrt die Brauen hoch. Amseln schnupperte, als könnte ihm ein Geruch verraten, was hier los war. Chabal drehte sich halb um und wies mit ausgestrecktem Arm auf eine einsame Kuh, die in einiger Entfernung nach den letzten Grashalmen suchte. »Wißt ihr was?« fragte Chabal. »Das ist die erste Kuh, die ich seit mehr als zwei Jahren gesehen habe!«
»Wie hübsch«, murmelte Steiner. Er kannte Chabal,wie jeden seiner Männer. Er wußte von ihm, daß er ein Bauernjunge aus dem Elsaß war, der sich nach seinen Kühen, Pferden, Schweinen und Feldern sehnte. Nur war er jetzt kein Junge mehr, sondern ein Mann, der eigentlich längst eine dralle Bäuerin mit solider Mitgift hätte heiraten und seinem Erstgeborenen hätte zeigen müssen, wie man hinter einem Pflug hergeht. So lange schon hatte man ihn aus

der heimatlichen Umgebung herausgerissen und sein Leben verpatzt. Ihm wie jedem anderen. Aber vielleicht fand er doch noch mal zu seinen Kühen zurück. Wie Amseln zu seinem Mädchen. Oder Kreitz zu seinem Radioladen am Marktplatz von Oberursel. Hatte nicht jeder so einen Traum? Nur Steiner selbst hatte keinen. Er war nun schon so lange dabei, hatte soviel durch- und mitgemacht, als sei er immer schon Landser gewesen und könne nie wieder etwas anderes sein. Das Ende des Krieges, so schauerlich er auch war, konnte er sich nicht mehr vorstellen. Unsinn, überhaupt daran zu denken! Nur der nächste Moment zählte, und dann wieder der nächste . . .
»Komm, Chabal«, sagte er. »Wir rücken weiter.«
Der Elsässer blickte noch einmal zu der Kuh hin. Er winkte ihr sogar. Amseln sah verständnislos auf Steiner und tippte sich an die Stirn. Offenkundig hielt er Chabal für übergeschnappt.
»Mann, versteh doch«, begütigte Steiner; »er ist Bauer. Er vermißt so was eben.«
Amselns Gesicht hellte sich auf. »Ah, ja.« Dann verzog es sich wieder grüblerisch. »Und was vermißt du?«
»Das habe ich vergessen.«

Der Zug steht noch immer im Bahnhof. Der Bahnsteig ist von Bahren geräumt. Die Unrast der Verwundeten, die man in die Waggons gepfercht hat, ist dumpfer Resignation gewichen. Im Dienstraum wartet man weiter auf Anweisungen. Hier ist man nervöser geworden, denn immer häufiger schlagen ringsum Granaten ein. Noch scheint das Feuer ziellos zu sein, aber jedes der Geschosse kann rein zufällig treffen. Wer weiß, wann die da hinten sich einschießen werden? Oder kommen sie schon näher heran? Kreitz hat sich an sein Funkgerät verkrochen. Um Hauptmann Stransky, der wieder wie auf dem Sprung vorm Feldfernsprecher sitzt, scheint sich ein luftleerer Raum gebildet zu haben.
Endlich klingelt dieses verdammte Ding. Stransky greift nach dem Hörer wie von der Tarantel gestochen. Seine Meldung verhaspelt sich.
Am anderen Ende ist Oberst Richter, vom Divisionshauptquartier. Stransky lauscht atemlos. Wenn er den Mann nur sehen könnte!

Er würde sehen: das Speisezimmer eines Gutshauses, mit Männern aller Dienstgrade angefüllt. Neben Oberst Richter steht ein Major. Beide sind Berufsoffiziere, erfahren, geschult, diszipliniert. Ein wenig hinter ihnen steht General Hoffmann mit zwei Stabsoffizieren über einen Kartentisch gebeugt. Selbst in all dem Tumult wirkt Hoffmann noch überlebensgroß. Sein Gesicht, seine Haltung hätten des Lamettas und der Litzen gar nicht bedurft. Oberst Richter formuliert jeden Satz in die Muschel, als müßte er damit vor dem Divisionskommandeur bestehen, der sicher kaum hinhört.
Stransky in Novograd hat begriffen. »Jawohl, Herr Oberst. Ich lasse den Zug jetzt abfahren.«
Pause. Der Oberst hat noch mehr zu sagen.
»Jawohl, Herr Oberst, ich werde mich darum kümmern. Sie können sich auf mich verlassen.«
Kreitz hört den pompösen Ton, und er kommt ihm so schrill vor wie das Pfeifen einer Rückkoppelung.
Stransky hat noch nicht genug. »Sagen Sie bitte General Hoffmann, daß er sich keine Sorgen zu machen braucht.« Irgendwie weiß der Hauptmann, daß Richter jetzt zum General hinüberblickt, und er meint, ein skeptisches Grinsen zu spüren, daß die beiden wohl wechseln. Verdammt, warum bin ich bei ihnen nur so schlecht angeschrieben? denkt Stransky, und: Es wird Zeit, daß meine Versetzung kommt; hier werde ich nie was.
»Besten Dank, Stransky«, sagt Richter. »Aber ich glaube, das sollten Sie ihm lieber selber mal sagen.« Er räuspert sich. »Ich wünsch' Ihnen Glück.«
Aufgehängt hat er. Langsam läßt auch Stransky die Gabel auf den Apparat sinken. Kreitz findet, er sieht wie ein versetzter Liebhaber aus. Aber dann guckt der Nachrichtenmann lieber weg. Es könnte sonst sein, daß der Hauptmann seine Enttäuschung an ihm ausläßt.
Stransky eilt zur Tür und reißt sie auf. Kaum ist er auf dem Bahnsteig, da pfeift es über ihn hin. Er ist zusammengezuckt –, das hat doch niemand gesehen? Unwillkürlich zieht er die Jacke straff. Erst dann sieht er, was auf dem Plattform-Waggon am Ende des Zuges geschieht. Dort hat sich Unteroffizier Krueger mit Bethke und

Dorfmann irgendwie Platz geschaffen, die Verwundeten beiseite gedrängt, und nun stellen sie ihr Maschinengewehr auf. Die Männer, die ringsumher liegen und hocken, sehen entsetzt zu. Einer reißt den Mund auf, als ob er flucht. Krueger fährt den Mann an.
»Unteroffizier!« brüllt Stransky.
Krueger wendet sich zu ihm um. Aber ehe der Hauptmann irgend etwas sagen kann, pfeift wieder eine Granate. Diesmal ist das Sausen viel näher. Alle ducken sich, außer Krueger, der einfach dasteht wie ein Boxer, der zuviel Schläge hat einstecken müssen, um noch reagieren zu können. Als das Geschoß fünfzig Meter von Stransky einschlägt, macht Krueger »bumm«, als fände er's komisch.
Etwas von dem Staub, der bei dem Einschlag aufgewirbelt wurde, ist auf Stranskys Achselstücke gefallen. Er bürstet den Kalk mit den Fingern großspurig gelassen ab. Dann ist er mit drei langen Schritten schon neben dem Waggon.
Von der anderen Seite her sind Steiner, Amseln und Chabal gekommen. Sie haben sich auf den letzten Metern sehr beeilt; Steiner spürt, daß sich hier etwas zusammenbraut. Aber was? Bei Stransky kann man das nie wissen.
Natürlich nimmt ihn der Hauptmann sofort aufs Korn. »Wer hat den Männern gesagt, daß sie da hinaufsteigen sollen?«
Ganz ruhig erwidert Steiner: »Ich dachte, Sie haben gesagt . . .«
Wütend schneidet Stransky ihm das Wort ab. »Ich hab' nicht gefragt, was Sie denken! Ich habe Ihnen gesagt, Sie sollen sich hier wieder melden, das ist alles.« Dann wendet er sich an Dorfmann und Bethke, die verdutzt zu ihm herunterschauen. »Runter da!«
Plötzlich scheint er das Gefühl zu haben, er sei dem Feldwebel eine Erklärung schuldig. »Ich hatte gerade Verbindung mit der Division. Wir haben Befehl, dem Feind die Annehmlichkeiten dieses Bahnhofs zu nehmen.«
Steiner nickt gelassen und weist auf die Gleise hinter sich. »Ja, wir haben bereits Minen vorbereitet.«
Begreift denn dieser Querkopf gar nichts? denkt Stransky. »Gleise kann man neu legen, Feldwebel.« Man muß es ihm wohl erklären wie einem Kind. Er schubst Steiner herum. »Da . . .« Er zeigt nach vorn. »Ich will, daß dieser Tunnel in die Luft gejagt wird!«
Der Feldwebel ist so verblüfft, daß er nicht gleich antworten kann.

»Was hat das mit den ›Annehmlichkeiten‹ dieses Bahnhofs zu tun? Der Tunnel ist doch weit weg.«
»Es ist nicht an Ihnen, Befehle zu interpretieren. Ihre Sache ist es, sie auszuführen.«
Der flammende Blick gleitet an Steiner ab. »Herr Hauptmann, bis zum Tunnel sind es gut zwei Kilometer von hier. Ihre Panzer sind möglicherweise schon dort.«
»Unsinn. Machen Sie sich daran.« Als fürchte er weitere Widerreden, dreht sich Stransky auf dem Absatz um und ruft über den ganzen Bahnsteig den Feldgendarmen zu: »Bringt den Zug endlich in Fahrt!«
Sie warten ab, bis er weit genug weg ist. Dann murmelt Krueger: »War wieder mal typisch.« Er und seine Männer sind inzwischen vom Waggon geklettert. Bethke und Dorfmann tragen das MG und die Gurtkästen. Die Verwundeten verteilen sich auf dem frei gewordenen Raum.
Dann wendet sich der Unteroffizier an Steiner: »Glaubt er, die Russen kommen per Eisenbahn her? Bei Gott, sobald dieses Geschützfeuer aufhört, sind sie mit Panzern hier.«
Steiner nickt; das braucht ihm niemand zu sagen. Amseln neben ihm meint: »Wahrscheinlich glaubt er, das is' ne gute Gelegenheit für ihn, endlich das Eiserne zu kriegen.«
Vorn winkt einer der Feldgendarmen wie wild dem Lokführer zu. Endlich setzen sich die großen Räder in Bewegung. Der Kolben faucht hin und her. Die Waggons beginnen, über die Schienenstöße zu klappern. Ein paar Männer gucken aus heruntergelassenen Fenstern. In den Viehwagen ist jede Tür mit Leibern und Gesichtern besetzt. Irgendwo ruft einer sogar: »Juhu!« Aber niemand antwortet ihm.
Um Steiner herum stehen seine Männer. Sie sehen abwechselnd ihn an und dem Zug nach. Krueger blickt sich nach Stransky um, der jetzt wieder auf sie zukommt. Aus der Tür des Stationsvorstehers späht Kreitz. Er weiß zwar nicht, was vorgefallen ist, aber auch er spürt, daß da was auf der Kippe steht. Krueger, Dorfmann, Bethke, Chabal, Amseln starren ihren Feldwebel an, als erwarteten sie jeden Augenblick, er werde offen meutern. Jetzt steht der Hauptmann direkt neben ihnen. Auch er weiß, was auf dem Spiel

steht. Aber er hat alle Macht hinter sich. Herausfordernd sieht er Steiner ins Gesicht. »Na?«
Eine Sekunde lang messen sie sich. Steiner wägt ab, die Gedanken rasen. Dann dreht er sich zu Dorfmann um und befiehlt: »Hol den LKW.« Zu den andern sagt er knapp: »Bewegt euch.«
Kreitz atmet auf und verschwindet im Bahnhof. Stransky wendet sich ab. Das ist ja noch mal gutgegangen, denkt er. Die Gelegenheit, sich dieses renitenten Steiners zu entledigen, wird schon noch kommen. Eine Weile steht er da und sieht dem Zug nach, bis selbst auf dem letzten Plattformwagen die Figuren verschwimmen.
Da knattert hinter ihm ein Sturmgewehr los. Es klingt dumpf – da rattert irgendwer im Bahnhofsgebäude sein Magazin leer. Irgendwas klirrt. Natürlich, in der Toilette!
Der Hauptmann rennt hin. Die Tür hängt nur noch halb in den Angeln. Vor dem Klosettbecken steht Krueger und donnert ins Porzellan. Die Brille ist schon zersplittert, und Scherben liegen überall. Stransky schreit, aber das ist nicht zu hören.
Als das Schießen aufhört, brüllt der Hauptmann hysterisch: »Unteroffizier, was zum Teufel tun Sie hier!«
Krueger läßt einen letzten, kurzen Feuerstoß los, und dann steht er stramm, so stramm wie einst nach vier Wochen Grundausbildung auf dem Exerzierplatz, und meldet im besten Appellstil: »Unteroffizier Krueger nimmt dem Feind die Annehmlichkeiten dieses Bahnhofs!« Ohne eine Erwiderung abzuwarten, dreht er sich zackig auf dem Absatz um und eilt hinaus. Stransky will ihm nach. Am liebsten möchte er den Kerl zusammenschlagen. Aber . . . er beherrscht sich. Die Lage ist ohnedies kritisch genug. Ich krieg sie schon noch, denkt er, ich krieg sie, sie alle!

3

Dorfmann ging über den Bahnhofsvorplatz. Die Fahrzeuge waren zwischen den Häusern ringsum abgestellt worden. Die Stadt schien ausgestorben zu sein. In viele Dächer hatten Granaten tiefe Löcher gerissen, der Schornstein der Brennerei war in der Mitte

gekappt, und das Doppelkreuz der Kirche hing gebrochen vom Zwiebelturm.
Für einen Moment sah Dorfmann hinter einem halbblinden Fenster das Gesicht einer alten Frau auftauchen, und als es gleich wieder verschwunden war, hatte er das Gefühl, von einer Flamme des Hasses getroffen worden zu sein. Gleich darauf huschte ein kleiner Junge zwischen Trümmern dahin, ein Kerlchen wie sein Sohn daheim in Ebingen, eben noch neugierig bis zum Wagnis, und nun doch wieder von Angst getrieben. Wir sind schon so lange in diesem Land, dachte Dorfmann, und doch sind wir ihm immer so ferngeblieben wie Wesen von einem anderen Stern. Diese Alte und der Kleine da werden nie begreifen, daß wir genau solche Menschen sind wie sie.
Das Schießen war für den Augenblick verstummt. Der Hof, auf dem sein LKW stand, erschien Dorfmann wie ein Asyl. Zwischen den toten Mauern war er abgekapselt sogar von seinen Kameraden. Aber die Gedanken, die die Stille in ihm aufkommen ließ, schüttelte er schnell wieder ab. Man mußte ständig im Trott bleiben, wenn man nicht verrückt werden wollte. Da stand ja sein Wagen, ein wirkliches Ding, das nach Metall und Dieselöl roch. An der Güterrampe des Bahnhofs warteten vermutlich schon Steiner und seine Leute. Und da war Stranskys Befehl . . . der Tunnel.
Dorfmann schwang sich hinter das Steuer. Der Motor sprang an, wie geschmiert. Maschinen brauchten sich nicht mit Gefühlen zu plagen.
Die schweren Räder holperten über das Kopfsteinpflaster. Mit einer scharfen Kurve – elegant, was? – fuhr Dorfmann vor den Güterraum, bremste genau vor dem Trupp, der schon die Geräte für die Sprengung bereitgelegt hatte. Einer hakte die Klappe hinten auf, andere schmissen die Sprengstäbe und den Zündkasten auf die Ladefläche. Da saß jeder Griff. Krueger, Bethke, Amseln und Chabal sprangen auf. Steiner hakte die Klappe fest. Dann lief er um den Wagen und war mit einem Satz neben Dorfmann. »Los, fahren wir.« So war man wieder einmal mittendrin. Im Rückspiegel sah Dorfmann den Kompaniechef stehen; er sah ihnen nach wie ein großer Feldherr.
Die Straße entfernte sich ein wenig von den Gleisen, und sie war

erbärmlich schlecht. Bei dem Klappern hätte man kein Wort verstanden, wenn den Soldaten nach Reden zumute gewesen wäre. Aber was hätte es schon zu sagen gegeben? Der Tunnel kam wieder in den Blick, und das gemauerte Tor in den Berg sah nun schon sehr groß aus. Dorfmann steuerte querfeldein darauf zu. Direkt vor dem schwarzen Loch hatte er wieder eine Art Straße unter den Rädern. Er stoppte.

Einer der Männer hinten hechtete über die Ladeklappe, löste sie, und die anderen sprangen nach. Das Gerät wurde abgeladen. Amseln und Chabal trugen den Sprengkasten und einige der Stäbe in den Tunnel.

Zu Dorfmanns Verwunderung war Steiner noch neben ihm sitzen geblieben. »Wende den Wagen«, sagte er jetzt, »und komm dann mit.« Dann erst sprang auch er ab.

Während Dorfmann den LKW wendete, sah er Steiner im Tunnel verschwinden. Als er dann den Motor absterben ließ, hört er vom Bahnhof her wieder Einschüsse. Ein paar Herzschläge lang war er damit zufrieden, daß Novograd und Stransky so weit zurücklagen. Als er das Steuer verließ und die letzten Gerätschaften aufnahm, die noch dort lagen, wo sie zuerst angehalten hatten, wurde er sich wieder bewußt, daß es hier noch sehr viel gefährlicher werden mochte.

Jetzt lag der Bahnhof unter schwerem Beschuß. Das Feuer war sehr konzentriert; kaum eine Granate traf in den Ort. Auf das Stationsgebäude schienen sie es besonders abgesehen zu haben. Von den Mansarden über dem Dienstraum konnte kaum noch etwas übriggeblieben sein.

Stransky hatte sich dort an die Wand gedrückt, von wo aus sich ein schwerer Querträger über die Decke zog: der versprach eine Art Schutz. So wartete er auf den nächsten Einschlag. Der kam auch, schien die Grundfesten des Gebäudes zu erschüttern, hinterließ aber drinnen keinen sichtbaren Schaden. Stransky sah, daß Kreitz, sein Nachrichtenmann, unter den schweren Tisch gekrochen war, auf dem das Funkgerät stand. Der Hauptmann wünschte, sich auch so verkriechen zu können; aber er durfte sich das nicht gestatten. So rührte er sich nicht vom Fleck.

Der nächste Schuß mußte gleich folgen. Diese Sekunden des Wartens zerrten unerträglich. Man wußte ja nicht, wie viele es sein würden, obwohl jede nächste die letzte überhaupt werden konnte. Da –! Ohrenbetäubend. Als die entsetzliche Detonation verhallt ist, hören sie Gips von der Decke rieseln und Stuck auf dem Fußboden zerplatzen. Dann ist es unheimlich still. Kreitz lugt zaghaft unter dem Tisch hervor. Auch Stransky löst sich aus seiner Starre. Durch den Schutt stelzt er zur Tür. Er sieht sich auf dem Bahnsteig um. Schwellen sind aus ihrem Bett gerissen worden, Gleisstücke aus den Verschraubungen gelöst; einige ragen verbogen gen Himmel. Hier wird sobald kein Zug mehr fahren.
Neben sich sieht Stransky plötzlich Kreitz stehen. Die Knie seiner Uniformhose sind staubig und verbeult. Im Gesicht des Nachrichtenmannes steht nicht einmal Verwunderung. Beide Männer schauen sich um, als könnten sie noch irgendwo eine Hoffnung entdecken. Der Tunnel ist zu weit weg, als daß man erkennen könnte, was dort geschieht.
Der Hauptmann sieht nervös auf seine Armbanduhr. Der Sekundenzeiger eilt viel zu schnell. Dann fällt sein Blick auf einen Sanka, der verlassen am Ende des Bahnhofs steht. Ob die Leute noch leben, die ihn gefahren haben? Sind sie gar – desertiert? Aber wohin! Und spielt es noch eine Rolle? »Gehen Sie hin«, sagte der Hauptmann zu Kreitz. »Sehen Sie, ob der Wagen fahrbereit ist. Vielleicht können wir nicht warten.«
Nicht warten, bis Steiner mit seinen Männern zurückkommt? denkt Kreitz. Stransky hat sie doch in den Tunnel gejagt, – und jetzt gibt er sie einfach auf? Aber möglicherweise kommen sie niemals zurück. Deswegen hätte Steiner doch beinahe gemeutert. Aber noch ist Steiner immer wiedergekommen, der ja! Endlich sagt Kreitz: »Jawohl, Herr Hauptmann.« Und geht zu dem Sanka.

Krueger und Bethke haben den Tunnel umgangen. Bethke hat sich an den Ausgang gestellt und lauscht. Die Stille ringsum ist geisterhaft. Sie spült in Bethke eine seltsame Angst hoch. Er blickt zur Seite, hoch zur Straße. Dort steht Unteroffizier Krueger und grinst zu ihm herunter.
»Mit dem Schießen haben sie aufgehört«, sagt Bethke.

»Sehr gut«, erwidert Krueger spöttisch. »Wirklich sehr gut, Bethke; mittlerweile sind deine Ohren sehr empfindlich geworden.«
Bethke weiß nicht, wie er das verstehen soll, und blickt wieder in die Schwärze des Tunnels.
Wie durch ein riesiges Fernrohr sieht er ganz hinten, gegen den winzigen Ausschnitt des Tages, zwei Schemen. Sie bewegen sich nach irgendeinem unverständlichen Rhythmus, überschneiden sich, entfernen sich voneinander, verschwinden, tauchen einzeln wieder auf und werden endlich vollkommen verschluckt. Es sind Amseln und Steiner. Amseln steht noch nahe dem Tunneleingang, der Feldwebel ist etwas tiefer hineingegangen. Vier Hände huschen tastend über die Tunnelmauern.
Amseln hat jetzt einen lockeren Steinblock erfühlt. Er gräbt mit den Fingern tiefer in die Ritzen. Krümel des trockenen Mörtels dringen unter seine Fingernägel. So kommt er nicht schnell genug weiter. Er zieht sein Seitengewehr. Den Griff hat er mit beiden Händen umfaßt, die Klinge dringt kratzend in die Fuge. Er umfährt so den Steinblock mit hektischer Entschlossenheit. Er hört neben sich etwas fallen und guckt sich um. Aber sehen kann er in diesem Loch beinahe nichts.
Fünf Schritt tiefer im Tunnel ist es Steiner gelungen, einen Stein auszubrechen; beinahe wäre ihm das Ding auf die Füße geklattert. Jetzt packt er einen Sprengsatz in die Lücke. Was immer er tut, er kann es nur erfühlen; die Augen nehmen gerade noch Konturen wahr. Und erst recht weiß er nicht, was um ihn herum vorgeht, an den beiden Seiten des Tunnels oder über ihm.
Über dem Tunnel steht Krueger. Er ist auf den Hügel geklettert, den der Tunnel durchschneidet, und schnuppert in die Luft wie ein Fährtenhund. Aber noch gibt es hier keinen Pulverdampf. Sein Blick geht weit über Land in die Runde. Das Hin und Her des Krieges hat überall Wunden hinterlassen. Doch im Augenblick herrscht eine geradezu idyllische Ruhe. Zu idyllisch für seinen Geschmack, denn an Idylle glaubt er nicht mehr. Dann dringt doch irgendein fernes Geräusch an seine Ohren. Er fährt herum, und da sieht er aus einem Waldstück drei russische Panzer auftauchen. Sie fahren zweifellos direkt auf den Tunnel zu.

Eine Sekunde lang ist er wie erstarrt. Sein erster Gedanke ist: Steiner hatte wieder einmal recht. Dann erst kann er sich rühren. Plötzlich schießt er förmlich ans Ende des Berges, kauert am gemauerten Tunnelbogen nieder, hakt die Hände in die Zinnen und wirft sich herum. Jetzt hängt er vor dem Tunnel zwischen Himmel und Erde. Er weiß selbst nicht, was er tut; ein Instinkt handelt in ihm. Er läßt sich fallen, federt auf. Und schon rennt er in den Tunnel.

»Bethke!« schreit er. »Bethke! Drei russische Panzer! Sie müssen gleich hier sein! Weitersagen!«

Bethke läßt den Sprengsatz, den er eben in eine mühsam geschaffene Lücke schieben wollte, sofort fallen und rennt zur anderen Seite hin. »Die Iwans!« ruft er ins Dunkel, und es hallt dumpf wider. »Drei Panzer!«

Bis zum anderen Ausgang dringt der Alarm nicht. Dort wartet Chabal mit dem Zündgerät auf den Sprengbefehl. Dorfmann fragt: »Wo bleiben bloß Steiner und Amseln? Ich lauf mal 'rein.«

Noch ehe er seine Kameraden erreichen kann, stürzt er in dem Dunkel über herabgefallenen Schutt und liegt wie benommen über dem Gleis.

Nur ein paar Meter zur anderen Seite hin steht Bethke. Er hat auf seine Rufe hin keine Antwort bekommen und zögert jetzt, ob er zum Wagen hin durch den Tunnel laufen soll oder zurück ans nahe Ende, zu Krueger. Dafür entscheidet er sich endlich.

Aber kaum hat Bethke den Tunnel verlassen und sieht Krueger an der Böschung neben dem Bahnkörper stehen, da bricht einer der russischen Tanks aus der Linie und fährt auf ihn zu. Die Leute im Turm müssen ihn gesichtet haben und scheinen sich jetzt einen Spaß daraus zu machen, ihn zu jagen wie einen Hasen. Er versucht, Haken zu schlagen, aber wohin er sich auch wendet, das stählerne Ungetüm setzt ihm nach.

Die beiden anderen Panzer fahren hintereinander her. Das vordere Fahrzeug wird gleich den Tunneleingang erreicht haben. Krueger, der inzwischen den Bergabhang wieder ein Stück hochgeklettert ist, wirft ihm eine Handgranate vor den Bug. Er sucht, so gut es geht, Deckung, zählt . . . Verdammt, das Ding explodiert nicht! Er greift nach einer zweiten Handgranate. Aber noch ehe er sie abziehen kann, eröffnet der zweite Panzer das Feuer. Die Mannschaft hat ihn etwas zur Seite gefahren und dann gestoppt, um so das erste Fahrzeug zu decken. Die Maschinengewehrsalven streichen über den Tunnel hin und her, als dürfte kein Punkt ausgespart bleiben, an dem noch Leben sein könnte. Krueger wirft sich auf den Boden und drückt seinen Kopf in die Erde.

Wer könnte über ein solches Geschehen jemals berichten? Wer könnte im Ablauf selbst oder hinterher erfassen, was alles gleichzeitig geschah oder sich aufeinander folgend ergab? Da liegt Krueger im Dreck und denkt . . . nur die nächsten Sekunden noch leben! Da rappelt sich mitten im Tunnel Dorfmann auf und sucht Steiner. Da wartet Chabal am anderen Ausgang, die Hand am Sprenggerät.

Er hat die Drähte zu den Sprengsätzen angeschlossen; es bedarf bloß noch eines winzigen Drucks, und der Tunnel fliegt in die Luft. Chabal weiß inzwischen, daß die Panzer schon da sind: es bleibt keine Zeit mehr. Aber Steiner, Amseln und Dorfmann sind noch im Berg. Der Tunnel würde sie unter sich begraben.

Rufend und tastend haben Steiner, Dorfmann und Amseln zusammengefunden. Es ist, als stünden sie genau in der Mitte zwischen den beiden Flecken Licht von den Ausgängen her. Jeder wartet darauf, daß der andere etwas sagt oder tut.

»Los, zum Wagen zurück«, entschließt sich Steiner. Doch noch rührt er sich nicht von der Stelle; es ist, als fände er jetzt jedes Handeln sinnlos. So haben seine Männer ihn noch niemals erlebt. Aber ihnen geht es ja auch so, sie fühlen sich hilflos gefangen.

Da verfinstert sich ein Eingang des Tunnels. Das Rasseln der Panzerketten in dem dunklem Schlund ist wie das Getöse eines Erdbebens. Doch wird es noch überlagert von dem Knattern des Maschinengewehrs. Aus dem Panzerturm blitzt es in rasender Folge auf, ein tödliches Feuerwerk. Steiner und Dorfmann drücken sich in eine kleine Bucht der Tunnelmauer. Amseln scheint getroffen zu sein, er rennt ziellos hin und her. Sein Mund ist verzerrt zu Schreien, die in dem Inferno untergehen.

Der Panzer kommt unaufhaltsam näher, feuert pausenlos vor sich her. Steiner ist mit einem großen Schritt neben Amseln und will ihn mitreißen. Doch der Gefreite torkelt zurück, stürzt. Der Panzer wälzt sich an Steiner vorbei, drückt ihn beinahe an die Wand. Amseln wird von den Ketten zermalmt. Der Koloß donnert weiter. Draußen hat der andere Tank Bethke gestellt. Es gibt kein Ausweichen mehr. Bethke steht da, mit ausgebreiteten Armen, als wolle er den Tod begrüßen, der aus dem Panzerturm sprüht. Niemand wird je wissen, was ein Mann in einem solchen Augenblick denkt, ob er noch Schmerzen empfindet, ob er sich noch ans Leben klammert.

Endlich liegt er da, seine Augen sehen nichts mehr, seine Hände sind schlaff, unter seinem Gesicht pulst kein Blut.

Nicht weit von dem Toten steht Krueger. Fast reglos hat er Bethke fallen sehen, sterben. Ihn durchfährt dieses entsetzliche, entsetzlich vertraute Gefühl, plötzlich neben dem Tod alleine zu sein. Seltsam, was man in dem Bruchteil einer Sekunde alles so denkt ... Warum gerade Bethke, – der nie jemandem etwas getan hat? Warum nicht ich oder ... Die bloße Vorstellung durchzuckt ihn wie ein glühender Schmerz. Aber dann merkt Krueger, daß er wirklich getroffen worden ist, die Hose ist zerfetzt, und es sickert Blut durch den Stoff.

Und da ist ja noch der andere Panzer. Halt ihn auf! befiehlt Krueger sich. Für den Augenblick spürt er nicht einmal seine Wunde. Ah, nur ein Streifschuß, sagt er sich in der gleichen Sekunde, in der er eine Handgranate erfaßt, sie abreißt, sie schleudert. Sie rollt direkt unter die linke Kette des Panzers ... und splittert sie auseinander. Das Fahrzeug gerät ins Schlingern, dreht sich auf der Stelle, steht still.

Krueger will wegrennen. Schon die ersten Schritte schmerzen so, daß er aufschreit. Er hört die eigene Stimme und wundert sich über die Stille danach. Er möchte sich fallen lassen –, ist nicht jetzt alles egal? Aber ob er will oder nicht, es treibt ihn weiter. Er preßt die Hand auf die Wunde, humpelt, stolpert, rennt, er weiß selber nicht wie. Er kennt kaum die Richtung, die er einschlägt, – und dann sieht er den leeren LKW warten. Im gleichen Moment tackert einer der Panzer aus dem Tunnel.

Steiner hat dem Tank hilflos nachgesehen, hat mehr gehört als gesehen, wie die Ketten die Sprengkabel zerrissen und noch eine

Weile mit sich schleiften, über Gleise und Schwellen hinweg. Er hat gesehen, was von Amseln übriggeblieben ist, und gleich wieder wegblicken müssen. Nach fast fünf Jahren Krieg sind manche Dinge noch immer unerträglich. Doch der Tod muß sehr schnell gekommen sein, ohne Amseln Zeit zum Entsetzen zu lassen. Steiner reißt sich aus der Erstarrung, rennt hinter dem Panzer her, holt ihn unmittelbar hinterm Tunnelausgang ein.
Der Panzer hat das Sprenggerät einfach beiseite geschoben. Irgendeine der Kugeln aus seinem Maschinengewehr hat Chabal getroffen und ihn hinweggefegt wie eine lästige Fliege. Krueger hat das mitangesehen, hinter einem Baumstumpf kauernd, der ihn verstecken mag.
Und jetzt beobachtet er, wie der Panzer stehenbleibt, als müßten die Leute da drinnen sich gründlich umschauen, ehe sie entscheiden, wem sie nun Tod bringen sollen. Krueger sieht, wie Steiner mit einem letzten atemlosen Anlauf von hinten auf den Panzer springt, wie er sich an dem stählernen Heck hochkrallt und den Turm erreicht. Irgendeine schnelle Bewegung, zu schnell, so daß Krueger nur ahnen kann: Steiner muß eine Handgranate in den Panzer geworfen haben. Steiner springt ab. Sekunden später die Detonation . . .
Da drinnen lebt bestimmt keiner mehr.
Nun laufen Krueger und Steiner auf den LKW zu. Aus dem Tunnel kommt Dorfmann. Sie haben keine Zeit, einander zu fragen. Sofort sieht Dorfmann das Blut auf Kruegers Schenkel. Dorfmann schnallt sein Koppel ab, schlingt es um Kruegers Bein, zerrt es ganz fest. Steiner greift zu, um gemeinsam mit Dorfmann den Unteroffizier auf die Planke des Wagens zu heben. Dann springen Steiner und Dorfmann auf den Fahrersitz. Das alles geschieht ohne ein Wort, automatisch, als wären sie die Figuren einer Spieluhr. Der Motor heult schon auf.
Hinter ihnen bleiben Bethke, Amseln und Chabal für immer zurück. Der Tunnel ist unversehrt.

Auf der Straße hinter dem Bahnhof Novograd wartete der Sanka. Kreitz saß am Steuer, neben ihm Hauptmann Stransky. Die Schüsse und Detonationen vom Tunnel hatten sie nur wie fernen

Schlachtenlärm gehört; nichts hatte ihnen verraten, was dort – oder woanders – wirklich geschehen war.
Stransky hatte gespannt jeden Augenblick die Detonation erwartet, die ihm die Sprengung des Tunnels angezeigt hätte. Aber als nichts passierte, hatte er sich gesagt, daß die Mauern einfach in sich zusammengesackt sein mochten und die nachfallende Erde jeden Laut in sich erstickt hätte. Dennoch hätte er nicht gewagt, irgendwo »oben« Vollzugsmeldung zu erstatten.
In der unmittelbaren Umgebung war es jetzt ganz still. Der Bahnhof glich einem Trümmerhaufen. Es gab keine lebende Seele mehr weit und breit außer Stransky und Kreitz. Es wurde immer dringender, sich abzusetzen. Die Zeit raste und schlich zugleich.
Da hörten sie den LKW, erst leise, dann immer näher, sahen ihn größer werden. Schon erkannte Kreitz die beiden in der Fahrerkabine, Dorfmann und Steiner. Dorfmann fuhr wie ein Rasender. Erst etwa fünfzig Meter vor dem Sanka bremste er scharf ab. Im selben Moment sprang Steiner vom Wagen. Er lief auf Stransky zu, um Meldung zu machen. Kreitz sah in Steiners Gesicht den noch mühsam gebändigten Ausdruck von fast übermenschlichem Zorn. »Hauptmann«, keuchte Steiner, »ich . . .«
Stransky schnitt ihm das Wort ab. »Ist der Tunnel zerstört?«
Kreitz hatte das Gefühl, als traue Steiner seiner eigenen Stimme nicht mehr. Irgendwie mußte er es dann über sich gebracht haben, seine Wut noch einmal herunterzuschlucken. Langsam schüttelte der Feldwebel den Kopf.
Endlich sagte er mit einer seltsamen Ruhe: »Die Panzer waren viel zu früh da.« Dabei blickte er den Hauptmann nicht an, richtete sich offenkundig an Kreitz: »Fahrt lieber los, sie sind auf dem Weg hierher.« Schon wollte er sich umdrehen, aber Stransky rief ihn zurück. Mit beißender Höflichkeit sagte er: »Einen Augenblick noch, Feldwebel.«
Steiner verharrte. Kreitz fröstelte es. Begreift Stransky denn nicht? dachte er. Weiß er wirklich nicht, was er riskiert, wenn er Steiner weiter herausfordert? Glaubt er denn immer noch, daß das hier ein Kasernenhof ist?
»Ich habe Ihnen den ausdrücklichen Befehl gegeben, Steiner«, fuhr Stransky schon fort, betonte jedes Wort, als sollte es schneiden.

»Soll ich annehmen, daß Sie den Auftrag nicht ausführen *konnten*? Oder soll das heißen, daß Sie sich *weigerten*, es zu tun?«
Über die Schultern des Hauptmannes hinweg sah Kreitz das Gesicht Steiners zu Eis erstarren. Er sah auch, wie Stransky unwillkürlich in seinen Sitz zurücksank. Jetzt hat er doch noch begriffen . . .
Kreitz konnte nicht sehen, wie Steiners Hände vorstießen und den Hauptmann beim Kragen packten. Der Feldwebel riß Stranskys Gesicht zu sich heran.
»Ihre ›ausdrücklichen Befehle‹ haben gerade drei Männer sinnlos umgebracht. Ob Sie's nun schlucken oder nicht, Hauptmann, aber erwähnen Sie diesen Tunnel nie wieder vor mir. Niemals!«
Stransky keuchte, als müßte er ersticken. Steiner ließ ihn los, machte kehrt und ging auf den LKW zu. Der Hauptmann richtete sich auf.
Als er sich Kreitz zuwendete, schien er bereits entschlossen, so zu tun, als sei nichts Besonderes vorgefallen. Ist auch besser so, dachte Kreitz, und war fast erleichtert, als Stransky ihn anbellte: »Los, fahren Sie schon!«
Kreitz schaltet, der Wagen springt vor. Er erreicht die offene Straße. Im Rückspiegel sieht Kreitz den LKW folgen. Novograd versinkt hinter ihnen.

4

Endlich lagen sie einmal in Ruhe. Sie warteten auf Nachschub und Ergänzung der Mannschaft. Ihr Quartier war ein verlassenes Gut mit weit verstreuten Stallungen und Scheunen. In einem Vorwerk hatte noch eine kleine Sanitätseinheit Platz für ein Behelfslazarett gefunden.
Feldwebel Steiner schlenderte über den Hof. Dort wichste einer Stiefel und Koppelzeug. Dazu trällerte er im Takt: »Es geht alles vorüber . . .« Der Nebenmann, der auf einem umgekippten Handwagen ohne Räder saß und seine durchlöcherten Socken stopfte, fiel ein: ». . . es geht alles vorbei.« Da hielt sogar der stämmige

Bursche im Unterhemd inne, der über einem wassergefüllten Futtertrog mit einem ausgehakten Fensterladen als Rubbelbrett ein paar Unterhosen sauber zu bürsten versuchte. »Und nächsten Dezember . . .« Die nächste Zeile wurde im Chor geschmettert: ». . . gibt's wieder ein Ei!«

Steiner mußte unwillkürlich grinsen. Aber dieses Lachen war nicht ohne Bitterkeit. Sie sind wie die Kinder, dachte er, als er weiterging. Oder auch wie alte Männer, die die Schrecknisse von gestern und vorgestern vergessen hatten, sich nur noch an ›schöne alte Zeiten‹ erinnerten und sich an jedem winzigen Sonnenstrahl freuten.

Aber was blieb ihnen anderes übrig? Heute ist heute! mahnte sich Steiner. Er blieb bei zwei Kameraden aus einem anderen Zug stehen, die er zwar schon oft gesehen hatte, deren Namen er aber nicht kannte. Sie waren offenbar in ein hitziges Streitgespräch verwickelt.

». . . nur mollige Frauen den richtigen Schmiß im Bett haben, weiß doch jeder, der davon was versteht«, endete gerade der eine.

»Du Doofkopp«, protestierte der andere, »wie sollen die Schmiß haben, wenn sie jedesmal erst ganze Fettmassen 'rumwälzen müssen. Ich hatte damals in Frankreich, in Lille, weißt du, in so 'nem stinkfeinen Puff, eine mit Hüften, die . . .« Dazu machte er eine Geste mit beiden Händen, als hätte er damals gerade eine Untertasse umfaßt.

Daß sie noch wissen, was Frauen überhaupt sind, dachte Steiner, und daß sie Lust haben, sich mit Gedanken an das Unerreichbare zu quälen.

Er hatte jetzt den Pfad durch eine vertrocknete Wiese erreicht, der zu dem Vorwerk führte. Hier gab es keine Kuh mehr, die Chabal hätte anschwärmen können. Chabal! Eine fremde Kuh in der Ferne war sein letztes bißchen Freude auf Erden gewesen. Chabal und Amseln, der neunzig Jahre alt hatte werden wollen.

Chabal, Amseln, Bethke . . . die drei letzten von unzähligen Namen, die nicht einmal auf einem Grabkreuz stehen würden. Hatte Bethke, das scheue Kerlchen, überhaupt jemals eine Frau erkannt? ›Erkannt‹ hieß das ja in der Bibel. Seltsam, an was man alles auf einem einsamen Wiesenweg denkt, sogar an die Bibel.

Am Vorwerk sah er von weitem schon einen Sanka stehen. Man schien eben Verwundete ausgeladen zu haben; Bahren mit Vermummten standen herum, und Sanitätssoldaten eilten hin und her. Ein junger Mann mit den Rangabzeichen eines Unteroffiziers und der Äskulapschlange am Ärmel lenkte das Geschehen wie ein Dirigent.

Als Steiner ihn erreicht hatte, waren die letzten Bahren schon unter Dach getragen worden. Einer der beiden Männer vom Sanka klappte gerade die Tür des Wagens zu, lief nach vorn, sprang zu dem Fahrer, und los ging es, neue Fracht holen . . .

Der Sanitätsunteroffizier war wie verloren auf dem leeren Hof stehengeblieben. Er schreckte förmlich auf, als Steiner ihn ansprach: »Schwere Fälle dabei?«

»Sie sind von denen da drüben, nicht wahr? Sie kommen, Unteroffizier Krueger besuchen? Na, das ist bloß eine tiefe Fleischwunde. Er wird bald wieder bei Ihnen sein.«

»Kennen Sie jeden Namen?«

»Muß ich ja wohl. Sie sind Menschen, Feldwebel, nicht bloß Nummern. Nur die eben gekommen sind . . . Schwere Fälle, fragten Sie? Ja, einer, ein Bauchschuß. Ihn werde ich nicht mehr kennenlernen. Hoffnungslos. Diese Art Sterben ist gräßlich mitanzusehen. Hätte ich mir nie vorstellen können, als ich begann, Medizin zu studieren.«

Steiner begriff, daß der Mann endlich einmal mit jemandem reden mußte, der nicht in den gleichen, wie sinnlos kreisenden Dienst eingespannt war. »Sie waren u.k. gestellt?«

»Ja, sie hatten mir sogar versprochen, ich könnte fertig studieren. Aber dann nahmen sie, was sie kriegen konnten. Hier fragt keiner mehr nach Diplomen. Für meine Sanis bin ich der Doc. Der einzige Arzt weit und breit. Ich!«

»Ich will Sie nicht aufhalten, Kamerad, aber . . .«

»Belling. Sie halten mich nicht auf, Feldwebel . . .«

»Steiner –, sind Kumpels, nicht wahr?«

»Du hältst mich nicht auf, Steiner. Was im Augenblick getan werden kann, tun die anderen. Ich komme noch früh genug ran . . . Säbeln! Nichts als säbeln! Davon haben sie uns auf der Uni nichts erzählt.«

»Hättest wohl gerne einen OP hier, mit blinkenden Geräten und – und hübschen Schwestern?« Kaum hatte Steiner es ausgesprochen, da kam ihm der Scherz ungehörig vor.
»Laß nur«, sagte Belling, »manchmal reden wir selbst so. Verdammt hart, mit unserem bißchen Gelump auch noch von Stall zu Stall, von Zeltlager zu Zeltlager flüchten zu müssen.«
»Dieser Rückzug war für uns alle sehr hart«, betonte Steiner.
»Rückzug?« In Bellings Gesicht stand jetzt offener Hohn. »Was für ein Rückzug? Das war eine ›taktische Frontbegradigung‹. Jedenfalls nennt es das Führerhauptquartier so. Wir haben unsere Lage abgesichert, was immer das heißen soll. Na ja, bei uns sagt man ja auch nicht ›Tod‹, sondern ›Exitus‹.«
Hinten in einer Tür erschien der Kopf eines Sanis. »Doc«, rief er, »die Lunge ist aus dem Koma erwacht und tobt wie verrückt.«
Belling rannte schon zur Scheune, als er Steiner über den Kopf hinweg zurief: »Also, dann!«
Also dann, dachte Steiner. Langsam ging er weiter; er kannte den Weg. Er wunderte sich, daß er bei seinen früheren Besuchen Belling nie begegnet war.
Dann begriff er, daß es daran nichts zu verwundern gab. Belling stand bestimmt nicht oft bloß herum. Nein, Steiner hätte um keinen Preis mit ihm tauschen mögen.
Der Raum, in den er eintrat, war halbdunkel, ein langer Schlauch voller grob gezimmerter Pritschen, auf denen Strohsäcke lagen. In zwei Reihen standen sie da, mit einem schmalen Gang dazwischen. Jede Pritsche war besetzt, doch der Gang war jetzt leer.
Im ersten Augenblick konnte Steiner kein Gesicht erkennen, kaum eine Gestalt. Erst allmählich erblickte er einzelne Männer, die er schon kannte. Manche schliefen oder dösten; einer hatte sich aufgesetzt und spielte auf der groben Wolldecke mit Zweigen und Kieseln, als wolle er eine Modellstadt aufbauen.
Mehrere auf der linken Seite starrten zu einem Mann gegenüber, dessen beide Hände in dicken Bandagen steckten. Er hatte eine Zigarette im Mund, wer weiß woher. Er fummelte mit einer Streichholzschachtel herum, die den straff gewickelten Händen immer wieder entglitt, wippte sie mit den Knien in Reichweite zurück, nahm das Kinn zu Hilfe. Steiner wollte schon zuspringen, ihm hel-

fen, aber dann ließ er es lieber; dieser Mann mußte sich einfach beweisen, daß er noch kein Krüppel war!
Alle sahen sie zu, wie bei einer verwegenen Varieté-Darbietung. Nun hatte der Mann die Zigarette aus dem Mund fallen lassen, schön in Griffnähe, und hielt ein Streichholz mit dessen Kopf nach außen zwischen den Zähnen. Die Schachtel war zwischen die verbundenen Hände geklemmt, wurde so an dem Streichholz gerieben. Es brannte! Jetzt mußte es schnell gehen . . . Man sah kaum, wie es geschah. Plötzlich war die Zigarette wieder im Mund . . . und schon stieg Rauch aus ihr auf.
Wer irgend seine Hände gebrauchen konnte, klatschte Beifall. Die andern johlten »Hurra!« Deutsche Landser . . . konnte nichts sie unterkriegen – außer ihr Führer?
Steiner trat an Kruegers Bett. Der Unteroffizier hatte ihn längst kommen sehen. Jetzt begrüßte er ihn mit den Worten: »Tolle Nummer, was?«
Der Feldwebel setzte sich auf den Pritschenrand. »Wie geht's dir?«
»Beschissen wäre geprahlt.« Doch dabei grinste Krueger trotzig. »Ich weiß ja, daß es schnell heilt. Zu schnell . . . Wo bei euch nich' mal was los ist.«
»Wir sollen dieser Tage neue Männer bekommen. Wahrscheinlich haben sie noch nie 'ne Kugel pfeifen hören. Und wie lange werden wir Zeit haben, sie fit zu kriegen? Da brauchen wir doch jeden Ausbilder. Und überhaupt einen wie dich.«
»Nett von dir, das zu sagen.« Plötzlich erlosch die Heiterkeit auf Kruegers Gesicht. Das war ein seltsam allmählicher Vorgang, eine stufenweise Veränderung über blasse Leere, in die sich dann Furchen gruben, bis Schmerz das Antlitz zu einer Grimasse verzerrte. Eine Art Schrei brach aus dem Mund, wurde aber gleich abgekappt; die Zähne, von den Lippen entblößt, preßten sich aufeinander. Die Augen schlossen sich.
Wie gebannt beobachtete Steiner. Zu sagen gab es hier nichts. Man konnte nur warten, bis es vorüber war. Er meinte zu sehen, wie da unter der Decke, unter der Haut, der Schmerz sich austobte. Wie er sich verlief . . . Denn nun entspannte sich das Gesicht wieder, und Krueger blickte ihn an.

»Das nennt man nun 'ne leichte Wunde«, sagte er. Aber die Erinnerung daran schien ihn doch nicht nur körperlich getroffen zu haben. »Weißt du, Steiner«, fuhr er in einer ganz ungewohnten Nachdenklichkeit fort, »bei diesen Schmerzen . . . da muß ich denken, sie sind vielleicht 'ne Strafe.«
»Strafe – wofür?«
»Nich', für was man so tut. Das ist ja bloß befohlen.«
»Auf der anderen Seite sind auch nicht gerade Engel, Krueger.«
»'türlich nicht. Aber . . . Ah, ich denk da an meinen letzten Urlaub.«
»Was, du warst mal zu Hause?« versuchte Steiner zu ulken. Er hatte das Gefühl, da käme etwas Schreckliches auf ihn zu, und eigentlich wollte er nichts davon wissen.
»Nee, nich' ›zu Hause‹. Meine Frau ist ja aus Hamburg abgehauen, verstehst du? Von unserem Mietshaus in Rothenburgsort steht kein Stein mehr . . . reines Wunder, daß sie im Sammelkeller überlebt hat. Zur Schwiegermama nach Wiesbaden ist sie gegangen . . . Als ich hinkam, gab's dort natürlich keine Zivilklamotten für mich. Mußte immer in Kluft durch die Stadt spazieren. Sah da übrigens gar nicht nach Krieg aus.«
»Was willst du mir eigentlich erzählen?«
»Kommt schon, Steiner. Wird dir verdammt nicht gefallen.« Krueger sah seinem Feldwebel in die Augen, als wolle er sie durchbohren. »Hab's noch niemand gesagt. Könnte verdammt falschen Leuten zu Ohren kommen.«
Der Unteroffizier wandte den Kopf wieder ab. Er schien nur so vor sich hin zu sprechen, als er sagte: »Die Straße vom Nerotal 'rauf zu der Villa meiner Schwiegermama ist ganz steil, und nur mit so 'nen dicken Kopfsteinen gepflastert. Wir kommen gerade aus der Stadt, ich und meine kleine Frau, waren ganz vergnügt und verliebt, und da seh' ich, wie von oben ein Mann und ein Mädchen einen langen zweirädrigen Wagen 'runterbalancieren. Schottische Karre, sagen wir in Hamburg zu so was, und sie war bis oben vollgepackt mit Hausratskrempel. Ich seh, daß der Mann ein ganz alter Herr is', gebeugt, schäbig angezogen, und das Mädchen ein schmächtiges junges Ding. Klar, daß ich zustürze, um ihnen zu helfen, nich'?«

Steiner fragte sich, warum diese Alltagsgeschichte ihn derart berührte. Krueger mußte ja einen schlimmen Grund haben, sie gerade jetzt zu erzählen. Schon der bloße Blick in die Heimat war irgendwie unheimlich, und Steiner wußte, daß es ein Blick in den Krieg war – in diesen Krieg.
Er sagte kein Wort.
»Als ich so renn'«, hörte er Krueger sagen, »seh' ich schon, daß der Alte den gelben Stern trägt. Was kümmert dich das? denke ich. Er ist ein Greis, und die Kleine ist schwach, und sie brauchen Hilfe. Der deutsche Soldat soll doch ritterlich sein, nich'?« Krueger erwartete keine Erwiderung. »Also pack ich zu. Der alte Jude hebt entsetzt die Hände. ›Um Gottes willen‹, sagt er, ›Sie machen uns unglücklich und sich auch.‹ Mußt' ich's nicht einsehen, Steiner? Also bleib ich stehen und seh, wie sie sich mit ihrer Karre den Berg 'runter quälen. Und meine Frau sieht es auch, sieht mich da stehen wie einen Holzklotz.«
»Aber der alte Mann hatte doch recht? Du hättest es für ihn nur schlimmer gemacht.«
»Klar, weiß ich. Nur, Steiner, – ich hätt' meine eigene Uniform anspucken mögen.«
»Wir haben sie uns nicht ausgesucht«, sagte Steiner, und seine Hand fuhr unwillkürlich dorthin, wo das Hakenkreuz auf seiner Feldbluse saß.
»Und wann werden wir sie ausziehen können?« Mit diesem Satz schien Krueger seine Erinnerung abschütteln zu wollen.
Steiner konnte nur mit den Schultern zucken.
Eine Viertelstunde später weiß er nicht mehr, was noch gesagt worden ist, wie er sich von Krueger verabschiedet und wie er den Weg aus diesem Feldlazarett gefunden hat.

Ein Gefreiter stürmte in die Schreibstube. Er brüllte: »Sie kommen!«
Hauptfeldwebel Forster blickte ungerührt auf. »Militärische Formen sind wohl schon total vergessen?« brummelte er. »Und wer kommt, daß du so schreist, Hanke?«
Jetzt war Hanke doch etwas verdattert. »Der Iwan noch nich'.« Es klang wie eine Entschuldigung. Aber erneut aufgeregt fügte er

gleich hinzu: »Die Nachschubkolonne! Man hat sie schon hinten am Dorfrand gesehen!«

Plötzlich war der Spieß ganz und gar da. Der behäbige Mann, der aussah und sich meist auch benahm wie Sancho Pansa, ein unerschütterlicher Realist mit dem zugehörigen Schuß Witz, war aufgesprungen. »Rennen Sie gleich zum Wald, Hanke, da irgendwo muß unser Chef mit 'n paar Mann Formalausbildung machen.«

Dem Gefreiten war, als hätte da allerlei Ironie mitgeklungen – Formalausbildung, sprich Exerzieren, ein paar Kilometer hinter der Front an einem russischen Waldrand! »Der Hauptmann wird seinen Nachfolger nicht verpassen wollen, und außerdem müßte er sich gleich reisefertig machen, die Kolonne wartet bestimmt nicht lange.«

Hanke fragte sich, wie er das Stransky ausrichten könnte. Doch schon eilte er davon.

Inzwischen wandte sich Forster an Kreitz, der an einem Nebentisch saß und den neuen Funkschlüssel studierte. »Suchen Sie Klingmann, er soll sofort die neuen Leute übernehmen. Und holen Sie mir den Küchenbullen, er soll die Lebensmittel kontrollieren, die sie uns bringen – hoffentlich. Ja, und Feldwebel Griesch, für die Waffen und Munition. Los, beeilen Sie sich!«

Im Nu hatte sich das Gut in einen aufgestörten Ameisenhaufen verwandelt. Mitten in das Gewirr hinein fuhr die Versorgungskolonne. Ein anderer als Forster hätte wohl kaum noch gewußt, wo ihm der Kopf stand. Dieser Spieß aber war wieder mal wie ein Fels in der Brandung –, oder nicht wie ein Fels, sondern wie eine selbstbewußte Mama in einer Wohnküche voller aufgeregter Kinder.

Er sah den Hauptmann aus dem Pkw steigen. Das mußte Berger sein, der neue Chef. Forster suchte sich aus Bergers Haltung, aus seinen Bewegungen, aus der Art, wie er mit dem Fahrer sprach, wie er sich sein Gepäck aus dem Kofferraum heben ließ, aus all diesen kleinen Zeichen ein Bild von dem künftigen Kompanieführer zu machen. Schon manchmal hatte der Spieß gedacht, sie seien im Grunde alle gleich, hätten alle keine Ahnung von Menschen, nur von Feuerkraft und Befehl. Wüßten alle nicht, was ein Spieß war und tat, daß Gulaschkanonen so wichtig waren wie Granatwerfer und Schuhsohlen manchmal mehr zählten als Meßtischblätter.

Natürlich gab es überall so 'ne und solche, und Gott gebe, daß Berger ein anderer Mann war als Stransky. Vorläufig fand Forster den Neuen auffallend leger. Der Spieß hatte den Hauptmann erreicht und meldete stramm.

»Um Himmels willen, rühren Sie.« Berger streckte Forster die Hand entgegen. Der Händedruck war kräftig, nicht derb, eher herzlich. Sie sahen einander prüfend an. Irgendwas war zwischen den Männern sofort übergesprungen, ohne daß einer von ihnen hätte sagen können, was und warum. Kreitz war gerade zurückgekommen. Er kam nicht einmal dazu, Meldung zu machen. »Lassen Sie gleich das Gepäck des Herrn Hauptmanns in sein Quartier bringen«, befahl der Spieß. »Ich nehme an, Herr Hauptmann«, wandte er sich dann an Berger, »daß Sie . . .«

». . . daß ich erst mit Ihnen sprechen will, klar.« Berger ließ sich in die Schreibstube bringen. Mit einem einzigen Blick schien er den Raum zu erfassen, das alte Gemäuer, die zusammengesuchten Möbel, die preußische Ordnung der Geräte und Akten. »Die Gesindestube, was? Sehr proper, Hauptfeldwebel. Hier kann gar nichts schiefgehen.«

»Das will ich hoffen, Herr Hauptmann. Legen Sie ab?«

Aber aus dem Mantel ließ sich Berger nicht helfen. »Bin doch kein Opa.« Dann angelte er sich einen Stuhl, rückte ihn vor den Schreibtisch des Spießes und setzte sich. »Legen Sie los, Hauptfeldwebel, erleichtern Sie Ihr Herz. Seh doch, daß Sie 'ne Menge bedrückt.«

»Ich fürchte . . . Herr Hauptmann Stransky kommt gleich.«

Der eine Satz sagte Berger mehr, als Forster wohl hatte ausdrücken wollen.

Unwillkürlich sah der neue Chef zur Tür hin, als müßte dort jetzt sein Vorgänger erscheinen. Und wirklich, schon hörte man Schritte. Eine Tür wurde aufgerissen. Stiefel knallten über die Bohlen. »Herr Kamerad . . .!«

Berger hatte dies und jenes über Stransky gehört; wer in der Division hatte das nicht? Aber ganz so elegant hatte er sich ihn nicht vorgestellt, nicht so gereckt und gestreckt.

Sie begrüßten einander, mit Handschlag und ›deutschem Gruß‹. Und auch Berger fühlte sich taxiert. Gewogen und zu leicht befun-

den, dachte er, denn er war sicher, daß Stransky ihn zu lässig fand, zu lächelnd.
»Sie übernehmen eine schwere Aufgabe, Berger«, sagte der andere. »Sie wissen ja, die Disziplin geht bei gewissen Kampfaufgaben leicht in die Brüche, obwohl ich mich immer bemüht habe, sie schnell wieder durchzusetzen.«
Der Hauptfeldwebel fühlte sich ungemütlich bei dieser Konfrontation der Offiziere. »Die Herren entschuldigen mich wohl . . .« Er merkte, daß sie ihn nicht einmal gehört hatten, und verließ den Raum. Draußen war jetzt soviel zu tun.
Er hatte aber den Eindruck, daß alles schon großartig lief. Wie die Männer der Versorgungskolonne seinen eigenen Leuten beim Abladen halfen, das zeigte deutlich genug, daß sie es sehr eilig hatten, wieder nach hinten zu kommen.
Klingmann stand inmitten einer Gruppe von Neulingen, die fortan zur Kompanie gehören würden. Jeder hatte sein Pack neben sich stehen, und sie alle sahen ziemlich unglücklich aus. Es waren alte Männer dabei und sehr junge, fast Kinder. Offenkundig fragte jeder sich, in was für eine Welt er hier wohl gekommen war. Es wäre falsch, sie jetzt mit Fragen zu bombardieren; Klingmann machte das sehr gut. Dieser gemütliche Riese mit dem täuschend bärbeißigen Gesicht war einfach da und tat, als sei überhaupt nichts Besonderes los.
»Wo ist eigentlich Steiner?« fragte ihn der Spieß.
»Soviel ich weiß drüben im Lazarett, bei Krueger.«
»Natürlich.« Hauptfeldwebel Forster ging weiter, um sich nach den neuen Lebensmittelvorräten umzusehen.
Drinnen hatte sich Berger inzwischen gewundert, daß Stransky nicht einmal Anstalten machte, sich hinzusetzen; also hatte auch er stehenbleiben müssen.
»Wirklich, ich habe leider gar keine Zeit«, sagte Stransky. »Die Kolonne hat's eilig. Ich habe zwar seit Tagen fast all meine Sachen gepackt, aber etwas hat man doch noch zu versorgen, nicht wahr?« Mit einem Lächeln wie auf einem Kasinoabend bat er um Verständnis. »Im Grunde muß doch jeder selbst sehen, wie er mit seiner Aufgabe fertig wird. Hier . . .« Er holte einen Schlüsselbund aus der Hosentasche und begann, einen der Schlüssel von ihm zu

lösen. »Für die Kassette mit den Geheimdokumenten. Da liegen auch Personalpapiere drin über einige Männer der Kompanie . . .«

Berger erwartete, daß Stransky einen bestimmten Mann erwähnen werde, irgendeinen, mit dem er besondere Schwierigkeiten gehabt hatte, und ihm den Ratschlag geben wollte, den Soundso nur ja im Auge zu behalten. Aber Stransky mußte es sich schon wieder anders überlegt haben; er verstummte und sah etwas verlegen drein. Wahrscheinlich war er zu der Überzeugung gekommen, daß ein Kompanieführer wie er nie Schwierigkeiten mit der Wahrung der Autorität gehabt haben dürfe.

»Werde schon klarkommen«, sagte Berger. »Man hat Sie nach dem Westen versetzt, nicht wahr?«

»Ja, dort erwartet man ja nun bald, daß sie eine Invasion versuchen. Die Westmächte werden sich wundern! Wir werden sie in den Bach zurückjagen, ehe sie noch einen Fuß an Land bekommen haben!«

Und dazu braucht Rommel dich, dachte Berger. »Aber Sie wissen noch nicht genau, wo man Sie einsetzen wird?«

»Wo auch immer, ich werde mein Bestes geben, wie jeder von uns. Mein Schwager, der beim . . .« Stransky hatte sagen wollen: der beim Reichssicherheitshauptamt ist; aber er hatte sich rechtzeitig erinnert, daß Berufungen auf seine guten Beziehungen ihm schon einige Male eher geschadet hatten. »Nun, man weiß doch, worauf es jetzt ankommt.«

»Dann also gute Reise, Herr Stransky, und einen guten Kampf«, sagte Berger. Und einen Orden, fügte er in Gedanken hinzu.

Eigentlich hatte sich Stransky als erster verabschieden wollen. Doch er würde Berger vermutlich nie wiedersehen, also was tat's?

»Danke, Herr Berger, und auch ich wünsche Ihnen alles Glück.«

Eine Minute später war Berger allein. Nachdenklich betrachtete er den Schlüssel zur Geheimkassette. Manches, was er jetzt gern gewußt hätte, stand gewiß in keinem der Papiere . . .

Am nächsten Morgen traten Steiner und Klingmann auf den Hof hinter der größten Scheune, in dem die achtzehn neuen Leute angetreten waren. Sie standen in drei Gliedern da, ziemlich locker,

und einige schwatzten leise. Klingmann hatte eine Mappe mit einer Liste in der einen Hand und in der anderen eine Art Zimmermannsbleistift, gerade groß genug für seine mächtigen Pranken. Noch waren Feldwebel und Unteroffizier außer Hörweite der Leute, und es war, als könnten sie sich nicht entschließen, auf sie zuzugehen.
»Hast du unsern neuen Chef schon gesehen?« fragte Klingmann.
»Nein. Aber du bestimmt, du siehst ja immer alles. Was meinst du, haben wir uns verbessert?«
»Na, wenn du mich fragst, gehört dazu nicht viel. Jedenfalls ist Berger ein ganz anderer Typ. Sieht beinahe aus, als könnt' man Pferde mit ihm stehlen. Weiß nur nich', was man drauf geben kann.«
»Weiß man nie, ehe man nicht mit jemand in der Scheiße gesessen hat.«
»Wird bald genug kommen. Und nun wollen wir mal, was?« Klingmann ging über den Hof, und Steiner blieb an seiner Seite. Der Riese baute sich vor dem Trupp auf. »Achtung!« Die Leute erstarrten. Das war aber immer noch kein sehr militärischer Anblick. »Richt euch!« Gescharre. »Augen geradeaus!« Klingmann blickte zu Steiner hin. »Prächtige Garde, was?« Dann befahl er: »Rührt euch!« Man sah ein paar erleichterte, viele müde und einige spöttische Gesichter.
Steiner ging stumm an der vorderen Reihe entlang, musterte sie, kehrte langsam zurück, um zwischen den Lücken nach hinten zu sehen. Er sagte nichts, und niemand hätte erraten können, was er dachte. Nur Klingmann meinte, das ganz genau zu wissen: dasselbe, was er selber dachte. Kein Wunder, daß nach all den Jahren in Polen, Norwegen, Frankreich, Afrika, Rußland – der Nachschub nun so war, wie er war.
»Nehme an, du und Feldwebel Griesch, ihr habt euch schon jeden 'rausgegrapscht, der einen Groschen wert ist«, meinte Steiner endlich.
Klingmann gab sich beleidigt. »Nein, bestimmt nicht, das sind alle, genauso, wie sie aus der Fabrik gekommen sind. Du hast die erste Wahl.«
An den Männern vor ihnen schien der Wortwechsel spurlos vor-

Der Riese baute sich vor dem Trupp auf. »Achtung!« Die Leute erstarrten. Das war aber immer noch kein sehr militärischer Anblick.

übergegangen zu sein, als legten sie gar keinen Wert darauf, gute Soldaten zu sein.
Noch einmal ließ Steiner seinen Blick schweifen. »Ich nehme das letzte Glied.«
Klingmann sah ihn erstaunt an. Steiner lächelte dünn. Dann erklärte er in flapsigem Ton: »Da ich deinen gierigen Kleinkrämergeist kenne, stehen hinten die, die du für dich selbst behalten willst.«
Der Unteroffizier gab sich beleidigt. Dabei übertrieb er ein wenig, denn genauso hatte er sich das wirklich gedacht. Da er sich ertappt fühlte, überspielte er die Verlegenheit, indem er losbrüllte: »Drittes Glied – stillgestanden!« Etwas ruhiger fuhr er fort: »Die übrigen können jetzt gehen. Vergießt ruhig ein paar Tränen, denn ihr habt gerade die Gelegenheit verpaßt, in den besten Infanteriezug der Großdeutschen Wehrmacht zu kommen. Abtreten!«
Die beiden vorderen Glieder lösten sich auf. Diese Männer schlurften davon, auf die Scheune zu, und erst als sie am Tor waren, hörte man sie reden, konnte aber nichts mehr verstehen.
Nun musterte Steiner noch einmal die restliche Reihe. Klingmann nahm seine Liste hoch und begann vorzustellen: »Schütze Junghans . . .«
Junghans, der erste von links, war ein breitschultriger Jüngling mit frischem Gesicht. Er mochte gerade siebzehn geworden und eben von der Schulbank gekommen sein. Steiner fragte: »Wie lange bist du jetzt bei der Armee?«
»Seit drei Wochen, Herr Feldwebel.«
»Na, da weißt du wenigstens schon, wo bei einem Gewehr vorn und hinten ist?«
»Denke, ja.« Junghans grinste. Er schien die Sache noch als Abenteuer aus einem Karl May zu betrachten.
Der nächste Mann war ebenso jung, wirkte aber viel stolzer. »Schütze Keppel«, sagte Klingmann. »Ein Geschenk der Hitlerjugend.«
Steiner blieb unbewegt. »Ah, ja.«
Keppel war damit nicht zufrieden. »Ich war Fähnleinführer«, sagte er selbstbewußt.
»Und wann bist du gezogen worden?«

»Ich habe mich freiwillig gemeldet.«
Steiner wollte schon weitergehen, aber Klingmann war vor Keppel stehengeblieben und zischte ihn leise an: »Du bist mir ein schöner Idiot.«
Eine Antwort wartete der Unteroffizier nicht ab.
»Und du bist –?« fragte Steiner den dritten, einen etwa dreißigjährigen Kerl, der beinahe so groß war wie Klingmann und noch viel häßlicher aussah. Irgendwie schöpfte der Feldwebel Hoffnung; dieser Mann wirkte grimmig, abgebrüht, fast verwegen.
»Schütze Rother«, erwiderte der Mann.
»Und wo kommst du her?«
»Aus'm Gefängnis.«
Steiner sah Klingmann fragend an. Der Unteroffizier blickte in seine Liste. »Schütze Rother«, zitierte er, »klassifiziert als chronisch asozial.«
Rother strahlte. »Der Musterungsoffizier sagte: absolut asozial.«
»Tresore geknackt, oder was?« fragte Steiner.
»Fassadenkletterer«, erwiderte Rother, »Einsteigdieb.«
»Kenn' ich«, sagte Steiner. »Nur waren's bei mir die Fassaden von russischen Panzern. Du bist hier genau am richtigen Platz, Rother.«
»Besser als im KZ allemal.«
Vielleicht hatte Steiner das gar nicht mehr gehört, denn er stand jetzt schon vor dem vierten, einem fetten Vierziger mit kleinen, furchtsamen Augen. Er schien eher in ein großartiges Büro zu gehören als auf einen Hof wenige Kilometer hinter der Front.
Klingmann hatte aufgeschlossen. »Schütze Hauser«, sagte er. »Ihm hat die Gestapo das Fahrgeld bezahlt, von Essen bis direkt hierher.«
»Die Gestapo bringt jemanden an die Front? Is' mal was Neues.«
Der Feldwebel wandte sich an Hauser: »Was hast du denn ausgefressen?«
»Nichts, Feldwebel«, beteuerte der Dicke. »Wirklich, die ganze Sache ist ein lächerliches Mißverständnis.«
»So ist es meistens.« Steiner blickte zu Klingmann hinüber.
Der Unteroffizier erklärte: »War Personalchef in einer Munitionsfabrik. Als sie ihn verhafteten, fanden sie in seinem Schreib-

tisch dreihundert Lebensmittelkarten. Alle waren auf tote Leute ausgestellt.«

»Das nenn' ich Organisationstalent«, murmelte Steiner. Dann fragte er Hauser: »Irgendeine Ausbildung?«

»Beim Kommiß? Drei Tage.«

Der Feldwebel fuhr zu Klingmann herum. Er hatte die Arme in die Hüften gestemmt, als er ihn fragte: »Und warum hast du den für dich behalten wollen?«

Klingmann zögerte ein wenig. »Es heißt, er kann kochen«, sagte er dann.

Steiner nickte; das war eine durchaus plausible Begründung. Gleich darauf hatte er den fünften ins Auge gefaßt, einen stämmigen Jüngling von etwa zwanzig, der auffallend intelligent aussah.

»Schütze Nissen, Student«, verkündete Klingmann.

Steiner sprach Nissen selbst an: »Und was hast du studiert?«

»Theologie.«

»Gibt's denn das auch noch?«

»Doch. Schon mein Vater ist Pfarrer, Herr Feldwebel.«

»Deutsche Christen?«

»Bekennende Kirche.«

»Ah ja, es gibt mehr als eine Art Mut.« Vielleicht hätte Steiner den stud. theol. noch etwas gefragt, wäre nicht gerade Kreitz auf den Hof gerannt. Es sah ganz so aus, als brächte er einen Befehl.

Kreitz war noch etwas außer Atem, als er vor dem Feldwebel stehenblieb. »Entschuldige, Steiner, aber der Hauptmann will dich sehen. Du sollst dich sofort bei ihm melden.«

»Immer: sofort.« Steiner blickte Klingmann skeptisch an. »Scheint, der Neue ist doch nicht so gemütlich, wie du meintest.« Dann sagte er zu Kreitz: »Aber ich kann wenigstens meinen letzten Kämpen noch fragen?«

Schon sah er dem sechsten Mann in die Augen. Die waren irgendwie anders als die der andern; die mußten schon viel gesehen haben; die gehörten keinem Neuling. Der Mann mochte fünfunddreißig sein, hatte eine gedrungene Figur und schien Mühe mit seinen Händen zu haben.

»Gefreiter Habermaß«, sagte Klingmann, »verwundet in Griechenland, war ein Jahr nur g. v. Hat links den Daumen verloren.«

»Du bist Rechtshänder, hoff' ich, Habermaß?«
»Jawoll, Herr Feldwebel.«
»Und warum trägst du dein Verwundetenabzeichen nicht?«
»Noch nicht durchgekommen.«
»Werde dafür sorgen.«
»Krieg ich damit den Daumen wieder?«
Steiner ließ die Schultern fallen.
Dann schaute er noch einmal über alle seine neuen Männer hin. Vielleicht müßte ich ihnen jetzt eine flammende Ansprache halten, dachte er. Aber flammende Worte schmeckten ihm schon lange nicht mehr –, und dem Habermaß wohl auch nicht.
Kreitz wartete nervös. So sagte Steiner zu Klingmann: »Bring den Grünlingen ein bißchen bei, ihnen und deinen, nur das Wichtigste, schnell in den Dreck hauen zum Beispiel . . .«
Dann verließ er neben Kreitz eilig den Hof.

Hauptmann Berger fühlte sich schon so ziemlich ›eingerichtet‹. Jetzt saß er in der ehemaligen Bibliothek des Gutshauses, die schon sein Vorgänger zum Dienstzimmer gemacht hatte. Freilich gab es in den Bücherschränken kaum noch Bücher, außer den wenigen, die Berger selbst hingestellt hatte. Zu ihnen gehörte eine Sammlung »Deutsche Gedichte«, ein schmaler, ziemlich mitgenommener Band, den er schon den ganzen Krieg hindurch mitschleppte, erschienen 1931, so daß noch Heine drinstand. So was war dem Hauptmann in mancher Abendstunde ein rechter Trost gewesen, über den er natürlich mit niemandem sprach.
Jetzt war er in seinen Gedanken freilich weit weg von »Du bist wie eine Blume, so hold und schön und rein . . .« Jetzt kramte er in Kompaniepapieren, die weniger erfreulich waren, am wenigstens die Notizen von Stransky.
Irgendwie gelang es Berger nicht, einen Mann wie ihn zu verstehen. Zumal das Konvolut »Feldwebel Steiner« so völlig dem widersprach, was Berger vom Hauptfeldwebel über Steiner gehört hatte. Immerhin machten diese Notizen dem Hauptmann begreiflich, was der Befehl aus dem Divisionshauptquartier bedeutete, der ihm an diesem Morgen auf den Tisch geflattert war.
Berger sah für einen Augenblick von seiner Arbeit auf und starrte

aus dem Fenster. Genauso mochte hier, irgendwann vor 1914, ein Gutsherr über seine Äcker geschaut haben, und um 1940 herum der Leiter einer Kolchose. Jetzt lagen die Felder brach. Es gab keine Schnitter, keine Mähdrescher mehr. Der Krieg schien langsam alles aufzufressen. Irgendwann wird er sich selbst auffressen, dachte Berger. Dann würde es nicht einmal einen Grenadier mehr geben, der klagte: »Mein Kaiser, mein Kaiser gefangen . . .« Aber Äcker und Ähren, die wird es wieder geben!
Im Moment machte der Krieg ja für diese Kompanie eine kleine Pause. Berger fand diese Tatsache eher beunruhigend. Nicht nur, weil sie zuviel Gelegenheit zum Nachdenken gab. Sondern weil sie anzeigte, daß Die-da-Oben unsicher geworden waren, wie sie ihre Kräfte einsetzen sollten. Im Osten, wo es beinahe nur noch »Rückzüge« gab? Im Westen, wo es jeden Moment losgehen konnte? Stalin würde seine zweite Front bekommen, o ja! Welches Los mochte dieser Kompanie zufallen in dem Zangenzugriff, der das Ende des Reiches bedeuten mußte?
Es war verdammt schwer, in diesem Bewußtsein weiter zu tun, was auch Berger für seine Pflicht hielt. Hier stehst du nun mal, dachte er, sieh zu, wie du das Beste draus machst, und . . . Weiter kam er nicht. Denn da öffnete sich die Tür vom Nebenzimmer.
Herein kam Gefreiter Schulze. Berger schmunzelte, als er den bebrillten Mann sah, der schon Stransky als Ordonnanz gedient hatte. Schulze wirkte so beruhigend unmilitärisch. Fast ein Wunder, daß Stransky einen solchen Typ in seiner Nähe geduldet hatte; aber Schulze war offenkundig in all dem Papierkram so ausgefuchst, daß er unverzichtbar geworden war.
Berger erwischte Schulze noch bei einem Grinsen. Er hoffte, daß es der Genugtuung galt, einen umgänglichen Chef gefunden zu haben. »Was ist, Gefreiter?« fragte der Kompanieführer.
»Feldwebel Steiner zum Rapport, Herr Hauptmann.«
»Rein mit ihm!«
Schulze verschwand, und ein Feldwebel erschien. Mit einer etwas übertriebenen Zackigkeit erwies er den Deutschen Gruß. Formvollendet meldete er sich zur Stelle.
»Stehen Sie bequem.« Der Hauptmann musterte Steiner. Der erste Eindruck entsprach der Vorstellung, die er sich gemacht hatte. Das

war ein Mann, der den Krieg kannte, so wie er in Schützenlöchern, in Wachstuben, beim Sturmangriff erlebt wurde. Ein Mann, der von niemandem mehr verlangte als von sich selbst. Hart, vielleicht bitter, ohne Träume, voller Verachtung für leere Posen und Phrasen. Zuverlässig und zugleich unbequem. Ein Mann, der tat, was er mußte, und doch nicht sich selbst aufgegeben hatte.

»Ich sehe aus meinen Listen, Steiner«, begann der Kompaniechef, »daß Sie außer dem Spieß der älteste überlebende Unteroffiziersgrad in dieser Einheit sind. Ich habe sogar den Eindruck, daß Sie seit einiger Zeit die Kompanie mehr oder weniger in Gang gehalten haben, wie?«

Wenn Berger eine Reaktion erwartet hatte, so wurde er enttäuscht. Steiners Gesicht blieb starr und leer. Natürlich traut er mir nicht, dachte der Hauptmann. Aber er ließ sich nicht beirren. »Ich hatte gehofft«, setzte er erneut an, »daß Sie mir etwas helfen könnten, meine Männer schneller zu verstehen. Wahrscheinlich kennen Sie viele besser sogar als der Spieß. Der übrigens 'ne Menge von Ihnen hält.«

Steiners Miene hellte sich ein wenig auf. Berger meinte ihm anzusehen, daß er dachte: Aha, daher hat der Neue seine Weisheit! Aber noch immer sagte der Feldwebel kein Wort. Vermutlich war er sich klar, daß er nicht deshalb so eilig hierher befohlen worden war. Er wartete auf . . . was immer kommen mochte.

»Unglücklicherweise ist mir das HQ der Division zuvorgekommen«, fuhr Berger fort. »Sie sollen sich unverzüglich bei General Hoffmann melden.« Wieder suchte der Hauptmann in Steiners Zügen nach einem Zeichen – der Angst, des Schuldbewußtseins, des Stolzes, der Erleichterung vielleicht, des blanken Erstaunens. »Selten, daß ein General nach einem Feldwebel verlangt, was?« versuchte Berger zu scherzen. Doch sofort wurde er wieder ernst. »Aber fragen Sie mich nicht warum, denn ich weiß es selber nicht.«

Über Steiners Gesicht schien ein ungläubiges Lächeln zu ziehen. Es klang fast ironisch, als er erwiderte: »Vielleicht könnte Ihnen Schulze das sagen, Herr Hauptmann.«

Nun war Berger doch erstaunt. Mit gerunzelten Brauen fragte er: »Schulze?«

Der Hauptmann musterte Steiner. Der erste Eindruck entsprach der Vorstellung, die er sich gemacht hatte. Das war ein Mann, der den Krieg kannte, so wie er in Schützenlöchern, in Wachstuben, beim Sturmangriff erlebt wurde. Ein Mann, der von niemandem mehr verlangte als von sich selbst. (Richard Burton und Horst Janson)

»Die beste Ordonnanz, die ein Kompaniechef je gehabt hat, Herr Hauptmann.«
»Schulze!« rief Berger. »Schulze!«
Der Gefreite erschien so schnell, daß man den Eindruck haben mußte, er hätte an der Tür gestanden und sein Ohr am Schlüsselloch gehabt. »Herr Hauptmann?« fragte er mit dem unschuldigsten Gesicht der Welt.
»Wissen Sie zufällig, Schulze, warum Steiner zur Division befohlen wird?«
»Aber Herr Hauptmann –, wie sollte ich? Keine Ahnung!«
Steiner sah zu seinem Erstaunen den Chef schmunzeln. Dann hörte er ihn sagen: »Schon gut.«
Auch diesmal entfernte sich Schulze wie ein ständig eiliger Bürovorsteher.
Dann wandte sich Berger erneut dem Feldwebel zu. »Sie wissen Bescheid, Steiner. Hauptfeldwebel Forster wird Ihnen den Marschbefehl ausstellen. Wenn Sie zurückkommen, können wir uns vielleicht einmal etwas zwanglos unterhalten. Hals- und Beinbruch!«
Wiederum stramm verabschiedete sich Steiner.
Als er ins Vorzimmer kam, stand Schulze an einem Karteischrank und kramte darin.
Berger war dem Feldwebel gefolgt, blieb aber in der Tür stehen. Er rief über Steiners Schultern hinweg: »Schulze, bringen Sie mir die Personalpapiere für die Leute aus dem Zug von Feldwebel Griesch, bitte.«
»Jawohl, Herr Hauptmann.«
Berger ging wieder hinter seinen Schreibtisch, die Tür blieb offen. Der Feldwebel stand noch etwas unschlüssig da. Schulze bewegte sich flink, wie immer.
Als er die Papiere gefunden hatte, strich er wie zufällig dicht an Steiner vorbei. Er blieb sogar einen Moment stehen und flüsterte Steiner zu: »Nimm lieber deine Zahnbürste mit. Du sitzt ganz schön in der Scheiße, Steiner.« Er blinzelte in das Zimmer Bergers hinüber. »Aber ich darf natürlich nicht aus der Schule plaudern, nicht wahr?« Dann rief er laut: »Sagten Sie, aus dem Zug von Feldwebel Griesch, Herr Hauptmann?«

Mit geduldiger Stimme kam es zurück: »Ja, Schulze, das sagte ich.«
Nun ist Steiner allein. Er lächelt ein wenig bekümmert über Schulzes Besorgtheit. Aber ihm selbst macht die Fahrt ins Hauptquartier keine große Sorge. Es kann kaum schlimmer werden, als wenn man einen russischen Panzer knackt.

5

Das Hauptquartier der Division lag auf dem größten Gut weit und breit, in dem stattlichsten, besterhaltenen Gutshaus. Kam man ihm nur nahe, roch es geradezu nach Macht und Betriebsamkeit. Da war sogar eine Flak aufgebaut, jeden Augenblick feuerbereit. Überall standen Pkw's oder Kübelwagen. Posten patrouillierten oder standen stur an einem Fleck.
Als Steiner den Hof betrat, fuhr gerade ein Krad ein. Der Mann sprang ab, kippte den Ständer, rannte mit seiner Mappe aufs Herrenhaus zu, alles in einer einzigen Bewegung. Ob die Befehle, die er bringt, direkt aus dem Führerhauptquartier kommen? dachte Steiner. Aber die »Wolfsschanze« war viel zu weit weg ...
Ein halbes dutzendmal mußte der Feldwebel seine Papiere vorzeigen, wurde so gleichsam von einer Sicherheitsschranke zur nächsten geschleust, ehe er im Vorzimmer des Adjutanten stand.
Hier empfing ihn ein Unteroffizier, der ungeheuer herablassend tat. Der Mann schien Bescheid zu wissen, sprach aber nicht darüber, ließ nur an seiner leicht verächtlichen Art merken, daß er Steiner bereits vor dem Kriegsgericht sah. »Der Leutnant hat gerade wichtige Papiere bekommen«, sagte er bloß. »Sie müssen warten.«
Der Kradmelder war also rascher vorangekommen als der Feldwebel. Er stand jetzt in dem riesigen Wohnzimmer, das zur Kommandozentrale der Division geworden war. Hier herrschte eine seltsam gespannte Ruhe. Alles, selbst die stummen Karteischränke, schien darauf zu warten, in hektisches Leben auszubrechen. Irgendwie war es widersinnig, daß keines der Telefone an-

schlug, keines der Funkgeräte piepte. Leutnant Kirstner saß an seinem Schreibtisch; seine Adjutantenschnur schaukelte über der Akte, die er studierte. Ihm gegenüber saß an einem kleineren Schreibtisch ein Fähnrich, ein blutjunges Kerlchen, das mit vor Eifer hochrotem Kopf lange Listen verglich.
Um den Melder kümmerte sich erst einmal niemand. In seinem Ledermantel und mit dem dreckigen Gesicht, in dem nur die Partie um die Augen, wo die Fahrbrille gesessen hatte, maskenhaft bleich geblieben war, fühlte sich der Mann in dieser feinen Umgebung einigermaßen deplaziert. Daran hätte er zwar gewöhnt sein müssen, aber jedes Mal brauchte er erst einige Augenblicke, um die Scheu zu überwinden.
Endlich trat er an den Fähnrich heran, machte seine Ehrenbezeugung, meldete.
Der Jüngling sah auf, erblickte den Umschlag, nahm ihn entgegen. Sofort klopfte sein Herz wieder einmal bis an den Hals. Er erhob sich und schaute auf die Tür zum Nebenzimmer, hinter der General Hoffmann saß. Aber dann ging er doch erst zum Adjutanten.
»Nachrichten von der Ersten Armee, Herr Leutnant. Soll ich sie gleich 'reinbringen?«
»Nicht, wenn ich Ihnen nicht den Kopf abreißen soll.«
Der Fähnrich lächelte verlegen, übergab den Umschlag Kirstner und setzte sich wieder vor seine Listen. Dort unterschrieb er die Empfangsbestätigung und entließ den Melder. Steiner sah den Mann an sich vorüberrennen, als flüchte er vor einem Waldbrand.
»Sie können jetzt rein«, sagte der Unteroffizier.
Der Feldwebel ging. Nun stieß er auf den Fähnrich.
Wieder die Meldung. »Ah, Steiner«, sagte der Jüngling. Er stand sogar auf. Es war ein merkwürdiger Blick, mit dem er den Feldwebel ansah. Es lag darin die Bewunderung eines halben Kindes, das sich nach der Feuertaufe sehnte wie nach einer Männlichkeitsfeier, für den schlachtenerfahrenen Krieger, vielleicht sogar für dessen rebellischen Mut. Doch er empfand wohl auch eine heimliche Angst, demnächst als ›richtiger Offizier‹ solchen ›Untergebenen‹ nicht gewachsen zu sein, gemischt mit dem fassungslosen Unver-

ständnis für Zeichen des Ungehorsams. Unschlüssig setzte sich der Fähnrich wieder.
»Soll ich hineingehen?« fragte Steiner.
Der Fähnrich nickte.
Als der Feldwebel eintrat, sah er den Adjutanten neben dem Tisch des Generals stehen. Hoffmann selbst war in die Meldungen der Armeeführung vertieft. Weder er noch der Leutnant hatten Steiner bemerkt.
Der Feldwebel blieb in vorsichtiger Entfernung stehen. Selbst über diese Distanz konnte er erkennen, wie sehr es den General erschreckte, was er da las. Mit jeder Zeile schien sein Entsetzen zu wachsen. Ab und zu sah er zu seinem Adjutanten auf, und es lag schierer Unglaube in seinem Blick. Der Leutnant nickte, als wollte er sagen: Jawohl, du hast richtig verstanden, Die-da-Oben müssen verrückt geworden sein.
Endlich hatte General Hoffmann alles gelesen.
Er richtete sich in seinem Stuhl auf, und nun wirkte sein Gesicht vollkommen blank. Er schob das Schriftstück beiseite wie etwas, was zu widerwärtig war, um sich gleich weiter damit beschäftigen zu können. Seine Augen wanderten ziellos im Raum umher, und sie schienen etwas zu sehen, was nicht hier war, wie die Augen eines Propheten.
Steiner fröstelte es. Er ahnte, was sein General sah: die Hölle.
Dann kehrte dieser Blick in die unmittelbare Wirklichkeit zurück. Der General erkannte Steiner. Er lächelte sogar. Der Leutnant war sehr erstaunt; Hoffmann lächelte beinahe nie. Der Adjutant wußte, wie wenig es für seinen General zu lächeln gab. Dann merkte Kirstner, was für ein bitteres Lächeln das war.
Steiner war zu strammer Haltung erstarrt. Doch als er meldete, wurde er unterbrochen: »Lassen Sie den Zirkus, Steiner.«
Der Feldwebel verfiel ins ›Rührt Euch‹. Er empfand, nicht ohne Erstaunen, die seltsame Beziehung, die seit langem zwischen ihm und seinem Divisionskommandeur bestand. Natürlich hatten sie sich nicht oft getroffen, aber jedesmal, wenn es geschehen war, schloß sich sofort dieser im Grunde unerklärliche Kontakt. Es war eine der seltenen Verbindungen zwischen oben und unten, zwischen dem Mann von der Front und dem vom Feldherrnstand, eine

stumme Verständigung zweier Soldaten, die beide, jeder auf seine Art, wußten: Es ging immer schneller zum Ende.

Es klang aber sehr ärgerlich, als General Hoffmann losbellte: »Wenn ich mich mit den persönlichen Rivalitäten zwischen allen Männern unter meinem Befehl beschäftigen muß, Steiner, werde ich verdammt wenig Zeit haben für irgendwas anderes.« Steiner verstand, daß der Zorn in dieser Stimme durchaus nicht ihm allein galt, nicht einmal nur ihm und Stransky. Die Erregung über den Armee-Befehl, den Hoffmann soeben erhalten hatte, schwang darin mit.

Diese Erregung schien jedoch etwas abgeklungen zu sein, als der General nun fragte: »Also Feldwebel, was haben Sie für sich vorzubringen?«

»Es tut mir leid, daß ich Herrn General die Zeit stehle.«

Steiner war sich bewußt, daß er noch auswich. Er fühlte einen scharfen Blick auf sich ruhen. Darin lag der Verdacht, daß er ironisch gewesen sei.

Doch die Ironie lag in der Situation selbst. Der Feldwebel zuckte mit keiner Miene.

»Sie sind ein Widerspruch in sich selbst, Steiner«, sagte Hoffmann. »Sind es immer gewesen. Wenn ich mich recht erinnere, wollte man Sie schon zweimal zum Offizier machen. Einmal habe ich's selbst vorgeschlagen. Und ich muß Ihnen sagen, daß Ihre Weigerung mich ziemlich enttäuscht hat.«

»Das tut mir sehr leid, Herr General. Aber ich hatte rein persönliche Gründe.«

»Leid, es tut Ihnen leid! Was kaufe ich mir dafür? Jedenfalls haben Sie beide Male abgelehnt. Über Ihre Gründe will ich nicht rätseln. Aber keineswegs rätselhaft sind die Gründe dafür, daß Sie zweimal vors Kriegsgericht kommen sollten. Beide Male ging es darum, daß Sie schwere Mißachtung für Ihre vorgesetzten Offiziere gezeigt hatten. Das stimmt doch?«

»Ja, so lautete die Anklage, Herr General.«

»Obwohl es nicht unbedingt stimmt –, wollen Sie das andeuten, Steiner?«

Diesmal bekam der General keine Antwort. Steiner senkte bloß ein wenig den Blick. Das konnte alles und nichts bedeuten.

Hoffmann nahm die Meldung Stranskys auf, die vor ihm gelegen hatte. Er wedelte mit dem Blatt, als gäbe er damit ein Signal. »In diesem neuen Fall, Steiner«, sagte er, »geht es nicht nur um Mißachtung. Diesmal haben Sie auch versäumt, Befehle auszuführen, und Sie haben einen vorgesetzten Offizier angegriffen.« Der General las noch einmal in dem Bericht, als könne er die Schwere der Beschuldigung nicht fassen. »Sagen Sie mir eins, Feldwebel: Glauben Sie, Hauptmann Stransky kann das alles aufrechterhalten?«

»Herr General, ich glaube, Hauptmann Stransky könnte überhaupt alles und jedes aufrechterhalten.«

Der General grunzte. Er schien ängstlich bedacht, seine eigene Meinung über Stransky nicht zu verraten. »Was soll ich nun mit diesem Wisch machen? Ignorieren kann ich ihn nicht, mein Adjutant hat ihn bereits abgezeichnet.«

Erst bei diesen Worten schien wieder Leben in Leutnant Kirstner zu kommen. Bisher hatte der Adjutant beiseite gestanden wie eine etwas lässig gebaute Statue. Jetzt zuckte er auf, als müßte er sich gegen einen Vorwurf verteidigen, den er nicht verdient hatte.

Aber der General sah nicht ihn an, sondern den Feldwebel. Die Frage, die in dem Blick lag, traf auf ein Gesicht, das ins Leere zu starren schien. Irritiert hantierte Hoffmann erst mit dem Kasten »Eingang«, dann mit dem Kasten »Ausgang«, die beide auf seinem Tisch standen. Er entschied sich für den mit dem Schild »Eingang«, hob dort drei oder vier Papiere hoch und schob Stranskys Meldung darunter. Dann sah er seinen Adjutanten an.

Leutnant Kirstner reagierte auf solche Blicke längst wie ein Seismograph. »Herr General –?«

Hoffmann gab sich verzweifelt nervös. »Hören Sie, Kirstner, Ihre Leute geben mir viel zuviel Papierkram.« Er zeigte auf den Eingangs-Kasten. »Ich kann diesen ganzen Krempel unmöglich heute noch durchgehen.«

Jetzt war Kirstner wieder irritiert. Doch ergeben erwiderte er: »Nein, Herr General.«

»Also nehmen Sie's weg, Mann! Nehmen Sie's weg!«

Nur zögernd nahm der Adjutant den Kasten an sich. »Jawohl, und . . . morgen wieder vorlegen, Herr General?«

»Ja, natürlich, bringen Sie's mir wieder. Aber erst morgen! Oder wollen Sie, daß die ganze Armee knirschend auf der Stelle tritt?«
»Natürlich nicht, Herr General.« Kirstner wollte schon forteilen. Doch Hoffmann rief ihn noch einmal an. »Ah, und schicken Sie Nachricht an Steiners Kompaniechef. Melden Sie ihm, daß Feldwebel Steiner vierzehn Tage auf Urlaub geht. Und zwar ab heute.«
Steiner hatte fast ebensoviel Mühe, sein Erstaunen zu verbergen, wie der Leutnant. Aber Kirstner faßte sich schnell. »Ab heute«, wiederholte er stramm. »Jawohl, Herr General.« Dann verließ er rasch das Zimmer. Steiner wußte immer noch nicht, was er denken sollte. Der General schien ihn vergessen zu haben. Hoffmann stand auf, stellte sich vor die Lagekarte an der Wand hinter dem Schreibtisch und betrachtete sie lange.
Dann erst sprach er den Feldwebel wieder an. »Ich nehme nicht an, daß es Ihnen entgangen ist, Steiner –, unsere Lage an dieser Front ist – in Fluß geraten.« Er sah sich nach dem Feldwebel um. »Das ist die militärische Umschreibung für chaotisch. Aber wenn Ihr Urlaub zu Ende sein wird, könnte die Situation noch – flüssiger geworden sein. In diesem Fall wäre es ganz unsinnig, daß man Sie einsperrt oder erschießt. Dann werde ich andere Dinge zu tun haben, Steiner. Und nun gehen Sie mir aus den Augen.«
Steiner steht stramm und grüßt. Hoffmann erwidert den Gruß, dreht sich wieder zu seiner Landkarte um, und Steiner geht.
Der Vorzimmer-Unteroffizier sieht ihm nach wie einem leibhaftigen Wunder.

6

Einer der Ställe sah nun schon beinahe so aus wie eine richtige Kaserne. Die alten Leute der Kompanie hatten es sich in ein paar Kojen auf Stroh und Decken recht gemütlich gemacht. Damit hatten sie zugleich sehr deutlich ihr Revier markiert gegenüber den Neulingen, die zusehen mußten, wie sie mit dem restlichen Raum auskamen.

Es war Abend, und nur ein paar »Hindenburg«-Lichter, breite Wachsteiche in gefetteten Papp-Töpfchen, erhellten flackernd den Raum. Die Ausbildungsstunden für die Neulinge waren hart gewesen, und alle waren sehr müde. Nur Unteroffizier Krueger schien keine Ruhe finden zu können.

Er war erst an diesem Morgen aus dem Lazarett gekommen, trug noch einen dicken Verband unterm Hosenbein, hatte aber sogleich den Front-Rekruten bewiesen, wessen er fähig war – und wessen sie fähig werden mußten. Doch jetzt zeigte er sich ihnen von einer anderen Seite, demonstrierte ihnen, daß er kein Kasernenhof-Schreihals war, kein schikanierender Schinder, sondern ... ja, was? Die Neulinge konnten sich noch keinen rechten Reim darauf machen. Um sich herum hatte Krueger allerlei Habe gefallener Kameraden aufgebaut. Sie stammte aus dem Gepäck, das der Troß nachgebracht hatte. Der Unteroffizier saß mitten unter diesen verwaisten Habseligkeiten wie ein Beduinenhäuptling auf gekreuzten Beinen. Neben ihm stand aufrecht Gefreiter Dorfmann, der in die Rolle eines Auktionators geschlüpft war.

Krueger reichte ihm ein altes Kochgeschirr noch aus verzinktem Blech. »Da haben wir jetzt ein echtes antikes Kochgeschirr für unseren Plutokraten aus Essen, Herr Dorfmann«, sagte er im Stil eines Rummelausrufers.

Dorfmann gab den Napf an Hauser weiter und erhielt dafür fünf Zigaretten. Er legte sie zu dem Haufen einzelner Glimmstengel, der sich schon neben Krueger angesammelt hatte.

Krueger wandte sich an Hauser. »Ein sehr guter Kauf, mein Herr. Das ist nicht wie der moderne Tinnef.« Bei diesem jiddischen Ausdruck zuckte der Fähnleinführer zusammen. Krueger grinste zufrieden. »Dieser Ausrüstungsgegenstand ist so hergestellt worden, daß er mindestens so lange hält wie das Tausendjährige Reich.«

Schütze Keppler sprang auf. Sein Nebenmann, der strahlende Junghans, begütigte ihn: »Wir sind hier nicht auf 'nem Schulungsabend.«

»Und was haben wir hier?« fragte Krueger. Er hielt eine Mundharmonika hoch. Sie mußte viel gespielt worden sein.

»Die ist doch von Bethke«, sagte Dorfmann. »Er liebte nur ganz traurige Lieder.« Er wog sie nachdenklich in der Hand und blickte

sich unter den Männern um. »Die kriegt nur einer, der spielen kann. Also –?«
Nissen, der Theologie-Student, meldete sich.
»Ah nein«, protestierte Krueger, »der bläst uns ja nur Choräle!«
»Wartet's ab«, meinte Nissen und streckte die Hand nach dem Instrument aus. Er probierte es gleich. Schon nach den ersten Tönen erkannten sie alle das Lied – einen Tonfilmschlager.
Habermaß, der Landser von der Front in Griechenland, kommentierte zu allem Überfluß: »Das hat doch die Zarah Leander gesungen. Wißt ihr, daß sie neulich ins Führerhauptquartier eingeflogen worden ist?«
»Zarah Leander hat den Führer gesehen!« schwärmte HJ-Führer Keppler.
»Klar«, ergänzte Habermaß, »sie mußte ihm den ganzen Abend immer wieder genau dieses Lied vorsingen: ›Ich weiß, es wird einmal ein Wunder geschehn‹ . . .«
»Wir überlassen ihm die Mundorgel umsonst!« entschied Krueger. »Du hast doch noch mehr so was auf Lager, Nissen?«
Statt einer Antwort kam die Melodie: »Das kann doch einen Seemann nicht erschüttern, keine Angst, kein Angst, Rosmarie.«
Alle lachten, bis auf Keppler. Krueger suchte nach dem nächsten Auktionsobjekt, als die Tür aufging und Steiner erschien. Noch bemerkte ihn niemand.
Ihm war es lieb so. Er war sehr leise gewesen, als wagte er kaum, sie in dieser Abendstunde aufzustören. Irgendwie hatte Steiner schon das Gefühl, nicht mehr zu ihnen zu gehören. Der Ausflug ins Divisions-Hauptquartier und dessen seltsames Ergebnis hatten ihn förmlich herausgerissen. Ihm war, als trüge er ein Mal auf der Stirn, das Kainszeichen derer, die ein verbotenes Geheimnis erfahren hatten.
Er schlich sich geradezu an den Kojen entlang, um seine Habe zu suchen. Endlich entdeckte er, daß sie jemand in eine Box gelegt hatte, die der Kruegers genau gegenüberlag. Erst als er nach seinem Tornister griff, zeigte ein Stirnrunzeln Kruegers an, daß er seinen Zugführer erblickt hatte.
Doch er sagte nichts. Er hielt ein Paar Schnürstiefel in der Hand und tat, als sei Steiner nicht vorhanden. Was immer er von mir

hören will, dachte der Feldwebel, er möchte es mit mir allein abmachen, nicht hier und nicht jetzt.
Krueger begann in seinem Ausruferton: »Und nun, meine Herren, kommen wir zu dem Höhepunkt dieser Auktion! Ein Ersatzpaar Stiefel. Direkt von ihrem ersten Eigentümer. Aus dem persönlichen Besitz des Gefreiten Paul Amseln – einem Mann, den die meisten von euch nicht gekannt haben, einem Mann, der aber unsere Achtung verdient.«
Er blickte zu Steiner hinüber und zögerte einen Moment. Aber schon fuhr er fort: »Ja, wirklich. Man könnte sogar sagen, ein hervorragender Mann. Diese Stiefel des Gefreiten Amseln waren sein Stolz und seine Freude. Sie werden nie drücken, und sie werden nicht lecken wie die billigen Treter, die man euch verpaßt hat. Nein, meine Herren, diese Stiefel sind noch echt. Sie sind bis direkt an die Tore Moskaus gekommen, wo schon Napoleon mal stand. Und fast den ganzen Weg zurück sind sie auch gelaufen. Man sagt sogar, sie seien in Stalingrad gewesen. Darauf kann ich zwar nicht schwören, denn zum Glück kann ich sagen, da war ich mal nicht dabei.«
Ob das jene Zeit war, dachte Steiner, in der Krueger auf Urlaub jenem Karren begegnete? Er hatte gemerkt, daß der Unteroffizier etwas herunterschlucken mußte, ehe er seine seltsame Totenehrung wiederaufnahm.
»Aber ich kann euch versichern«, sagte Krueger dann mit dem vorigen knapp verhohlenen Sarkasmus, »man kann mit ihnen in jeder Richtung marschieren, besonders nach hinten, und das könntet ihr sehr nützlich finden in den dunklen Zeiten, die uns bevorstehen.«
Steiner sah, wie Keppler aufsprang und mit geballten Fäusten auf Krueger zuging. Der Fähnleinführer zischte: »Wehrkraftzersetzung!«
Junghans zerrte ihn zurück. »Werd' mal erst so ein guter Soldat wie die da«, flüsterte er.
Der kleine Zwischenfall hatte eine merkwürdig gedrückte Stimmung hinterlassen. Es war, als sei allen die zerstörende Gewalt dieses Krieges bewußt. In ihm stand man nicht nur gegen den Feind, den Tod in der Schlacht. Die Kameradschaft selbst schien

in Frage gestellt. Steiner empfand es besonders; er hatte zum ersten Mal seit . . . oh, seit Jahren womöglich . . . das Gefühl, daß er losheulen könnte.

Nur Krueger schien die dumpfe Trauer nicht wahrhaben zu wollen. Da sich kein Bieter meldete, forderte er grob: »Kommen Sie schon, meine Herren! Was wird geboten? Hat jemand ›zwanzig‹ gesagt?« Noch immer rührte sich niemand. »Na gut, fünfzehn. Was ist mit fünfzehn?«

Da meldete sich endlich wenigstens Rother, der Galgenvogel. Er hatte längst keine Gefühle mehr, wenn es um Beute oder Gefahr ging. »Wenn sie mir passen«, sagte er, »geb' ich dir zehn.«

Einen Augenblick zögerte der Unteroffizier noch. Dann warf er Rother die Stiefel zu. »Da hast du sie, sie gehören dir.«

Nun aber packte auch Krueger Schwermut. Er stand auf, wedelte mit den Armen, um die Männer wegzuscheuchen. »Fertig, haut ab! Die Versteigerung ist zu Ende.«

Die Männer verkriechen sich an ihre Plätze. Krueger geht zu Steiner.

Sie grinsen sich gerade an, als Schulze erscheint. Die Ordonnanz Bergers hat ein paar Papiere in der Hand. Er übergibt sie Steiner zunächst ohne ein Wort. Krueger sieht rätselnd zwischen der Ordonnanz und dem Feldwebel hin und her.

»Da bist du ja, Steiner«, bringt Schulze endlich heraus. »Ich weiß nicht, wie du's geschafft hast. Ich begreif's einfach nicht.«

Steiner nimmt die Dokumente wortlos entgegen und legt sie auf seinen Tornister. Krueger greift danach, liest, staunt.

»Vierzehn Tage Urlaub? Du ausgekochter Schweinehund! Wie zum Teufel hast du das wieder gedreht?«

Steiner antwortete darauf mit einem scharfen Blick. Krueger mildert seine Ulkerei. »Wenn du nicht gehen willst«, sagt er, »wir könnten irgendwie tauschen.«

Nun lächelt Steiner doch noch. »Das würde nicht klappen. Mein Bild und dein Gesicht –, da merkt jeder den Schwindel. Du siehst zu gut aus.«

In komischer Übertreibung brüstet sich Krueger: »Findest du wirklich?«

»Na klar. Du bist eine sehr würdige Erscheinung.«

Krueger gibt sich betroffen. Steiner dreht sich weg, um seine Sachen zu packen. Dann sagt der Unteroffizier: »Vielleicht hast du recht.« Nun fragt er ernsthaft: »Wohin willst du gehen?« Er weiß, daß Steiner keine Familie mehr hat.
Steiner zögert. Erst jetzt scheint ihm klarzuwerden, daß er nirgends zu Hause ist. »Ich weiß es nicht«, erwidert er dann. »Ich habe noch nicht darüber nachgedacht.«
Kruegers Ton klingt wieder aufgekratzt, als er vorschlägt: »Warum solltest du nicht nach Paris fahren, Steiner?« Steiners erstaunter Blick macht ihn nicht irre. »Aber sicher! Stadt der Lichter und so. Warum nicht?«
Steiner zuckt mit den Schultern. »Na ja, warum nicht.« Schon will er gehen. »Auf Wiedersehen in vierzehn Tagen.«
»Wiedersehen.« Keiner der beiden alten Kameraden glaubt wirklich, was er sagt. Das bestätigt sich, als Steiner Krueger ganz gegen alle Gewohnheit die Hand schüttelt.
Der Unteroffizier sieht dem Feldwebel nach, wie er den Stallgang entlang zum Tor geht. Aus Nissens Koje klingt leise die Mundharmonika.

Pariser Zwischenspiel

Da lag nun diese Stadt unter ihm – ein Meer von Dächern und Türmen. Eine Stadt, die schon als Metropole glänzte, als Berlin noch ein Fischernest war. Und nun die Hauptstadt eines geschlagenen Landes. Wie lange noch –?
Ziemlich weit rechts blitzte das Gestänge des Eiffelturms im Licht der Vormittagssonne. In der Luft hing ein Duft von Frühling. Man schrieb den 5. Juni 1944.
Feldwebel Steiner stand auf dem Montmartre, dem Berg der Märtyrer. Als er sich umblickte, sah er wieder die Sacré Cœur, diese islamisch-indisch angehauchte Zuckergußtorte, ein süßes Stück Kitsch, das doch seltsam großartig und ergreifend wirkte. Vor dem Tor standen Männer in deutschen Uniformen, wie überall ringsherum.
Auch drinnen hatte er viele gesehen, die herumgegangen waren wie durch ein Museum, das sie nicht viel anging, manche laut schwatzend und renommierend. Doch er hatte auch die alte Frau in dem schäbigen schwarzen Kleid gesehen, die vor einem Seitenaltar kniete. Sie hatte ein Gebet gemurmelt, vielleicht eine Fürbitte um einen Sohn, der als »Fremdarbeiter« nach Deutschland verschleppt worden war. Aber so vertieft sie auch gewesen war: als Steiner neben ihr gestanden und gedankenverloren in die wenigen kostbaren Kerzen gestarrt hatte, die diesem Madonnenbildnis geopfert worden waren, da war sie doch aufgeschreckt worden und hatte ihn angesehen wie eine Geistererscheinung. Er hatte gemeint, Haß aufblitzen zu sehen, aber dann war über dieses zerfurchte Antlitz eine Art Lächeln gehuscht, ein erbarmendes Lächeln, ein Mitleid mit allen Söhnen dieser Welt. Er war aus der Kirche fast geflohen.
Jetzt erschienen ihm diese Minuten auf dem Montmartre wie ein Sinnbild der Tage, die er schon in Paris verbracht hatte. Überall

waren ihm die Drei-Sterne-Sehenswürdigkeiten zugleich wie Kulissen erschienen, die mit seiner Wirklichkeit nichts zu tun hatten, und wie Zeugen einer Vergangenheit, die noch andauern mochte, wenn die Gegenwart längst versunken war. Immer hatte er sich grausam abgesondert empfunden von den Parisern, für die er ein Vertreter der Besatzungsmacht war, ob sie sich nun devot gaben oder gehässig oder nur scheu. Immer wieder war er sozusagen mitgeschwommen in der Flut der Deutschen, hatte nirgends Uniformen entrinnen können, wie er selbst eine trug. Paris floß über von Wehrmachtsgrau und Luftwaffenblau und SS-Schwarz oder Partei-Braun. Es wimmelte von NS-Bonzen, Leuten der Organisation Todt, Arbeitsdienstführern. Dazu Schmalspuroffiziere, deren Rangabzeichen nicht einmal ein so alter Landser wie er entziffern konnte. An der Front war keiner dieser exotischen Pfauen je zu sehen gewesen. Schmarotzer des Krieges, mit denen er nicht verglichen werden wollte ...
Warum bin ich bloß nach Paris gekommen? fragte sich Steiner, als er an der Kirche vorbei zur Place du Tertre schlenderte. Die alten Gassen hätten ihn anheimeln können, wären da nicht die Spuren des Tourismus gewesen, die nun ziemlich vergammelt aussahen. Auf dem Platz selbst saßen Maler, die meisten gekleidet wie Toulouse-Lautrec persönlich, vor Staffeleien mit Stadtansichten, die von Postkarten abgeklatscht zu sein schienen. Bei einem feilschte gerade ein Luftwaffenleutnant mit vielen Orden auf der Brust um eine in grellen Farben gemalte Cancan-Tänzerin, die auf billige Weise obszön aussah. Im voraus grinsend über die Kasinospäße, die das Bild auslösen würde, zog der Fliegeroffizier mit seiner Beute unterm Arm ab. Steiner gönnte ihm das Vergnügen vorm nächsten Einsatz über England. Arme Würstchen, wir alle! dachte er noch.
Langsam stieg er die gewundene Rue Lepic hinab. Hier meinte er wenigstens eine Ahnung vom wahren Paris zu empfangen, von den Häusern und Läden und Bistros der kleinen Leute, von den versteckten Winkeln, in denen sich das Leben nie wirklich änderte.
Endlich stand er an der Place Blanche, auf dem Boulevard de Clichy, der großen Amüsierstraße, direkt vor dem »Moulin Rouge«,

dessen Windmühlenflügel sich grotesk nutzlos spreizten. Er überlegte, ob er noch zur Place Pigalle hinuntergehen sollte, die Parade der Nachtlokale abschreiten. Aber was sollte das, am Vormittag, mitten im Kriege? Er verschwand in der Métro.
In dem düsteren, schmuddligen Bahnhof standen abseits von allen anderen drei Männer und eine Frau. Eigentlich war es ein Mädchen, und in Hosen und Pullover unterschied es sich nicht sehr von den Männern. Der eine hätte ihr Vater sein können, ein Typ, wie ihn Steiner hinter mancher Bistro-Theke gesehen hatte, in seiner Gedrungenheit fast bäurisch, im Arbeitskittel und mit der Baskenmütze auf dem runden Kopf. Ähnlich gekleidet waren die anderen beiden, ein hagerer Dreißiger mit narbigem Gesicht und ein hochgeschossener Achtzehnjähriger mit brennenden Augen. Sie hatten sich an den äußersten Rand des Bahnsteigs gedrückt, als wollten sie vor allem mit den Deutschen, die hier warteten, nichts zu tun haben. Wenn ich Feldgendarm wäre, dachte Steiner, würde ich sie festnehmen, sie sehen genau so aus, wie man sich Leute aus dem Maquis vorstellt. Immer wenn sich jemand ihnen näherte, verstummten sie und sahen wie gelangweilt auf ein altes, verblaßtes Dubonnet-Plakat an der Wand.
An der Place de la Concorde stieg Steiner aus. Wieder überwältigte ihn dieser riesige Raum. Er wußte, dort wo der Obelisk ragte, hatte einmal die Guillotine gestanden. Der Platz hatte so vieles gesehen. Er würde noch so vieles zu sehen bekommen. Hier empfand man eine seltsame Zeitlosigkeit.
Steiner wanderte ringsherum, warf einen Blick die Champs-Elysées entlang auf den Arc de Triomphe, kam auf die Brücke, sah zur Kathedrale Notre Dame hin, und dann wieder zur anderen Seite auf den Eiffelturm. Die Seine floß träge und grau. Ja, die Sonne schien, und trotzdem war für ihn alles grau. Was wollte ich bloß in Paris!
Er schlenderte am linken Seine-Ufer entlang in Richtung Ile de la Cité. Auf halber Strecke saß ein zerlumpter alter Mann und angelte. Er schien sehr geduldig und ganz zufrieden zu sein. Der Mann erinnerte Steiner an einen Onkel in . . . Wie weit lag das zurück, wie lange war es her! Steiner schaute dem Alten eine Weile über die Schulter. Der Mann blieb in seine Gedanken vertieft.

Steiner ging um ihn herum und setzte sich neben ihn auf die Stufen.
Der Angler rollte seine Leine auf, aber der Haken war leer, und so warf er den Köder wieder aus. Dann erst streifte sein Blick den Mann, der sich neben ihm niedergelassen hatte.
Steiner lächelte freundlich, und hätte er den Resten seines Schulfranzösisch getraut, hätte er wohl auch etwas gesagt. Doch das Gesicht des alten Anglers gefror, und er wendete sich ab.
Es war immer dasselbe. Doch diesmal wollte Steiner nicht gleich aufgeben. Er holte seine Zigarettenpackung heraus und bot sie dem Mann an, der überhaupt nicht reagierte. So zündete Steiner sich selbst eine an. Eigentlich wunderte er sich, daß der Alte nicht weggerückt war. Na ja, dachte Steiner, ihm gehört dieser Fleck ja eher als mir. Er tat ein paar Züge, blickte dem Rauch nach, der schnell genug über dem Wasser verwehte. Warum nur, warum? dachte er, und: Wahrscheinlich habe ich mit ihm mehr gemeinsam als mit den hohen Herren in der deutschen Stadtkommandantur.
Es hatte keinen Sinn. Steiner warf die Zigarette, halb geraucht, in die Seine; er hörte es nicht einmal zischen. Dann stand er auf und ging weiter.
Auf der Höhe der Notre-Dame bog er in den Boulevard St. Michel ein. In einer Seitenstraße fand er ein kleines Restaurant, in dem an einem der langen Tische noch ein Eckplatz frei zu sein schien. Er betrat das Lokal und setzte sich zu jungen Leuten, vielleicht Studenten von der Sorbonne. Sie rückten von ihm ab. Für ein paar von seinen Urlauber-Marken bekam er eine Fischsuppe, die etwas fremdartig, aber gar nicht schlecht schmeckte.
Dann schlenderte er wieder durch Paris. Rue Rivoli . . . an der goldenen Jeanne d'Arc vorbei . . . an der Oper . . . Trotz des Krieges eine flutende Großstadt. Merkwürdig für einen Mann, der monatelang nur russische Öde gesehen hatte, nur wenige scheue, armselige russische Dörfler, und Kameraden. Hier gab es Läden, wenn auch in den Schaufenstern kaum noch etwas zu sehen war. Hier gab es Frauen, Mädchen, Damen, Huren. Sogar Greise und Kinder. Eine beinahe vollständige Welt.
Er sah auf der anderen Straßenseite schon die Tempelfassade der Madeleine aufblinken, als er bei einem Seitenblick auf die Tische

Steiner lächelt. Ohne Eile holt er sein Soldbuch mit dem Urlaubsschein darin aus der Jackentasche. Er überreicht die Dokumente dem Major. Während Stransky sie rätselnd studiert, blickt Steiner zu der Dame hin, die am Tisch des Majors sitzengeblieben ist. (Helmut Griem und Richard Burton.)

vor einem Straßencafé plötzlich stutzig wurde. Ihm war, als hätte er nicht richtig gesehen. Unwillkürlich blieb er stehen.
Prompt hörte er rufen: »Steiner –!«

Er dreht sich um. Er sieht, wie von einem der Tische ein Major aufsteht. Er erkennt ihn: Es ist tatsächlich Stransky. Befördert haben sie ihn also, denkt Steiner, aber einen Orden hat er immer noch nicht. Major Stransky redet mit der Dame an seinem Tisch, nur ein paar Worte. Steiner meint von den Lippen zu lesen: »Pardonnez-moi.« Stransky kommt auf ihn zu.
Noch ehe der Feldwebel grüßen kann, fährt ihn der Major an: »Was tun Sie denn hier, Steiner?«
Der Feldwebel hat seine Fassung wiedergewonnen, eine merkwürdig gleichgültige Stimmung.
Lässig erwidert er: »Sie haben nicht erwartet, mich wiederzusehen, nicht wahr?«
»Ich habe Sie gefragt, was Sie hier tun!«
»Ich bin auf Urlaub.«
Auf Stranskys Gesicht zeichnet sich fast entsetzter Unglaube ab. Schließlich verlangt er barsch: »Zeigen Sie mir Ihre Papiere.«
Steiner lächelt. Ohne Eile holt er sein Soldbuch mit dem Urlaubsschein darin aus der Jackentasche. Er überreicht die Dokumente dem Major. Während Stransky sie rätselnd studiert, blickt Steiner zu der Dame hin, die am Tisch des Majors sitzen geblieben ist. Er sieht ein Mädchen Mitte Zwanzig mit nackenlangem schwarzem Haar in einem Frühlingskleid mit ausgepolsterten Schultern. Das Gesicht kann er von seinem Platz aus nicht recht erkennen. Der Herr Major scheint einen guten Geschmack zu haben, jedenfalls was Frauen angeht.
»Übrigens, ich gratuliere, Herr Major«, sagte Steiner.
Stransky blickt verwirrt auf. »Wie –?«
»Ich sehe, Sie sind befördert worden.«
»Jaja . . . ja, danke.« Stransky scheint zu zweifeln, ob der Feldwebel ihn nicht einfach verspottet. Dann blickt er wieder in Steiners Papiere. »Ich versteh's nicht . . .«
»Was verwundert Sie so, Herr Major?«
Stransky erwidert nichts. Nach einigem Zögern schiebt er den Ur-

laubsschein wieder ins Soldbuch. Noch gibt er es nicht an Steiner zurück.
Vor dem Straßencafé hat eben mit kreischenden Bremsen ein großer Wehrmachts-Pkw gehalten. Ein Major springt heraus, sieht die Dame an Stranskys Tisch kurz an, erblickt dann seinen Herrn Kameraden.
Stranskys Interesse scheint jetzt zwischen Steiner und dem Major hin und her gerissen zu sein. »Verwundert?« wiederholt er. »Nein, nein. Ihre Papiere sind vollkommen in Ordnung ...« Nach einer Weile fügt er, wie sicherheitshalber, hinzu: »Natürlich. Ich war nur erstaunt ... Sie hier plötzlich zu sehen ... Wo doch ...«
Der andere Major hat ihn jetzt erreicht. So werden ihm weitere Erklärungen erspart.
»Da sind Sie endlich, Stransky!« sagt der fremde Offizier. Er blickt auf Steiner, als erkenne er in ihm ein Frontschwein, wie es ihm zur Zeit sonst kaum unter die Augen kommt. »Entschuldigen Sie, Feldwebel«, wirft er ein. Dann erklärt er aufgebracht seinem Kameraden: »Ich habe schon den ganzen Morgen nach Ihnen gesucht, überall. Oberst Becker will Sie sehen. Er hat sich fast die Lunge aus dem Halse geschrien wegen dieser Inspektion des Generalquartiermeisters, Sie wissen ja.«
»Ja, natürlich, ich komme sofort mit.« Noch einmal sieht Stransky den Feldwebel an. Als sei die Sache Steiner endgültig abgetan, sagt er: »Genießen Sie Ihren Urlaub, Feldwebel.«
»Danke, Herr Major.«
Die beiden Offiziere gehen zu Stranskys Tisch zurück. Steiner kann die Dame jetzt nicht mehr sehen, der Rücken des zweiten Majors verstellt ihm den Blick. Aber Stranskys Abschied von der Pariser ›Freundin‹ dauert nicht lange. Die Herren eilen zum Wagen. Der Pkw fährt davon.
Jetzt will auch Steiner gehen, aber da hört er plötzlich die allein gelassene Dame rufen:
»'allo, M'sieur le soldat!«
Er nähert sich. Neugierig studiert er ihr Gesicht. Lächelnd läßt sie es sich gefallen. Es ist ein hübsches, offenes, lebensfrohes Gesicht. Über ihn ergießt sich ein Schwall französischer Worte. Sie klingen charmant, leicht singend, wie von Lucienne Boyer in jenem

»komischen Krieg«, als über friedliche Fronten hinweg ihr »Parlez-moi d'amour« klang. Er kann nur erwidern: *»Je ne parle pas français.«*
»Ihr Freund nicht 'aben bezahlt seine *note*«, radebrecht das schwarzhaarige Mädchen.
»Ein Major mein Freund? Ah, da irren Sie. Ich kenne ihn bloß. Und sollten das nicht persönlich nehmen.«
»Sie wollen sich setzen zu mir?«
Steiner weiß nicht recht, wie ihm geschieht. Eine Frau! Eine Frau in Paris! Mag sie auch nur ein Flittchen sein, ein Flittchen für Deutsche ... Aussehen tut sie eigentlich nicht so. Und für sie fängt der Mann offenbar nicht erst beim Offizier an.
»Ja, danke.« Er setzt sich.
Die Pariser Nachmittagssonne scheint plötzlich viel heller geworden zu sein.

Das Mädchen lächelte ihn an; viel hübscher als die Mona Lisa aus dem Louvre, dachte Steiner.
»Du sein in Paris schon lange?«
»Offenbar noch nicht lange genug.« Er nahm den Zettel hoch, auf dem Stranskys Bestellungen notiert sind.
Leichthin meinte er: »Na, 'ne ziemlich teure Art, sich zu betrinken.«
»Möchten du dich betrinken?«
Sie hatte ihn offenbar mißverstanden. »Oh, nicht unbedingt.«
»Hélas, la note?« Jetzt hatte sie begriffen. Sie schien sich mitschuldig zu fühlen. »'ier sein man *très cher*.«
Der Kellner kam, und das Mädchen überschüttete ihn mit ihrem perlenden Französisch. Er zog ein Gesicht, steckte den Zettel weg und verschwand.
»Was war?« fragte Steiner verblüfft. Er hatte das Gefühl, es werde noch mehr Überraschungen geben.
»Ich ihm gesagt, daß wir gehen.«
»Schon?«
»Ich 'aben zu trinken in mein *appartement*. Wenn du willst trinken viel, tut es da nicht so weh.«
Er sah sie prüfend an, aber in ihrem Gesicht entdeckte er keine

Der Kellner kam, und das Mädchen überschüttete ihn mit ihrem perlenden Französisch. Er zog ein Gesicht, steckte den Zettel weg und verschwand. (Veronique Vendell und Richard Burton.)

Spur von Hohn. Er stand auf und suchte in seinen Taschen nach Geld.
»Sehr schön«, sagte er. »Wo bleibt der Kellner?«
»Komm.« Das Mädchen hatte eine Hand auf seinen Arm gelegt und wollte ihn auf die Straße führen. »Schon gut«, meinte sie freundlich, »ich ihm gesagt, er die Rechnung Major Stransky bringen.«
»Aber das ist doch nicht nötig. Von meiner Frontzulage kann ich . . .«
»*Pourquoi*? Der Major kommen 'ier jeden Tag.« Sie hatte schon den Weg zur nächsten Straßenecke eingeschlagen.
Hier wollte sie offenkundig darauf warten, daß die Ampel umsprang. Er sah, daß ihr Kleid bis knapp unter die Knie ging. Sie hatte sehr schicke Beine und ganz zierliche Hüften. »Warum?« fragte er.
»Warum ich mit Major Stransky gehen? Oder warum ich mit dir?«
»Beides.«
Sie schritten über die breite Straße. Jenseits des Boulevards bogen sie in eine Seitenstraße ein. Steiner achtete kaum darauf, wie sie ihn durch das Straßengewirr hinter der Oper steuerte.
»Warum Major sehr einfach«, sagte das Mädchen. »*Petites filles* müssen leben. Und ein Mann, der will immer beweisen, daß er ein Mann, *olala*, das lohnt.«
Steiner dachte: Sie muß Stransky schon ebensogut kennen wie ich. So was konnte nur eine Frau fertigbringen, eine wie sie. »Und ich?« fragte er weiter in dem Gefühl, daß er auch darauf eine ehrliche Antwort bekommen werde.
»Du müssen gar nichts beweisen, dir sieht man an.«
Steiner hatte nicht gewußt, daß er noch verlegen werden konnte.
»*Mademoiselle*«, brachte er heraus; es klang wie ein Protest wider Willen.
»Von wegen *Mademoiselle*. Ich 'eißen Yvette.«
Nun hatte das Wunder auch einen Namen. Wie hätte diese quicke Pariserin auch anders heißen können als Yvette?
Sie strahlte ihn an. »*Très charmant, mon petit accent?*« fragte sie keck. »Deutsche 'ören das gern im Sündenbabel Paris.«

Steiner horchte auf. In den letzten Silben war der spezifische Tonfall plötzlich verschwunden.
Yvette lachte hell. »Ich kann sehr gut deutsch, mein Junge. Ich bin als Kind ein paar Jahre lang bei Verwandten im Elsaß aufgewachsen. Bei dir hab' ich die Masche nicht nötig, wie? Und nun sag mir, wie du heißt.«
»Rolf.« Steiner sann dem Klang seines eigenen Namens nach. Er hatte ihn seit Menschengedenken nicht mehr gehört, kaum gedacht. Immer war er »Steiner« gewesen, oder »Feldwebel«, oder auch »alter Schweinehund«. Plötzlich kam ihm sogar die Uniform fremd vor.
»Da bin ich zu Hause, Rolf.« Sie schob ihn auf ein großes Mietshaus zu, daß zur Zeit des Jugendstils modern gewesen sein mußte. Zwischen zwei verhängten Schaufenstern ging es in eine große Halle, vorbei an der Loge einer Concierge, deren grauer Kopf sofort hinter der Luke erschien.
»Bon soir, Madame«, grüßte Yvette.
Die Pförtnerin beäugte Steiners Uniform mit unverhohlener Verachtung. Yvette schürzte trotzig die sehr roten Lippen. »Hier herauf, Rolf«, sagte sie. Es war nicht die große Treppe mit den einst prächtigen roten Läufern und dem schlecht geputzten Messinggeländer, auf die sie zeigte, sondern eine Art Dienstbotenaufgang, sehr eng und sehr steil.
So mußte Steiner hinter ihr hergehen und konnte ihren hübschen *postérieur* genießen, ihren schwungvollen Gang. Aber darin schien keine bewußte Koketterie zu liegen, nicht die Berufspose einer Frau, die sich meistbietend verkauft, sondern eine selbstverständliche Anmut. Jede Bewegung Yvettes verriet, daß dieses Mädchen voller Leben und Lebenslust war.
Irgendwo oben war endlich die Tür, an die neben vielen anderen ihre Karte gepinnt war.
Yvette hantierte mit Schlüsseln, öffnete, blieb in der offenen Tür stehen und ließ Steiner an sich vorbei.
Ein langer Korridor, in dem es nach vielen Existenzen roch. Wiederum eine Tür. Dahinter eine Kammer eher als ein *appartement*. Irgendwo eine Sofagruppe, ein Teddybär, ein Foto von einem Dorf, das sehr südlich aussah. Alles war peinlich sauber, wenn auch ein

wenig unordentlich. Sehr anheimelnd, dachte Steiner, und ganz anders, als ich's mir vorgestellt habe.
Yvette erriet seine Gedanken. »Hast du was mit Pelzmatten und seidenem Himmelbett erwartet, Rolf?«
»So ist's mir lieber.« Er trat ans Fenster und schaute über verschachtelte Dächer und einen Wald von Kaminen. Die enge Straße tief unten konnte er erst erblicken, als er die Nase direkt an die Scheibe gedrückt hatte. Er sah, wie vor einem winzigen Gemüseladen Kohl abgeladen wurde. Paris kam ihm plötzlich ganz anders vor, fast vertraut.
Als er wieder ins Zimmer sah, saß Yvette auf der blauen Steppdecke ihres Bettes und zog ihre Strümpfe aus. Die Schuhe standen bereits gerade nebeneinander. Schon –? dachte er.
Wieder begriff sie ihn sofort. »Es ist nur, weil Strümpfe so kostbar sind, *Chérie*. Man muß sparsam mit ihnen umgehen.«
Nein, sie wollte es nicht auf die Schnelle. Dies hier war ein Vergnügen, das sie sich gönnte, und sie wollte es auskosten. Steiner hatte das Gefühl, als hätte er das große Los gewonnen. Aber sie wird sich auch Zeit lassen *müssen*, dachte er dann. Schließlich weiß ich kaum noch, was man mit einer Frau anfängt . . .
Sie schlüpfte in Pantoffeln, mit hohen Absätzen und roten Pompons auf den Kappen. Sie stolzierte an ihrem Frisiertisch vorbei, um das kleine Radio anzuknipsen, das dort stand. Als hätte sie es beim Sender so bestellt, kam Musette-Musik. Dann war sie auch schon hinter einer dünnen Trennwand verschwunden; Steiner nahm an: in ihrer winzigen Küche.
Von dort rief sie: »Wein oder Cognac?«
»Eins von beiden.«
»Aber was von beiden?«
»Du bist hartnäckig. Also gut, Cognac.«
Gleich darauf erschien sie, in jeder Hand einen großen Cognac-Schwenker, beide ordentlich gefüllt. Steiner stand immer noch am Fenster. Durch das ganze Zimmer sah er, wie sie auf ihn zukam, unbefangen wie ein kleines Mädchen. Sie hatte die Arme so weit ausgestreckt, als ob sie ihm gleich um den Hals fallen würde. Es war, als wollte sie ihm nicht einen Cognac anbieten, sondern sich selbst.

»Yvette«, sagte er und umfaßte mit beiden Händen ihr Gesicht. Sie hielt ganz still und hatte sehr große Augen. Er zog den Kopf an sich und küßte sie auf den Mund. Oder küßte sie ihn? Die Lippenpaare preßten sich ineinander. Er verlor das Gefühl für Zeit. Aber wahrscheinlich hatte es nicht mehr als eine Sekunde gedauert. »Wir werden noch den Cognac verschütten«, sagte Yvette, als sie sich gelöst hatten. Sie sah ungeheuer zufrieden aus. »Oder willst du jetzt gar nicht trinken?«
»Im Moment nicht, danke.«
Sie verstand, verstand ihn immer. Sie setzte die Gläser auf dem Nachttischchen ab und stand wartend vor ihm. Er ließ sie nicht warten.

Sehr plötzlich machte sich Steiner frei. Ihm war bewußt geworden, wie sich seine Finger in Yvettes Armen verkrallt hatten, und seine Zähne nahe am Biß in ihre Lippen gewesen waren. Er war da in eine Art Wut gerissen worden, eine tierische Gier, einen Haß fast, wie er ihn bisher nur in wilden Kampfhandlungen gekannt hatte. Nun war er erschrocken, wie verwandt die Liebe der Grausamkeit war. Yvette spürte, daß er beschämt war, und irgendwie verstand sie auch das. Sie fragte nicht, schien nicht einmal zu staunen, sah nur ein wenig traurig aus unter ihrem Lächeln. Sie wußte instinktiv, daß dieser Mann erst wieder einmal zur Liebe, zur zärtlichen, teilnehmenden Liebe geführt werden mußte. Aber sie sagte bloß: »Komm, setzen wir uns.«
Jetzt war der Cognac sehr hilfreich. Das Radio wurde abgestellt. Die Feldbluse legte er ab. Sie begannen, miteinander zu reden, über alles und nichts. Erst über das Wetter, über Paris, dann auch über ihre Heimat. »Da unten ist alles so mild, so reich. Aber sehr eng.« Yvette zeigte auf das Foto. »Ich mußte ganz einfach heraus, nach Paris. Paris ist das Leben! dachte ich damals. Und nun –, man kann auch hier sehr einsam sein.«
Da kramte auch Steiner Erinnerungen aus seiner Kindheit vor, aus der Penne. Aber als er dann begann: »In meiner Rekrutenzeit in der Kaserne . . .«, da brach er schnell wieder ab. Yvette begriff, daß sie aus seinen Soldatenerfahrungen nichts hören würde. Der Krieg schien vor die verhängten Fenster verbannt.

Es war schon dämmrig, und sie hatte ihre kleine schummrige Stehlampe angemacht, als sie plötzlich aufsprang. »Ich mach uns jetzt Abendbrot.«

Nun kam sie ihm vor wie eine eifrige Puppenmutti. Hinter der Trennwand hörte er's brutzeln. Ein Geruch nach Speck stieg auf.

»*Pommes frites?*« fragte sie und steckte die Nase um die Ecke.

»Fürstlich«, erwiderte er. »Aber ich will dich doch nicht berauben . . .«

»*Ah bas,* meine Leute schicken mir ab und zu was.« Und schon war sie wieder in ihrer Kochnische verschwunden.

Von dem Geschirr paßte kein Teil zum anderen. Aber es schmeckte – wie bei Muttern. Danach beharrte er darauf, ihr beim Abwaschen zu helfen. Immer wieder fragte sich Steiner heimlich, ob es so etwas wirklich noch gab.

Und dann stand vor jedem ein zweiter Cognac. Stumm prosteten sie sich zu. Es mußte nichts mehr gesagt werden. Gerade nur, daß Yvette aufstand, um nach dem Reißverschluß im Rücken ihres Kleides zu fingern, scheinbar vergeblich, scheinbar verzweifelnd. Steiner sprang zu. »Laß mich das machen.« Die Hände verharrten unnötig lange auf ihren Schultern. Als sie zu hantieren begannen, schienen sie jeden Zentimeter dieses Rückens auszukosten. Am Ende des Reißverschlusses, bei der Hüfte, gerieten sie um die Taille, drückten sich ganz langsam um sie. Yvette starrte ihn mit einem seltsamen Blick zwischen Lächeln und Erwartung an. Ihr Mund stand halb offen.

Wie nach einem Ruck ließ er los, griff in den Halsausschnitt, um das Kleid abzuheben. Yvette schlüpfte aus den Ärmeln. Sie schüttelte das Kleid gleichsam zu Boden, setzte die Füße heraus. Dabei rutschten die Pantoffeln ab.

Er war unwillkürlich einen Schritt zurückgetreten. Er schien sie zu betrachten wie eine Statue – eine antike Schönheit. Nur daß sie viel schlanker war. Und sie trug noch einen schlichten weißen Büstenhalter, einen ebensolchen Slip, einen blaßrosa Strumpfhaltergürtel mit langen Bändern, die auf nackten Schenkeln auflagen.

Mit einem schelmischen Blick fragte sie: »Enttäuscht, weil kein *frou frou?*«

Fast böse stieß er hervor: »Laß das!« Aber seine Miene hellte sich

gleich wieder auf. Und flüsternd gestand er: »Du bist wunderbar.«
Er trat wieder ganz nahe an sie heran. Er spielte mit ihren schwarzen Haaren, als wagte er noch nicht, die weiße Haut zu berühren. Dann strichen die Fingerspitzen über ihre Schlüsselbeine. Behutsam wanderten sie herab bis an die Kluft der Brüste, die sich zwischen den Schalen des Büstenhalters gerade noch zeigte. Mit plötzlicher Entschlossenheit waren seine Hände dann auf dem Rücken. Doch hatte er einige Mühe, den Haken zu öffnen. Yvette kicherte leise.
»Ich werd' dir helfen, mich zu verspotten!« Das Ding war ab und flatterte irgendwohin. Ihre Brüste waren klein, sehr fest, sehr weiß, mit ganz dunklen Höfen und tiefroten Spitzen. Darüber tasteten je zwei Finger jeder Hand.
Yvette hatte zu hören gemeint: »Oh, Gott!«; aber schon waren seine Lippen fest, ja grimmig zusammengepreßt. Eine Sekunde später hatte er sie in die rechte Brust wie vergraben.
Als er sich atemlos löste, kam Yvette beinahe ins Schwanken. Ihr Gesicht glühte, und ihre Brustspitzen schienen riesig geworden zu sein. Doch sie war die erste, die sprach: »Wo bleibt die andere?«
Die andere bekam ihr Teil, doppelt und dreifach.
Dann packte er Yvette plötzlich, hob sie auf seine Arme, trug sie aufs Bett. Für einen Moment kam eine böse Erinnerung . . . so hatte er einmal einen schwerverwundeten Kameraden getragen, und das Blut war ihm auf die Hände getropft. Tod und Liebe.
Aber Yvette war weiß, von der Stehlampe leicht rosig überhaucht, war gespannt fröhlich, und die Steppdecke, auf der sie lag, war sehr blau. Er schaute fasziniert auf sie hinab.
»Zieh dich auch aus«, sagte sie.
Er nickte und wandte sich ab.
Als er zurückkam, hatte sie alle Decken beiseite geworfen und lag völlig nackt auf dem Laken. Er fühlte sich gemustert. »Enttäuscht«, fragte er, »weil so ein grober Bursche?«
»Du Biest!« schimpfte sie. Doch ihre Augen verrieten, was sie wirklich meinte. »Komm schon.«
Noch legte er sich nicht neben sie, kniete halb über ihr, um erst mit den Händen, dann mit den Lippen diese ganze Yvette zu er-

kunden. O ja, sie verstand, daß er in ein Land zurückgekommen war, das ihm fremd geworden war, so daß er es erst erforschen mußte, ehe es ihm wieder vertraut war. Jetzt hatten sich seine Finger in ihr Büschel verirrt, tasteten, als hätten sie Mühe zu finden, was sie dort suchten. Als sie es trafen, stöhnte Yvette leise auf. Endlich ließ er sich selig, als hätte er den ersten Durst gestillt, neben sie sinken. Eine Weile waren beide ganz still. Dann sagte Yvette: »Jetzt bin ich dran«, und kniete sich auf.
Streichelte über die harte Brust, über die Muskeln der Arme und Beine und bei einer Narbe verweilte sie lange. Unendlich behutsam. Plötzlich umschloß ihre kleine Hand das Glied. Dabei sah sie ihm lächelnd erstaunt in die Augen. Murmelte: »Mon dieu!«
Es war soweit, er wollte in sie eindringen. Yvette merkte, wie ihn etwas verstörte. Aber was es war, konnte sie diesmal nicht ahnen. Er war ja wie zum Angriff postiert, mit zielgerichteter Waffe, und Yvette war kein Feind. Es ging nicht. Wie gefällt sank er zurück. Fast sofort war sie über ihn gebeugt, küßte ganz zärtlich seinen Mund. Zugleich griff sie nach seinem Säckchen, spielte mit den Hoden, wog sie wie Bälle in ihrer Hand, strich über das Glied wie über etwas sehr Zerbrechliches. Dann war sie mit weit gespreizten Schenkeln über ihn geklettert. Hielt das Glied auf sich selber gerichtet. Senkte sich darauf. Ihre Brüste drückten sich auf seine Brust.
Sie gab sich ihm, er brauchte sie nicht zu nehmen.

Irgendwann später nahm er sie doch, mit aller Inbrunst, mit einer Wildheit, die Yvette stöhnen machte vor Lust.
Und irgendwann schliefen sie ein, ineinander verschränkt, unendlich weich gebettet, weich und warm.
Wachten auch wieder auf und wußten nicht, wo sie waren. Erinnerten sich schnell, küßten sich glücklich. Hinter den Gardinen war es schon Morgen.
Damit kam die Wirklichkeit. »Du mußt gehen?« fragte Yvette.
»Hm, hm.«
»Wenn dich die Concierge gehen sieht . . . Sie wird eine ganze Woche nicht mit mir sprechen.«
»Du bist sehr realistisch«, sagte er, »wie immer.«

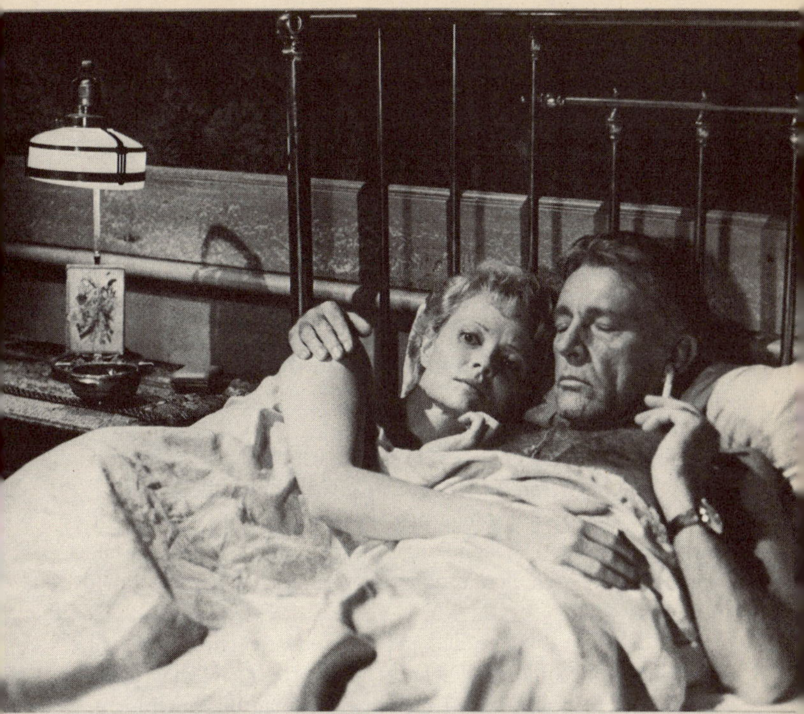

Und irgendwann schliefen sie ein, ineinander verschränkt, unendlich weich gebettet, weich und warm. Wachten auch wieder auf und wußten nicht, wo sie waren. (Veronique Vendell und Richard Burton.)

»Nicht daß es um dich geht, Rolf. Sie mag eben keine . . .«
»Ich weiß«, unterbrach er. »Sie mag uns alle nicht.«
Diesmal klang Yvettes Lachen bitter. »O ja, sie ist eine gute Patriotin. Für alte Leute ist es leicht, patriotisch zu sein, was?«
Mittlerweile verstand sich Steiner auch schon ganz gut auf sie. »Du meinst, sie sind nicht den gleichen Versuchungen ausgesetzt wie du?« Nüchterner fuhr er fort: »Aber du hast recht, was soll der Patriotismus. An der Front gibt's auch nicht gerade viele Patrioten. Die meisten bleiben hübsch hinten und machen große Sprüche.«
Wieder machte er eine Pause. »Trotzdem, bestimmt hat deine Concierge ihre besonderen Gründe.«
»Aber sie kennt dich doch nicht einmal. Du hast ihr nie was getan.«
»Nein, aber vielleicht Leute wie ich.«
Fast ärgerlich entgegnete Yvette: »Ah, ich weiß schon. Schreckliche Dinge passieren im Krieg. Das gilt aber für alle.«
Steiner protestierte: »Nein, das ist es ja gerade. Für uns gilt es nicht. Diese schrecklichen Dinge passieren nicht einfach, weil sie zum Krieg gehören. Sondern sie sind eigentlich der ganze Sinn des Krieges.«
Gleich darauf merkte er, daß Yvette so etwas nicht hören wollte. Mit einem entschuldigenden Lächeln erklärte er: »Du hast ja recht, ich bin genauso wie deine Concierge. Ich mag uns auch nicht.«
Yvette wirkte noch immer gekränkt. »Und wenn ich einen Mann wie dich liebe, bin ich deshalb auch schlecht?«
»O nein! Liebe ist immer gut, gerade im Krieg. Und du hast ja niemandem je weh getan – außer vielleicht dir selbst.« Plötzlich empfand er tiefes Mitleid mit ihr. »Was wirst du tun, wenn wir abziehen?«
Verstört fragte sie: »Meinst du, daß es sehr bald sein wird?«
»Früher oder später.«
Sie schüttelte so heftig den Kopf, als könnte sie damit alle trüben Gedanken abschütteln. »Ah, darüber werde ich nachdenken, wenn's soweit ist.« Sie beugte sich über ihn, küßte ihn, und huschte dann aus dem Bett, um zum Frisiertisch zu laufen. Sie stellte das Radio dort an. Es erklang eine lustige, leicht verjazzte Morgenmusik.

Steiner ließ sich keine Bewegung der nackten Frau entgehen.
Als sie wieder neben ihm lag, tief in die Decken gekuschelt, mit dem Kopf an seiner Schulter, so daß ihre Haare ihn leise kitzelten, brach die Musik ab. Eine tiefe Männerstimme sagte: »*You are listening . . .*«
»Du hast ja einen Feindsender eingestellt«, sagte er, und der Tadel war nur Ironie.
Die Stimme der BBC hatte noch mehr zu sagen. »Ich versteh kein Wort«, beschwerte sich Yvette. Steiner brachte sie schnell zum Schweigen. Atemlos lauschte er. Die Worte, die er verstand, sagten genug.
Es folgte ein Marsch. »Sie sind heute morgen in der Normandie gelandet«, erklärte Steiner dem Mädchen. Er stand auf und stellte das Radio ab. »Der letzte Akt?« fragte er vor sich hin. »Na, der vorletzte bestimmt!«
Entsetzt sah sie, daß er sich anzog. Sie brauchte eine Weile, ehe sie sich entschließen konnte, aufzustehen und in einen Morgenrock zu schlüpfen. »Noch eine Tasse Kaffee?« fragte sie.
»So lieb ich dich, Mädchen, immer praktisch! Aber nein, danke. In dem schon lange nicht mehr vornehmen Hotel, in dem sie mich untergebracht haben, warten sie schon auf mich mit dem Frühstück. Es ist höchste Zeit, daß ich gehe.«
Er war jetzt wieder ganz der Feldwebel Steiner. »Bleib nicht zu lange in Paris«, sagt er noch. »Wir hinterlassen eine Menge Schulden, Yvette. Warum solltest du sie für uns bezahlen?«
Sie hat sich an seinen Hals gehängt. »Oh, Rolf!« In ihren Augen schimmert es. Und dann will sie wissen: »War es denn schön?«
Die einzige Antwort, die er finden kann, ist ein Kuß.
Dann ist er fort. In der Halle ist noch immer, oder wieder, die alte Concierge. Sie trägt einen Eimer mit Schmutzwasser. Stumm geht sie neben ihm her auf die Straße. Dort ist kein Mensch. Sie kippt das Wasser in einen Gully. Dann blickt sie zu Steiner auf und lächelt böse. Er weiß, auch sie hat es im Radio gehört.
Dann schreitet er aus. Die Stiefel hallen in der engen Straße von den Häuserwänden wider.

Zweiter Teil

Einsatz im Westen

1

Erst waren es die Aufklärer gewesen. Kondensstreifen hatten den Himmel überzogen. Dann waren in der Zivilbevölkerung seltsame Zettel aufgetaucht: »*La carotte rouge est quittée*«; es gab wenig Zweifel, daß die »rote Mohrrübe« ein Code-Wort für die *Résistance* war. Danach kamen die Fallschirmjäger vom Himmel.
Bomber zerschlugen Befehlsstellen, Radaranlagen und ausgebaute Stellungen. Schiffsartillerie beschoß in schwerstem Einsatz Stützpunkte an der Küste. Und dann landeten unter massiver Unterstützung zur See und in der Luft die ersten Boote.
Die Alliierten erlitten anfangs erhebliche Verluste. Aber den Deutschen gelang es nicht, sie ins Meer zurückzutreiben. In Abschnitten mit nur dünner deutscher Abwehr konnten sie durch die Linien dringen und die Hochebene erreichen. Geschickt vermieden sie deutsche Stützpunkte und Widerstandsnester. Sie erreichten Straßen, wie sie von ihren nachfolgenden Panzern gebraucht wurden. In den nächsten Tagen weiteten sie ihre Brückenköpfe aus und vereinigten sie.
In manchen Abschnitten hatte der deutsche Gegenangriff gewisse Erfolge. Ein amerikanisches Regiment konnte »festgenagelt« werden. Aber es fehlte die Luftwaffenunterstützung. Es fehlten Panzer.
Der Bericht des Oberkommandos der Wehrmacht endete mit dem Satz: »In den angegriffenen Küstenstreifen sind erbitterte Kämpfe im Gange.« Nur ein alter Frontsoldat wie Feldwebel Rolf Steiner konnte sich ungefähr vorstellen, was das hieß.
Dabei blieb es in den nächsten Tagen. Mit jeder weiteren Stunde zeigte sich die ungeheure Überlegenheit der Invasoren. Gegen sie hatte die ausgeblutete deutsche Luftwaffe keine Chance. Es war aber auch eine Überlegenheit der Planung, während auf der deutschen Seite ein Wirrwarr der Befehlsgewalt, eine Unsicherheit der

Absichten, wohl auch illusorische Hoffnungen die Gegenwehr lähmten. Das Land selbst, seine Menschen standen auf der Seite des Gegners. Und zu bezahlen hatte dies alles der deutsche Soldat.

2

Der Wartesaal der *Gare du Nord* war zur Frontsammelstelle geworden. Irgendwo hingen noch verblaßte Plakate von prächtigen Ferienorten an der französischen Riviera mit Palmen, Strandkörben und Badeanzügen, mit lächelnden Schönen und ihren eleganten Begleitern. Aber unter dem hohen Glasdach gab es kein Lächeln. In der Halle wimmelte es von Uniformen. Alles lief planlos durcheinander.

Jeder, der hier eintrat, wurde in einen Sog gezogen, den er nicht verstand. Jeder mußte sich vorkommen wie eine Spielmarke, die an einem Roulette gesetzt werden sollte, dessen Drehungen niemand vorhersehen konnte.

Doch jeder wußte natürlich, daß seit drei Tagen die Invasion im Gange war. Jeder wußte, warum er sich hier melden mußte: um von dieser Kampfmaschinerie verschlungen zu werden. Nur wußte keiner, wohin ihn das Roulette schleudern würde.

Die einzig vernünftige Haltung in dieser Lage wäre ein totaler Fatalismus gewesen. Aber nur wenige waren schon so abgebrüht. Der Raum summte von Gerüchten, Befürchtungen, wohl auch Flüchen und bösen Witzen. Jedesmal, wenn die Tür aufging, übertönte für Augenblicke der Lärm des Bahnhofs: das Zischen von Dampf, das schwere Anrollen der Züge, die Pfiffe eines Stationsvorstehers, das Brausen der unruhigen Stimmen. Sobald die Tür zuschlug, war wieder das dumpfe Gemurmel da, das vor allem nach Angst klang.

Als Feldwebel Steiner mit seinem Gepäck den Wartesaal betrat, packte ihn sofort ein eigentümliches Gefühl der Vertrautheit. Sofort sagte er sich: Hier bin ich wieder zu Hause. Gleich darauf lachte er bitter über diesen Gedanken. Das bedeutete ja, daß er sich in keiner anderen Welt mehr auskannte als der des Landsers, des organisierten militärischen Chaos, im Vorhof sinnloser Kämpfe.

Daß Paris und Yvette nicht mehr gewesen waren als ein Traum, aus dem es schnell zu erwachen galt. Ein Traum, dem man nachtrauern mochte, der nun aber verwirrender schien als selbst dieser reale Wirrwarr.
Steiner orientierte sich an den Schildern, die über den Tischen hingen. Hinter jedem Tisch saßen ein Offizier und ein Unteroffiziersdienstgrad mit Listen. Vor jedem Tisch stand eine Schlange, die nur langsam vorankam und sich rasch verlängerte. Auf den Schildern standen reihenweise Feldpostnummern. Steiner fand die seine und stellte sich an.
Vor ihm stand ein Mann mit dem Sternchen des Oberschützen, einer der Soldaten, die trotz langer Dienstzeit zu dumm – oder zu schlau – gewesen waren, um Gefreite zu werden. Sein Gesicht war naiv und verschlagen zugleich. Steiner hätte schwören mögen, daß dieser Mann großartig zu »organisieren« verstand, daß er noch in den wüstesten Winkeln Dinge entdeckte, die man gut gebrauchen konnte, Seife, Speck oder Schnaps. Irgendwie hatte der Feldwebel sogar den Verdacht, daß sich in dem Feldsack des Oberschützen hauptsächlich persönliche Beutestücke befanden.
Als der Oberschütze an der Reihe war, hatte der Leutnant hinter dem Tisch Schwierigkeiten, den Mann einzuordnen. Steiner verstand nicht recht, was da los war; es interessierte ihn auch nicht sonderlich. Statt dessen sah er sich dauernd nach den anderen um, hinter sich, neben sich, überall.
Die Vielfalt schien fast erdrückend. Es gab Leute, deren Uniformen mit Zeichen und Orden übersät waren, und Gesichter, die viele Fronten geprägt hatten. Andere sahen aus, als seien sie eben erst in ihre Montur gesteckt worden; sie bewegten sich darin wie in einem ungewohnten Theaterkostüm. Es gab Männer und Kinder, Dicke und Dünne, Lebhafte und Lethargische, Grinsende und von Trauer Gezeichnete. Man hörte Stimmen aus Schwaben und Bayern, aus Friesland und aus Schlesien, vom Rhein oder von der Spree. Und doch hatte der Tag sie alle seltsam gleichgemacht. Nein, das lag nicht nur an der Uniform, an dem Reglement, der Militär-Bürokratie. Der Tag, die Erwartung, das gemeinsame Schicksal hatten sie so geprägt.
Als Steiner wieder nach vorn blickte, hörte er den Feldwebel am

Steiner orientierte sich an den Schildern, die über den Tischen hingen. Vor jedem Tisch stand eine Schlange, die nur langsam vorankam und sich rasch verlängerte. Auf den Schildern standen reihenweise Feldpostnummern. Steiner fand die seine und stellte sich an. (Richard Burton.)

Tisch zu dem Oberschützen sagen: »Sieh zu, daß du morgen da bist. Spätestens in vierundzwanzig Stunden, mein Junge. Sonst bist du dran, verstanden?«

»Jawoll, Herr Feldwebel.« Der Oberschütze ließ tatsächlich seinen kostbaren Feldsack los, um die Rechte über den Tisch zu reichen. Der Feldwebel klatschte einen Marschbefehl in diese Hand, und der Oberschütze nahm sein Gepäck auf. Etwas kleinlaut ging er davon.

Inzwischen hatte Steiner schon seine Papiere dem Leutnant hingelegt. Der Offizier studierte sie, ohne aufzusehen. Er schien eine Weile zu brauchen, ehe er verstand. Als er Steiner dann anblickte, grinste er anzüglich: »Urlaub nach Paris? Was 's nicht allens gibt. Schön gefickt?«

Steiners Gesicht blieb unbewegt. Der Leutnant wurde rasch sachlich. »Einhunderteinundsiebzig«, zitierte er aus seiner Liste. »Ihre Einheit ist ziemlich weit weg von hier, Feldwebel.« Dann reichte er das Papier an den Feldwebel weiter, der es an Hand anderer Listen noch einmal kontrollierte. Auch dem schien die Sache einigermaßen merkwürdig vorzukommen, und er sah den Leutnant wie warnend an.

Der Offizier verstand; er hatte den gleichen Argwohn gehabt. Er fragte Steiner rundheraus: »Sie sind doch nicht etwa so'n Fliegender Holländer, was?«

Steiner runzelte nur ein wenig die Brauen. Er merkte, wie der Leutnant ihn musterte.

Der Offizier mochte ein Schreibstubenhengst sein, aber er konnte nicht umhin, an Steiners Orden und Haltung den Frontsoldaten zu erkennen. Sein Blick wurde freundlicher, sein Ton umgänglicher. »Sie wären überrascht, wie viele es fertigbringen, sich zu drücken, indem sie sich bei einer Einheit nach der anderen melden, ohne je ihre eigene wiederzufinden. Nach meiner Meinung sollten sie als Deserteure erschossen werden.«

Der Feldwebel am Tisch gab Steiners Papiere an den Leutnant zurück. Dabei sagte er zu Steiner: »Ihre Einheit wird gerade vom Osten hierher verlegt. Sie ist nach Avranches bestimmt. Am besten, wenn Sie dort hingehen, um zu ihr zu stoßen. Draußen geht bald ein Lastwagen dorthin ab.«

Der Leutnant schrieb bereits den Marschbefehl aus.
Doch Steiner sah ihn so zweifelnd an, daß der Feldwebel am Tisch glaubte, ihn beruhigen zu müssen. »Keine Sorge«, sagte er; »Ihre Einheit wird dort sein, bestimmt! Diese Schweine von der Résistance haben die meisten Eisenbahnlinien westlich von Paris in die Luft gejagt. Ihre Leute werden da eine ganze Weile bleiben.«
Der Leutnant händigte Steiner die Papiere aus. Der salutierte und wandte sich zum Gehen.

Beim LKW nach Avranches fanden sich nach und nach einige wenige Männer ein, und endlich wurde der Fahrer nervös. »Aufsitzen«, rief er, »wir müssen los!«
Da war nun wieder eine der seltsamen Gemeinschaften gebildet, wie es sie nur im Kriege gab. Vier Leute saßen im offenen Kasten des Wagens, ein fünfter in der Fahrerkabine. Jeder kam woanders her, jeder hatte ein anderes Ziel, und keiner wußte wirklich, wohin sein Weg ihn führte. Keiner kannte den andern. Keiner wußte vom andern, was ihn bewegte, was er hinter sich hatte, woran er dachte. Und doch waren sie zusammengekoppelt, nicht bloß, weil sie eben Soldaten waren, sondern eng aneinandergekettet in dieser besonderen Situation. Es mochte durchaus dazu kommen, daß sie aufeinander angewiesen sein würden, daß das Leben eines jeden vom Verhalten aller anderen abhing. Ob sich die andern dessen bewußt sind? fragte sich Steiner. Der Fahrer allerdings, darüber war er sich vom ersten Augenblick an klar, wußte genau, worauf er sich einließ, wenn er an einem solchen Tage einen Wehrmachts-LKW über die Straßen dieses Landes fuhr.
Der Fahrer saß, getrennt von ihnen, in seiner Kabine. Er war vermutlich versessen nur auf Straße und Wagen. Für ihn war diese Fuhre Menschen wohl so gut wie jede andere. Wie oft mochte er schon mit Nachschub hin und her gefahren sein?
Im Kasten hinten saß man sich, jeder in einer Ecke, gegenüber und starrte sich erst einmal an. Da war zunächst der Oberschütze mit dem Feldsack, den er hinter sich gestellt hatte, nicht nur als Polster, sondern wie einen kostbaren Schatz, den er mit seinem Leib zu schützen gedachte. Ein Schlaumeier vielleicht, trotz seines dümmlichen Gesichtes, aber mit Sicherheit nicht kampferfahren. Steiner

rechnete damit, daß der Bursche sie reinreißen könnte, entweder aus brutalem Selbsterhaltungstrieb oder aus purer Fehleinschätzung.

Da war weiter ein Jüngling mit funkelnagelneuen Klamotten, der offenkundig vor kurzem noch an den Schürzenbändern seiner Mutter gehangen hatte. Es blieb rätselhaft, wie er allein hierhergekommen sein konnte. Offenbar begriff er selbst nicht, wie ihm geschah. Er starrte und staunte. Manchmal schien er die Lage wie ein Kino-Abenteuer zu genießen, mit ungläubigen Augen, als könnte dies alles nicht wirklich ihm widerfahren. Dann wollte er sich gleichsam recken, um sich zu beweisen, daß er ein Mann geworden war – ein Soldat. Aber gleich darauf sackte er wieder in sich zusammen; die Wahrheit drückte ihn mit unerträglichem Gewicht nieder. Nackte Angst beherrschte ihn dann, um ihn stand unendliche Einsamkeit. Armer Kleiner, dachte der Feldwebel, und: Im Augenblick einer Gefahr wird er uns eine Last sein.

Es war aber auch jener Obergefreite da, der sich gab, als fahre er jeden Tag zum Einsatz gegen alliierte Invasionstruppen. Das war ein Mann nach Steiners Herzen, einer wie die, mit denen er in Rußland zusammengeschweißt worden war. Einer, zu dem er hätte sagen können: Gib mir Deckung!, und auf ihn er sich dann hätte verlassen können. Und doch – dieses Musterbeispiel eines Frontkameraden erschien Steiner jetzt in einem anderen Licht. Steiner kam sich vor, als hätte ihn das Erlebnis Paris seltsam verändert. Als betrachte er nun über eine merkwürdige Distanz hinweg, was ihm so lange ein selbstverständliches Lebenselement gewesen war. Er sah in dem Obergefreiten gleichsam sich selbst: Steiner das Frontschwein, das noch nicht wieder an zivile Lebensformen, an Kultur, an richtige Betten, an Essen aus richtigen Tellern, an Muße – und an Liebe erinnert worden war. Nein, noch hatte der Feldwebel Paris nicht ganz von sich abgeschüttelt; noch war er nicht wieder in die Schildkrötenschale zurückgekrochen, die jener nie abgelegt hatte. Und hinein mußte er wieder in diesen Panzer, um zu ertragen, was ihnen allen bevorstand.

Der Wagen fuhr inzwischen durch die Außenbezirke der Stadt. Das war nicht mehr das Paris der Sehenswürdigkeiten. Hier flanierten weder Damen noch hohe Offiziere. Hier gab es nur Ketten grauer Mietshäuser, die allmählich immer schäbiger wurden. Hier standen vor Läden und Kneipen Männer in Kitteln und Frauen in Schürzen. Irgendwo tollten auch einmal Kinder. Ein Haufen blieb stehen, als er den Wagen hörte; die Jungen und Mädchen sahen auf, starrten die Deutschen an, und die eben noch heiteren Gesichter wurden böse und wutverzerrt. Ein alter Mann, der sie beobachtet hatte, hob eine geballte Faust gegen den Wagen und schrie einen Fluch. Die Soldaten sahen das nur, die Worte gingen im Lärm unter.

Die Häuser vereinzelten sich allmählich; es gab Gasometer und verlassene Fabriken; und hier sah man auch die Narben, die einzelne Luftangriffe verursacht hatten. Sie fuhren durch Äcker, durch freundliche Dörfer. Das war nicht Rußland; hier würde ein anderer Krieg sein. Noch konnte sich Steiner das nicht ganz vorstellen. Aber man wußte ja niemals, was morgen geschehen würde.

Der Oberschütze und der Obergefreite wirkten gleichmütig und uninteressiert, wenn auch gewiß aus unterschiedlichen Gründen. Der junge Soldat nahm alles mit einer Intensität wahr, als könnte er nicht genug eine ihm bislang fremde Wirklichkeit in sich hineinsaugen. Man hätte nicht sagen können, ob er die Fahrt genoß oder unter ihr litt. Steiner selbst fühlte sich angespannt; jeden Augenblick erwartete er irgend etwas. Sein Instinkt schien wieder erwacht zu sein, aber er sagte ihm nicht, was für eine Gefahr in der Luft lag.

Sie überholten Ackerwagen, mit einem Pferd oder Ochsen bespannt, oder uralte, klapprige Renaults, auf deren Dächer Matratzen und mächtige Bündel geschnürt waren. Wohin wollten die Menschen jetzt noch fliehen? Aber beherrscht wurden die Straßen von deutschen Wehrmachtsfahrzeugen. Von überall her bogen sie ein, reihten sich zu Kolonnen, verteilten sich wieder.

Der LKW fuhr auf eine Bahnlinie zu, die erstaunlicherweise noch intakt sein mußte. An der offenen Schranke stand neben seinem Bahnwärterhäuschen ein Mann in der Uniform der SNCF, der französischen Eisenbahn. Er schirmte die Augen mit der Hand ab, um den nahenden Wagen besser sehen zu können. Der junge Soldat richtete sich auf. Die Sonnenblume im Bahnwärtergärtchen mochte ihn heimatlich berühren. Als sie an dem Mann vorbeifuhren, winkte ihm der Junge fröhlich zu. Statt einer Erwiderung drehte der Schrankenwärter ihm abrupt den Rücken zu. Der junge Soldat sackte wieder auf seinen Platz. »Seit ich . . . dabei bin«, brachte er mühsam heraus, »finde ich niemanden, der mich mag.«

Der Obergefreite griente. Es war das erste Mal, daß er eine Gemütsbewegung zeigte. »Mach dir nichts daraus, Heini«, sagte er. »Auf jeden Fall liebt dich der Führer.«

Der Oberschütze schaltete sich ein: »Na, den hab' ich aber noch nie gesehen.«

»Außer in der Wochenschau«, meinte der Obergefreite. »Und selbst das ist lange her, was, Feldwebel?«

Nun grinste auch Steiner. Die direkte Ansprache hatte sein Gefühl der Kumpelschaft bestätigt. Die paar Worte, die gewechselt worden waren, hatten die Spannung etwas gelöst. Der Feldwebel holte eine Zigarettenpackung aus der Jackentasche und bot reihum an. Der Oberschütze nahm wie aus Versehen zwei – und steckte wie verlegen eine wieder zurück. Der Obergefreite ließ ein Sturmfeuerzeug aufflammen. Der junge Soldat zog, als wäre es die erste Zigaretten seines Lebens.

An einer Straßenkreuzung mußten sie einen Wagenpulk abwarten. Noch ehe sie wieder anfuhren, glaubte Steiner, ein fernes Geräusch wahrzunehmen. Er suchte scharf den Horizont ab. Der Wagen rumpelte bereits wieder über das zernarbte Pflaster, als er fern eine Kette winziger Punkte erkannte. Sie wurden schnell größer. Ihr Summen begann die Fahrgeräusche des Autos zu übertönen.

Steiner eilt an die Fahrerkabine. Er klopft wie wild am Rückfenster, ruft: »Halt! Halt an!«

Die drei anderen sehen verwirrt zu ihm hoch. Der junge Soldat starrt stumm in den Himmel, der ihm nichts verrät.

Der Fahrer blickt kurz nach hinten. An Steiners Gesten erkennt er, daß er bremsen muß. Er lenkt seinen Wagen an den Straßenrand, und der Motor erstirbt. Der Lärm der Flugzeuge hat das ganze Land wie mit einem unheilvollen Schirm überdeckt.

Drei Männer aus dem Wagen, voran Feldwebel Steiner, fliehen

übers Feld auf einen Graben zu. Der Fahrer rast hinterher. Aus dem Pulk setzen drei Mustangs zum Tiefflug an.
Auch der Oberschütze ist vom Fahrzeug gesprungen, aber dann ist er stehengeblieben, als könne er sich nicht von seinem Feldsack trennen. »Wartet auf mich«, ruft er den anderen nach, die sich nicht darum kümmern.
Sie hocken schon im Graben, als eine der Maschinen über sie hinzischt. Ihre MGs spucken wie rasend. Links und rechts des Grabens springen Erdfontänen hoch. Dann ist alles schon wieder vorbei. Die vier Männer gucken sich an, als könnten sie nicht begreifen, daß sie noch leben und unverletzt sind.
Dann sieht Steiner, daß der Oberschütze auf den Wagen zurückgeklettert ist. Ein Blick über den Himmel zeigt, wie die Mustangs in weiten Kurven umkehren. »Steig aus!« brüllt Steiner. »Raus da!«
Der Oberschütze klammert sich nur noch heftiger an seinen Feldsack. Steiner schätzt mit einem Blick auf die Flugzeuge ab, wieviel Zeit er noch hat. Dann hechtet er aus dem Graben. Doch noch hat er das Fahrzeug nicht erreicht, als die Mustangs schon da sind. Diesmal scheinen sie es auf den Wagen selbst abgesehen zu haben. Steiner wirft sich aufs Pflaster.
Als er hochblickt, liegt der Oberschütze verkrümmt über seinem Feldsack. Die Flugzeuge verschwinden im Blau. Es wird unheimlich still.
Steiner steigt auf den Wagen, beugt sich über den Oberschützen. Der Mann ist von Kugeln zersiebt. Der Feldsack hat nicht einmal eine Schramme abbekommen, er war nur von einem großen Blutfleck gefärbt.
Steiner sieht sich um. Zwei andere Wehrmachts-LKWs stehen in Flammen. Irgendwo schreien Verwundete. Da und dort liegen andere, die nie wieder schreien werden. Seine Männer sind aus dem Graben gestiegen und nähern sich vorsichtig dem Wagen. Als erster ist der Obergefreite bei ihm. Er öffnet den Feldsack und holt den Inhalt heraus.
Kleiderstoffe ... ein Büstenhalter ... ein Spitzenhöschen ... eine Flasche Champagner ... eine Packung Pralinen ... »Gelump«, sagt der Obergefreite; »das ist doch hier nur Gelump ...«

»Und dafür sterben«, flüstert der junge Soldat.
Steiner sieht ihn groß an. »Was meinst du, wofür überhaupt einer stirbt?«
Der Fahrer ist wieder in seine Kabine geklettert. Er will von neuem starten. Aber nichts geht mehr. Er begreift nicht gleich, versucht es immer wieder. Da summt zwar was, aber es ist ein ganz falsches Geräusch, und er gibt seine Versuche schnell wieder auf. Dann springt er ab und geht um das Fahrzeug.
Er sieht, wie Wasser aus dem Kühler fließt, und er starrt wie hypnotisiert, bis die letzten Tropfen versickern. Auf dem Pflaster vermischt sich das Wasser mit einem Rinnsal aus Öl. Es schillert in allen Regenbogenfarben.
Sein Gang ist müde, als er zu den Männern im Wagen kommt. »Mein LKW ist im Arsch«, sagt er trocken. »In drei Tagen der dritte, den ich verliere!«
Steiner und die anderen laden ihr Gepäck vom Laster. Einen Moment stehen sie ratlos da. Der Obergefreite hat die Champagnerflasche in der Hand, guckt Steiner an, und als der Feldwebel nickt, steckt er das Ding ein. Der junge Soldat langt nach den Pralinen, und auch dagegen hat niemand etwas. All das geschieht stumm. Bis Steiner sagt: »Na, wir werden schon einen finden, der uns ein Stück mitnimmt.«
So marschieren sie los, immer geradeaus. Allein bleibt der Fahrer zurück.

3

Auf diesem Kanal hatte einmal reges Leben geherrscht. In langen Schleppzügen waren die Frachtkähne land- oder seewärts gefahren, manchmal mit flatternder Wäsche über dem Deck, mit den Frauen und Kindern der Binnenschiffer an Bord. Hier im Hafen bei Avranches hatten sie be- oder entladen, die Lagergebäude gefüllt oder geleert. Jetzt lagen nur einige wenige Lastkähne am Ufer vertäut, und sie wirkten so tot wie die Schuppen.
Dafür war hier eine andere Art Leben eingekehrt. Zwischen Straße

und Kanal hatte man Schlacke gestreut, ausgebrannte, zerstoßene Brocken – wie ein Sinnbild der Zerstörung, die das neue Leben am Hafen in sich trug. Über den improvisierten Hof fuhren Lastwagen der deutschen Wehrmacht, brachten Soldaten, Gerät, Proviant. Kaum waren sie entladen, fuhren sie wieder davon, und der nächste Wagen rückte auf. Befehle wurden gebrüllt, Stimmen riefen durcheinander. Es gab tausend Geräusche, und sie alle wurden immer wieder überdröhnt von kreischenden Bremsen und aufheulenden Motoren.

Die Lagerhäuser selbst waren zu Truppenunterkünften gemacht worden. Im Vordertrakt des ersten Schuppens lugte aus einem ebenerdigen Fenster Unteroffizier Krueger. Er schien sich nicht satt sehen zu können an dem Getümmel rings um ihn her. Für sich war er zufrieden, daß er und seine Kompanie für einige Zeit zur Ruhe gekommen waren.

Der Transport seiner Division aus Südrußland hierher war abenteuerlich genug gewesen. Mal hatte eine Lokomotive gefehlt; mal hatten sie darauf warten müssen, daß eine zerstörte Strecke geflickt wurde. Mal hatten sie stundenlang irgendwo auf kahler Ebene gestanden, und dann wieder war der Zug ohne Aufenthalt in wilder Fahrt durch die Nacht gerast. Manchmal war es ein akrobatisches Kunststück gewesen, auch nur zu pinkeln: in der halbaufgeschobenen Viehwagentür hängend, von zwei Kameraden gehalten. Zu vierzig Mann zusammengepfercht hatten sie im Stroh gelegen oder gehockt, in unaufhörlichen Skatrunden darauf versessen, die Zeit und das Ziel zu vergessen. Wenn einer mal hinausgeschaut hatte, dann fuhr man oft gerade durch Trümmerfelder, die einmal eine deutsche Stadt gewesen waren, und man verkroch sich schnell wieder in seinen Waggon.

Aber das war nun alles vorbei. Jetzt wartete man darauf, was als nächstes auf einen zukam. Man wußte nicht, wann es losgehen würde; aber lange konnte es bis dahin nicht mehr dauern. Eins stand fest: Es würde schlimmer sein als der Transport. Besser, man gewöhnte sich endlich ab, auf irgend etwas zu warten.

An der Kolonne wartender LKWs vorbei bog ein Kübelwagen auf den Schlackenhof. Das Fahrzeug schien es überhaupt nicht eilig zu haben. Krueger erkannte in ihm zwei Feldgendarmen. Die Männer mit den Blechschildern an den langen Halsketten hatten ihre Falkenaugen überall. Mit argwöhnischer Langsamkeit steuerten sie an den Soldaten vorbei, die eben ausgestiegen waren. Erwarteten die Kettenhunde eine Meuterei? Und wenn eine ausgebrochen wäre, was hätten die zwei gegen Hunderte unternehmen können? Doch das war es ja eben: Die Millionen einzelner meuterten nie gegen die Handvoll ihrer Oberen und deren Büttel.

Der Kübelwagen fuhr direkt an Kruegers Fenster vorbei, und die Männer stierten ihn an. Grinsend warf er ihnen ein Küßchen zu. Er sah, wie sie fluchten, und war zufrieden. Noch mehr freute er sich freilich darüber, daß das Heck ihres Wagens immer kleiner wurde.

Krueger blickte wieder zu dem Platz hin, an dem die Lastwagen sich ihrer Menschenfrachten entledigten. Gerade war ein weiterer LKW vorgerückt, und einige Dutzend Soldaten sprangen ab. Ihre Gestalten, ihre Bewegungen, ihr Gepäck wirbelten durcheinander. Allmählich klärte sich das Gewirr. Da erst erkannte Krueger den einen Mann – Feldwebel Steiner! Krueger schrie unwillkürlich auf, dann sprang er von seinem Schemel, riß die Tür auf, eilte durch den Gang, war schon auf dem Vorplatz. »Steiner! Steiner!«

Steiner blieb stehen. Er schien noch nicht zu begreifen, woher der Ruf kam. Er wirkte verwirrt. Die Männer vom Wagen, mit dem er gekommen war, drängten an ihm vorüber.

Ehe Krueger ihn erreichen konnte, stand Steiner ganz allein da, wie auf einem fremden Stern gelandet.

»Steiner!« Diesmal klang es ganz nah.

Wie aus der Erde gewachsen ragte Krueger vor ihm auf. Der Feldwebel blinzelte. Der Unteroffizier stutzte. Was war mit seinem alten Kumpel los? Er hatte Steiner noch nie so abwesend gesehen. Noch einmal sagte er, nun seltsam leise: »Steiner . . .«

Endlich bewegte sich etwas in dessen Gesicht. Ein Lächeln bildete sich, und Steiner nickte. Das Ganze hatte nur Sekunden gedauert, aber sie hatten sich zu einer Ewigkeit gedehnt, und nun mußte sich Krueger zusammenreißen, um seine Betroffenheit zu überwinden. Er griff nach Steiners Tornister und schwang ihn, als wollte er damit seinen Feldwebel über den Kopf hauen. »Steiner, du alter Schweinehund!« rief er beinahe jubelnd. Dann überstürzten sich

seine Worte: »Wie geht's denn? Wo kommst du her? Wie war's in Paris? Komm, ich zeig dir unser Quartier. Mann, Mann, du hier! Das is'n Ding! Nun sag schon . . .«
»Mal langsam«, erwiderte Steiner. Er schien immer noch nicht ganz da zu sein. Während er neben Krueger herging, der seinen Tornister trug, sah er sich wie verstohlen nach allen Seiten um, als müßte er ein gefährliches Gelände erkunden. Wenn sein Blick auf Krueger fiel, dann lag darin ein Erstaunen; er schien sich erst daran gewöhnen zu müssen, daß er den Gefährten woanders als in Rußland sah.
»Sag mal, hast du 'ne Kröte verschluckt? Is' dir 'ne Laus über die Leber gelaufen? Haben sie dir in Paris 'ne Schraube gelockert, oder was? Man darf dich einfach nicht allein lassen!«
»Mich schon«, sagte Steiner. Sie standen nun vor der Tür zum ersten Lagerhaus. »Geht's da rein?«
»Klar.« Krueger stieß die Tür auf. Ehe er Steiner an sich vorbeiließ, fragte er noch: »Haste mir wenigstens was mitgebracht, alter Gauner?«
»Wenn du weiter mit meinem Tornister so umgehst, wirst du es kaputtmachen, Krueger.«
»Etwa 'ne Pulle? Mann! Warum hast de das nicht gleich gesagt?« Krueger trug den Tornister nun beinahe zärtlich.
Steiner sah vor sich erst einmal eine dämmrige Halle. In ein paar Ecken waren noch Fässer, Kisten, Ballen, die Ketten eines Flaschenzuges liegengeblieben. Vielleicht gerade dadurch erweckte der Raum den Eindruck toter Leere. Es roch noch nach Rum oder Fisch oder Zimt oder wer weiß was. Es roch auch schon nach Soldaten, nach Gewehröl, Stiefelwichse, Pfeifenqualm.
»Da staunst du, was? Das Lagerhaus ist schon so lange leer, daß es nicht mal Ratten mehr gibt. Da, von dem Gang gehen die Kabuffs ab . . .« Krueger legte die freie Hand auf Steiners Schulter, um ihn zu führen.
Die »Kabuffs«, wie der Unteroffizier sie genannt hatte, reihten sich aneinander wie Zellen in einem Gefängnisflur. Vor der ersten der Türen mit streifenförmig abgeblätterter Farbe blieb Krueger stehen. Steiner sah sich um und fragte: »Wo sind die andern?«
Der Unteroffizier machte eine weitausholende Geste. »Hier über-

all. Platz haben wir die Menge. Wir schlafen mit zwei Mann in einem Raum, stell dir das vor! Die zweite Pritsche bei mir hab' ich natürlich für dich reserviert. Oder sind sich der Herr Feldwebel neuerdings zu fein, mit 'nem einfachen Unteroffizier zu pennen?«

»Quatschkopp.« Krueger hatte die Tür geöffnet, und Steiner sah in die Koje. »Beinahe gemütlich«, meinte er. »Wie kommen wir zu dem Luxus?«

»Na, als sie hier für uns Quartier gemacht haben, hat wohl einer vergessen, daß mittlerweile die halbe Division tot und begraben ist.« Kruegers aufgesetzte Lustigkeit war für einen Augenblick wie weggeblasen. Er schien seinen eigenen Worten nachzusinnen, dann fügte er hinzu: »Jedenfalls sind sie tot. Mit dem Begraben haben sie sich ja kaum noch abgegeben.« Dann setzte er sich auf seine Pritsche und öffnete Steiners Tornister. Er wühlte darin nach der Flasche.

»Huit!« pfiff er, als er sie in der Hand hielt. »Hennessy Dreistern! Vornehm geht die Welt zugrunde. Wo hast'n den her?«

Schon hatte er sein Taschenmesser aus der Gesäßtasche geholt, den Korkenzieher herausgeklappt und war dabei, die Flasche zu öffnen.

Er erwartete offenkundig keine Antwort. Steiner hätte sie ihm auch nicht geben mögen. Er erinnerte sich noch zu genau an den Morgen, an dem er die Flasche erstanden hatte. Er hatte sich gewundert, daß sie in dem kleinen Laden, in den er aufs Geratewohl gegangen war, noch in irgendeinem Versteck gehütet worden war. Eigentlich hatte er sie für sich selbst haben wollen, denn es war der Morgen nach dem Abschied von Yvette gewesen, und er hätte sich am liebsten sinnlos betrunken. Sogar die Frau, die ihn bedient hatte, mußte ihm die Trauer angesehen haben, sonst hätte sie sich wohl nicht erweichen lassen oder einfach so getan, als verstünde sie ihn nicht. Es war eine Frau um die Vierzig gewesen, eigentlich ein molliger Typ, doch nun so abgemagert, daß ihr das Kleid am Leibe schlotterte. »*Cherchez la femme, n'est-ce pas?*« hatte sie gefragt, aber fast den ganzen Rest seiner aufgelaufenen Frontzulage schnell in ihre primitive Ladenkasse gesteckt. Doch als er dann auf seinem Hotelzimmer saß, zwischen schäbigen Möbeln und nach

Mottenpulver riechendem Plüsch, da hatte er doch lieber auf ein Besäufnis verzichtet und nur in den Stuck der Decke gestarrt, um dort Yvette wiederzufinden, immer wieder Yvette.

Jetzt hatte Krueger den ersten tiefen Schluck genommen und stöhnte tief zufrieden auf. Schon wollte er die Flasche erneut an den Mund setzen. »He«, rief Steiner, »willst du nicht etwas dazu essen? Ich jedenfalls hab' 'nen Bärenhunger. Seit ich aus Paris weg bin, hab' ich nichts mehr in den Magen gekriegt.«

»Wenn du bis sechs warten kannst, gibt's was an der Gulaschkanone. Wahrscheinlich wieder so'ne dünne Erbsenplärre. Und Kaffee mit Soda gegen die Geilheit, Marke Goebbels – Schaum und nischt dahinter. Sonst . . .«

»Was ist sonst?«

»Vielleicht bringt Klingmann was mit. Da hinten irgendwo ist nämlich noch so 'n Stück Wald. Hat sich wohl lange keiner mehr drum gekümmert. Und Klingmann glaubt, daß da 'ne Menge Karnickel rumlaufen müßten.«

»Dann wird er wohl auch eines kriegen. Klingmann kennt sich mit so etwas aus.« Plötzlich sah Steiner verwundert auf. »Darf er denn einfach so in den Wald gehen?«

»Natürlich nicht. Keiner darf hier raus. Dabei hocken wir schon zwei Tage in diesem Loch. Klingmann hat sich noch vor Morgengrauen davongeschlichen. Kennst ja Klingmann.«

Ja, allmählich gewann Steiner seine Vertrautheit zurück. Noch hätte er zwar nicht sagen können, ihm sei zumute, als wäre er nie weggewesen, aber die Schleier zwischen sich und seiner Umgebung waren schon recht durchlässig geworden. »Und was ist mit Hauptmann Berger?« fragte er.

Krueger wies mit dem Daumen an die Decke. »Hat seinen Salon da oben.« Bis jetzt hatte er mit sich gekämpft, ob er der Flasche ein drittes Mal zusprechen sollte, aber nun kapitulierte er.

»Laß noch 'n Schluck für mich übrig. Will wenigstens wissen, wie das Zeug schmeckt«, sagte Steiner.

Krueger hielt ihm die Flasche hin.

»Nein, nicht jetzt. Ich will mich erst beim Hauptmann melden. Wie macht er sich denn?«

»Wenn der Krieg noch ein, zwei Jahr weitergeht, wird er ein ganz

guter Kompaniechef werden. Mußt du wirklich hin? Und erst hinterher einen Cognac?«
Steiner nickte und ging.

Die Räume, in denen sich Schreibstube und Kompaniechef eingerichtet hatten, waren zweifellos Büros der Lagerverwaltung gewesen. Überall hingen noch verjährte Kalender, Tariflisten und Streckenkarten, und ein Geruch nach Tinte, Stempelfarbe und Aktenstaub lag in der Luft. Die deutsche Wehrmacht hatte sich hier nur oberflächlich etabliert; man wußte, daß man nicht lange bleiben würde.
Schulze, die Ordonnanz des Hauptmanns, begrüßte Steiner beinahe überschwenglich. »Wenn ich dich sehe«, sagte er, »hab' ich das Gefühl, daß wir wieder vollständig sind. Wie du das alles geschafft hast, wissen die Götter! Aber du hast es geschafft, und da mein' ich eben, daß du es immer irgendwie schaffen wirst. Nur . . .« Plötzlich wurde er doch bedenklich. »Nur, wenn du also wieder da bist, Steiner, dann heißt das ja wohl, daß es bald losgeht, wie?«
»Dafür haben längst andere gesorgt«, erwiderte Steiner, ehe er zum Hauptfeldwebel vordrang.
Forster schien wenig Zeit für ihn zu haben. »Entschuldige schon, aber demnächst bricht der ganze Krempel doch noch über mir zusammen. Wir sitzen buchstäblich auf dem Pulverfaß. Alle fünf Minuten kommt ein anderer Befehl. Kaum ist er da, wird er wieder zurückgenommen. Aber jeder nächste kann endgültig sein. Und dann gnade mir Gott, wenn ich ihn nicht in Null Komma nichts ausgeführt habe.«
Diese Art der Reaktionen machte Steiner stutzig. Er spürte in dieser vertrauensvollen Redseligkeit eine gespannte Unsicherheit. Offenbar ahnten auch andere als er, der von einem Ausflug in eine ganz fremde Welt eben erst zurückgekehrt war, daß man vor Aufgaben stand, die sich mit denen an der Ostfront doch nicht vergleichen ließen. Jeder schien zu rätseln, auf was eigentlich sie stoßen würden. Steiner fühlte sich aufgefordert, auf die Verwirrten ein Zutrauen überzuströmen, das er selbst nicht empfand.
Doch Hauptmann Berger erwies sich als anders. Als Steiner eintrat

und seine Ehrenbezeigung machte, erwiderte der Kompaniechef den Gruß mit einer lächelnden Lässigkeit. Obwohl der Offizier in den Papierbergen auf seinem Schreibtisch zu ertrinken schien, benahm er sich, als hätte er beliebig viel Muße.

»Setzen Sie sich, Steiner«, sagte er freundlich, »erzählen Sie mir von Paris.«

»Der Eiffelturm steht noch«, erwiderte der Rückkehrer und wußte nicht recht weiter.

»Wie beruhigend. Ich habe Paris seit 1939 nicht wiedergesehen. Wenn's geht, möchte ich damit warten, bis alles vorbei ist. Dann kann man vielleicht auch wieder ein Blumensträußchen auf Heines Grab legen.«

»Friedhöfe habe ich nicht besucht«, sagte Steiner.

»Verständlich, vom Tod haben wir alle übergenug gesehen. Und wir werden sicherlich noch mehr davon zu sehen bekommen.« Danach wurde Berger wieder dienstlich, wenn auch in verbindlicher Form.

»Sehen Sie zu, Steiner, daß Sie Ihre Männer schnell wieder zusammenschließen. Wir werden das sehr nötig haben. Vielleicht schon sehr bald.«

Der Hauptmann stand auf. Er streckte sich, als könnte er so alle Sorgen und Bedenken abschütteln. »Wir beide sollten uns einmal umsehen, Steiner«, sagte er. »Uns um die Leute kümmern, damit sie sich nicht so verlassen fühlen. Damit alles in Ordnung geht.«

»Ja, Herr Hauptmann«, sagte Steiner, und es klang wie ein Seufzer.

Unteroffizier Klingmann war gemütlich durch den Wald gestreift. In der Linken trug er zwei Kaninchen, die er erlegt hatte. Das würde als Zubrot für seine Kameraden reichen! Aber noch mochte er sich aus der Stille dieses Fleckchens Natur nicht lösen. Er versuchte, diesen Frieden tief in sich einzuatmen.

Doch das Lager da drüben ließ sich nicht vergessen. Es rief nach ihm. So steuerte er auf den Waldrand zu, kam an einen hohen Zaun und ging daran entlang, bis er ein offenes Tor erreichte. Er sah sich nach beiden Seiten sorgfältig um, ehe er sich auf die Straße stahl.

Da hörte er, von fern noch, das Geräusch eines Autos. Er blieb lauernd stehen, bis es um die Ecke bog. Jetzt sah er, daß es ein Kübelwagen war, und er erkannte auch, daß darin zwei Feldgendarmen saßen. Er machte auf dem Absatz kehrt, eilte zurück durch das Tor und verschwand hinter den ersten Bäumen.
Er beobachtete den Wagen zwischen den Stämmen hindurch und wartete, daß er vorüberfuhr. Statt dessen verstummte das Fahrgeräusch – die Kettenhunde hielten direkt vor dem Tor. Sie sprangen heraus und kamen in den Wald. Im gleichen Moment richtete sich Klingmann auf und schlenderte weiter, als wäre er auf einem harmlosen Spaziergang.
Der eine Feldgendarm, ein Mann mit einem buschigen Schnurrbart, fuhr ihn an: »Wo zum Teufel wollen Sie hin?«
»Zum Lager zurück.« Klingmann bot ein Musterbild der Unschuld. Er hob die erlegten Kaninchen ein wenig hoch und erklärte: »Ich hab' mir eben die da geholt, für 'n paar von meinen Kumpels.«
Der Unteroffizier wurde sich bewußt, daß er beide Feldgendarmen um einen Kopf überragte. Nicht einmal der mit dem Schnurrbart konnte ihm imponieren, geschweige denn der zweite, der in diesem Geschäft noch ein Neuling zu sein schien. So ging Klingmann einfach weiter, auf das Tor zu, als hätte er nie eine andere Absicht gehabt. Dabei lächelte er den beiden Kettenhunden so freundlich zu, wie er es nur irgend über sich bringen konnte.
»He, einen Moment noch!« rief der Neuling in einem Ton, als wäre er schon Meister.
»Schon gut«, sagte Klingmann unbeirrt. »Ich kenn den Weg ins Lager zurück.«
Aber jetzt mußte natürlich der Mann mit dem Schnurrbart seine Überlegenheit demonstrieren. »Hast du nicht gehört?« schrie er. »Du sollst warten!« Schon stand er breitbeinig vor Klingmann und starrte herausfordernd zu dem Riesen auf.
Der Unteroffizier grinste noch immer. »Nun mach aber halblang. Was ist 'n das für eine Art unter Frontkameraden?«
Beide Feldgendarmen hatten die Hände schon an ihren Revolvern. Beide sahen gefährlich wütend aus. Klingmann begriff nicht, daß er sie gerade durch seine lässige Art so herausforderte. Noch immer meinte er, ihnen am besten mit lächelnder Ruhe begegnen zu

können, so schwer ihm das auch fiel. Für ein paar Sekunden gab es nur einen stummen Kampf der Blicke. Zwei Paare zornsprühender Augen standen gegen die scheinbar amüsierte, aufgesetzte Überlegenheit in Klingmanns Ausdruck.
Dann brannte plötzlich bei dem Mann mit dem Schnurrbart die Sicherung durch. In einer Art Blitzreaktion hatte er die Pistole gezogen, sie am Lauf gepackt, sich hochgereckt, und schon schlug er mit dem Griff über Klingmanns Schädel. Der Riese schwankte nur ein wenig. Noch immer hielt er seine Kaninchen fest. Aber in seinem Kopf summte es, die Welt um ihn her schien zu schwanken und zu verschwimmen. So konnte er nicht mehr sinnvoll handeln, begriff nicht einmal, was weiter geschah.
Der Mann mit dem Schnurrbart hieb ein zweites Mal zu. Sein jüngerer Gefährte mußte es ihm gleichtun. Zu zweit fielen sie über den benommenen Riesen her, bis Klingmann bewußtlos zu Boden sank. Sogar dann noch schlugen und traten sie auf ihn ein.

Hauptmann Berger und Feldwebel Steiner waren schon um das Gelände der Lagerhäuser herumgegangen, als sie auf den Schlakkenhof kamen. Dort war es im Augenblick ruhig; es kamen keine neuen Soldaten-Transporte mehr. Die beiden Soldaten standen ein Weilchen nachdenklich da, bis der Kübelwagen mit den Feldgendarmen vorfuhr. Auf dem Rücksitz lag verkrümmt ein ohnmächtiger Mann. Steiner erkannte Klingmann, und er wollte zuspringen. Doch der Hauptmann packte Steiners Hand und hielt ihn zurück. Stumm sahen beide zu, wie die Feldgendarmen den wie leblosen Unteroffizier aus dem Wagen zerrten. Während sie ihn zwischen sich trugen wie einen Mehlsack, erwachte Klingmann zu halbem Bewußtsein. Er sah sich mit verschleierten Augen unsicher um.
Die Feldgendarmen gingen mit ihrer Last stur auf das Lagerhaus-Portal zu. Sie hatten offenbar nicht einmal den Hauptmann gesehen und waren ganz erstaunt, als Berger ihnen in den Weg trat.
»Was geht hier vor, Feldwebel?« fragte der Hauptmann den Mann mit dem Schnurrbart.
»Das ist einer von Ihren Männern, Herr Hauptmann.« Die Antwort klang wie eine persönliche Anklage. »Wollte desertieren.«

»Meine Männer desertieren nicht.« Berger wies mit einem Kopfnicken auf Klingmanns zerschundenes Gesicht. »Und was ist das?«
Der Mann mit dem Schnurrbart ließ sich nicht beeindrucken. »Hat versucht, sich der Festnahme zu entziehen, Herr Hauptmann.«
Dann blähte sich der jüngere Feldjäger auf. »Er kann von Glück reden, daß wir ihn nicht erschossen haben.«
Der Hauptmann hatte seinen Feldwebel wieder losgelassen, und die Wut, die in Steiner hochgestiegen war, ließ sich nun kaum noch beherrschen. Er war unwillkürlich einen Schritt vorgetreten, und es sah aus, als werde er gleich die Fäuste sprechen lassen.
»Steiner!« zischte der Hauptmann.
Sofort blieb Steiner stehen. Aber auch die beiden Feldgendarmen waren zurückgezuckt. Dabei war ihnen Klingmann entglitten und zu Boden gesackt.
Da trat Steiner doch vor, sank auf die Knie, um seinem Kameraden zu helfen. Er legte Klingmanns Kopf auf seinen Schoß. Der Unteroffizier murmelte etwas vor sich hin, zusammenhanglose Brocken, die nicht zu verstehen waren.
Steiners Blick ging zwischen Klingmanns Wunden und den wartenden Feldgendarmen hin und her; dann sah er seinen Hauptmann an.
Berger zeigte eine verbissene Ruhe. »Ich werde das klären, Steiner«, sagte er. »Bringen Sie ihn herein.«
Steiner stand auf, maß die Feldgendarmen noch einmal mit einem drohenden Blick und legte dann Klingmann über seinen Rücken, wie ein Sanitäter, der einen Schwerverwundeten hinter die Linien trägt. Doch noch hatte er nicht den Eingang des Lagerhauses erreicht, als der Mann mit dem Schnurrbart rief: »Halt!«
»Bitte –?« fragte der Hauptmann eisig.
»Aber Herr Hauptmann, er muß hierbleiben, bis er unter Anklage gestellt ist!«
»Den Teufel wird er so etwas tun.«
Der Mann mit dem Schnurrbart hatte immer noch nicht gemerkt, wie wütend Berger war. »Aber, Herr Hauptmann«, beharrte er, »wir müssen ihn melden!«
»Tun Sie, was Sie wollen, Feldwebel, nur gehen Sie mir jetzt aus

den Augen.« Der Hauptmann drehte sich auf dem Absatz um und folgte Steiner in das Lagerhaus.
Hier fand er in einer der Kojen den Feldwebel über Klingmann gebeugt, den sie auf seine Pritsche gelegt hatten. Neben Steiner stand Gefreiter Lammel, einer der Kompanie-Sanitäter, ein Mann mit einem Engelsgesicht, von dem es hieß, daß er Mönch hatte werden wollen. Lammel wischte mit einem weichen Tuch das geronnene Blut von Klingmanns Stirn und Wangen. Steiner hielt Verbandszeug bereit.
»Lassen Sie mich das machen«, sagte Berger zu ihm. Seine Stimme klang jetzt weich und fürsorglich. Doch das Mitgefühl war aus ihr wieder verschwunden, als er fortfuhr: »Kümmern Sie sich jetzt um Ihren Zug. Der Befehl zum Abmarsch kann jeden Moment erfolgen.«

4

Und der Befehl kommt. In wenigen Minuten verwandelt sich die Lethargie und die Spannung des Wartens in hektisches Treiben. Die Anordnungen fliegen von Mann zu Mann weiter. Jeder hat seine Aufgabe und geht ihr nach, als gäbe es keine andere Zukunft als die nächste Stunde.
Krueger marschiert durch den langen Korridor an den kleinen Einzelräumen des Lagerhauses vorbei. An jeder Tür bleibt er stehen und ruft: »Los, macht zu! In einer halben Stunde marschieren wir ab. Packt euer Zeug zusammen!«
Aus einem der Räume tauchen Hauser und Nissen auf. Der ehemalige Personalchef einer Essener Rüstungsfabrik will wissen: »Wohin geht's denn, Unteroffizier?«
Krueger eilt bereits weiter. Über die Schulter hinweg erwidert er: »Weiß nich'. Aber keine Sorge, dir wird's prima gefallen.«
Nissen sieht, wie beklommen Hauser plötzlich zumute ist. »Komm«, sagt er zu seinem Kameraden, »machen wir uns an die Arbeit. Dann vergessen wir am ehesten, was morgen sein kann.«
»Haste nich' auch noch 'n Bibelspruch für mich?« höhnt Hauser.

Krueger ist mittlerweile bis zur großen Vorhalle gedrungen, in der die meisten anderen Männer des Zuges beieinanderstehen. Hier braucht er nicht mehr zu mahnen; Gefreiter Dorfmann kümmert sich bereits mit gewohnter Ruhe um die neuen Leute. Keppel, der Junge aus der HJ; Rother, der ehemalige Einsteigdieb; Junghans, der noch immer beinahe unbefangen strahlende Jüngling; Habermaß, mit seinen bösen Erfahrungen aus dem Griechenland-Feldzug: sie alle sind schon dabei, ihre Siebensachen zusammenzupakken. Dorfmann und Habermaß geben den Unerfahrenen Ratschläge, fahren ihnen bei groben Ungeschicklichkeiten wohl auch mal derb dazwischen. Aber alles geschieht in einer aufgeräumten Stimmung, als gehe es auf eine etwas abenteuerliche Ferienreise.

Von draußen kommt Steiner. Mit einem Blick übersieht er, daß die Dinge bestens laufen. Dann lächeln er und Unteroffizier Krueger sich seltsam zu. Auch in Dorfmanns Mundwinkeln zuckt es. Rother, der Galgenvogel, grinst zynisch. Habermaß nickt scheinbar grundlos. Nur Keppel und Junghans scheinen nichts zu bemerken.

Von hinten nähern sich jetzt Hauser und Nissen. Der Theologiestudent hat sein Zeug schon ordnungsmäßig gepackt. Wie immer wirkt er ruhig, gefaßt und freundlich. Hauser dagegen ist verärgert; sein Feldsack ist noch nicht verschnürt, will überquellen, und ein paar Dinge trägt er lose in der Hand. »Das geht doch nie alles hinein!« ruft er. »Überhaupt ist das hier eine Organisation . . .!«

»Gib her«, sagt Habermaß und hilft ihm. Hauser erlebt erstaunt, wie einfach das im Grunde ist. Grinsend bestätigt der Griechenland-Gefreite: »Hauptsache, gewußt wie!«

Steiner und Krueger achten nicht mehr darauf. Sie finden offenbar, daß sie hier entbehrlich sind, und verlassen das Lagerhaus. Nur Dorfmann sieht ihnen nach. Sobald sich die Tür hinter ihnen geschlossen hat, nimmt sich der alte Kämpe den HJ-Führer vor.

»Na, Keppel«, sagt er, »es sieht ganz so aus, als bekämste endlich eine Chance, deinen kleinen Beitrag für den Führer zu leisten.«

»Also ist es wahr?« fragt Keppel voll glühender Erwartung. »Wir gehen jetzt an die Front?«

Dorfmann nickt. »Jeder, der laufen kann.«

Rother, der sich gemütlich auf ein Fensterbrett gelehnt hat, muß plötzlich kichern. »Außer natürlich die beiden Kerls aus der dritten Kompanie, die sich gerade in die erste Schute da verkrochen haben.« Er zeigt auf den Kanal. Keppel stürzt zu ihm hin, um sich ebenfalls den Lastkahn anzusehen.
Als er sich etwas unsicher umsieht, blickt er Habermaß ins Gesicht.
Der Gefreite nickt bedächtig. »Ja, wirklich, manche tun alles, um sich vor einem Schlamassel zu drücken. Einmal, als wir zu einem Einsatz gegen Partisanen in den griechischen Bergen aufbrechen sollten, hatte einer so einen Schiß, daß er sich in den Zeh geschossen hat.«
»Haben sie ihn dann nach Hause geschickt?« fragt Nissen arglos.
»Na, jedenfalls kam er ins Lazarett. Leider haben sie gegen den Wundbrand nichts mehr machen können. So wurde ihm das Bein abgesäbelt«, erwidert Habermaß.
Auch Hauser ist jetzt ganz Ohr. »Und dann?«
Dorfmann bemerkt, daß sich Keppel aus der Runde gelöst hat. Der junge Mann verläßt eben gerade den Schuppen. Dorfmanns nächster Blick geht zu Rother hin. Dem ehemaligen Berufsverbrecher scheint da etwas ganz Wichtiges einzufallen; er rennt ins Freie.
Dorfmann sagt: »Was soll schon weiter gewesen sein? Vors Kriegsgericht haben sie ihn gebracht! Das tun sie doch immer.«
Für ein paar Augenblicke herrscht betretenes Schweigen.

Die beiden Feldgendarmen sitzen müßig in ihrem Kübelwagen, als warteten sie nur darauf, an jeden Ort zu eilen, wo ihr Einsatz notwendig werden könnte. Ständig gehen ihre Blicke nach allen Seiten, und der Mann mit dem Schnurrbart hat sogar eine Hand aufs Steuer gelegt.
Sie sehen einen jungen Soldaten auf sich zukommen. Noch ehe er neben ihrem Wagen steht, sind alle ihre Nerven und Sehnen gespannt.
Was er ihnen zu berichten hat, läßt sie schon nach ein paar Sätzen aus dem Wagen springen. Gemeinsam mit Keppel marschieren sie auf das Kanalufer zu. Nun sind es nur noch ein paar Schritte bis zu dem ersten Kahn. »Die?« fragt der Mann mit dem Schnurrbart knapp.

»Die!« antwortet Keppel. Damit hat er getan, was er für seine Pflicht hält. Er schlendert, nun beinahe lässig, zum Lagerhaus zurück. Er bemerkt nicht den Blick, den Dorfmann ihm durch ein Fenster zuwirft. Erst recht kann Keppel nicht wissen, daß Dorfmann sich jetzt zu den anderen umdreht und lakonisch bemerkt: »Er hat den Köder geschluckt.«

Die Feldgendarmen haben die Planke erreicht, die den Ewer behelfsmäßig mit dem Ufer verbindet. Gleich daneben sehen sie einen Schützen sitzen, der gemütlich eine Zigarette raucht.

»Was machst du d'n hier?« fragt der junge Feldgendarm.

Schütze Rother kennt sich mit Bullen aus, welche Uniform auch immer sie tragen. Einwickeln muß man sie, dann hat man am wenigsten Ärger. »Im Schuppen ist jetzt so viel los, da stör ich bloß«, sagt er. »Ich bin längst marschbereit. Die Zigarette dauert höchstens noch fünf Minuten, dann lauf ich sofort wieder zurück, Herr Unteroffizier.«

Der Mann mit dem Schnurrbart ist zufrieden. Er fragt: »Haben Sie hier jemanden an Bord gehen sehen?«

Rother blickt mit dem bravsten Gesicht der Welt auf den Kahn, und dann schüttelt er den Kopf. »Nein, tut mir leid, Herr Feldwebel.«

Die Feldgendarmen gehen dennoch entschlossen über die Planke. An Deck ist nichts zu sehen. So dringen sie in die Kabine ein.

Da sehen sie sich plötzlich Steiner und Krueger gegenüber. Im gleichen Moment wissen sie, daß sie in eine Falle gegangen sind. Noch ehe sie irgend etwas tun können, ist Krueger um sie herumgehuscht und hat hinter ihnen die Tür verriegelt. Alles geht jetzt sehr schnell. Steiner ist bereits über den Mann mit dem Schnurrbart hergefallen. Der jüngere Feldgendarm will dazwischenfahren, aber da greift ihn Krueger sich.

Fausthiebe knallen. Steiner hat eine Rechte direkt auf dem Kinn seines Gegners gelandet. Dann duckt er sich weg, und der Gegenhieb geht ins Leere. Krueger hat sein Opfer mit der Linken umklammert und drischt mit der anderen Hand auf den jungen Mann ein. Doch kann der Bursche sich losreißen und schlägt nun seinerseits Krueger in den Magen. »Na, warte!« zischt Krueger und versetzt ihm einen Leberhaken. Steiner und der Mann mit dem

Schnurrbart tänzeln umeinander herum; keiner will sich eine Blöße geben; jeder wartet auf eine Blöße des anderen. Der Feldwebel versucht, Steiner ein Bein zu stellen; aber darauf scheint der nur gewartet zu haben und rammt ihm ein Knie in den Leib. Auch der junge Feldgendarm scheint von Kruegers letzter Schlagserie schon groggy zu sein; Steiners Kumpel setzt nach und drängt den Mann in die Ecke.

Als Steiners Gegner zu Boden stürzt, hört man das bis dahin, wo Rother sitzt. Er nickt wissend vor sich hin. Dann sieht er Hauptmann Berger kommen.

Der Lärm drinnen ist gerade verstummt, und so schöpft der Kompaniechef keinen Verdacht. Auch scheint er mit den Gedanken ganz woanders zu sein. »Haben Sie Feldwebel Steiner gesehen, Rother?« fragt er.

Rother richtet sich stramm auf. »Nein, Herr Hauptmann.«

Berger geht wieder zum Lagerhaus. Wie gut, denkt Rother, denn gerade kracht es da drinnen wieder, als sei ein Schädel an einen besonders harten Balken gerammt.

So ist Kruegers Gegner zu Boden gegangen. Steiner ist mit dem älteren Feldgendarmen schon endgültig fertig. Er sieht zu, wie Krueger in Siegerpose dem jungen Mann den Fuß auf die Brust stellt. »Hast du genug?« fragt Krueger.

Der Unteroffizier von der Feldgendarmerie hat nicht mehr soviel Atem, um etwas zu sagen. Er kann nur nicken.

»Also immer noch nicht!« Krueger holt mit dem Stiefel zu einem Tritt aus.

Da reißt ihn Steiner beiseite. »Laß gut sein.«

Als sie aus der Kabine kommen, sieht Rother, wie Steiner die Tür zuschließt und einen Schlüssel wegsteckt. Aber während die beiden Männer über die Planke ans Ufer gehen, guckt Rother desinteressiert weg. Steiner und Krueger scheinen ihn nicht zu bemerken. Erst als sie schon fast am Lagerschuppen sind, rührt sich Rother. Gemächlich erhebt er sich, löst wie im Spiel die Leine des Kahns vom Poller und bleibt gedankenvoll stehen. Langsam driftet der Lastkahn seewärts.

Erst nach einiger Zeit vermag Rother sich von diesem friedlichen Anblick loszureißen und schlendert zum Schuppen.

Die Männer der Kompanie waren aufgesessen, die Wagen gestartet. In einem der Fahrzeuge saßen Steiner, Krueger und Klingmann. Noch war Klingmanns Gesicht halb von Verbänden bedeckt. Aber sonst schien er sich ganz gut erholt zu haben. Wie seine beiden Kameraden schaute er sinnend auf den Schuppen zurück, der hinter ihnen immer kleiner wurde.
Am Rand des Lagergeländes sahen sie dann einen leeren Kübelwagen stehen.
Die alten Kameraden blickten sich schmunzelnd an.

5

Jeder Krieg hat zwei Seiten. Keiner der Gegner ist ohne den anderen zu denken. Jede Seite lauert auf die andere, will ihr zuvorkommen, sie überrumpeln oder auch übertölpeln. Selbst über große Distanzen hinweg sind die Feinde gleichsam ineinander verklammert wie Ringkämpfer.
In jeder Streitmacht der Welt herrschen ähnliche Regeln, gibt es verwandte Strukturen und Sitten. Wer in ihr Umfeld gerät, wird nach diesen Mustern geprägt. Wer sich nicht wenigstens äußerlich anpassen wollte, wäre verloren.
Überall gibt es Generale, Stabsoffiziere, Leutnants. Man mag bei den Deutschen zackiger sein als anderswo. Dennoch ähneln sich auf jeder Rangstufe die Erscheinungen, auch wenn der Feldwebel bei den Amerikanern »Sergeant«, der Unteroffizier »Corporal« und der Gefreite »Private« heißen. Der »Colonel« bleibt eben auch als »Colonel« – ein Oberst.
Freilich war bei den Amerikanern im Jahre 1944 in der Normandie vieles erheblich anders als bei den Deutschen. Die Amerikaner traten mit frischen Kräften in den Kampf, hatten ein schier unerschöpfliches Potential im Rücken, konnten sich in diesem Land als Befreier fühlen, und ihr Gewissen war nicht von dumpfen Gerüchten über KZ-Greuel belastet. Vor allem aber sahen sie sich auf der Straße zum Sieg.

Colonel Webster wies mit seinem Offiziersstöckchen auf die Karte von Nordfrankreich, die über eine Schulwandtafel gehängt worden war. »Dieser ganze Abschnitt hier«, sagte er, »wurde von der 171. Division unter General Hoffmann übernommen.«
Major Rogers trat einen Schritt näher heran. »Hoffmann?« fragte er. »Soweit ich weiß, ist er nicht gerade ein Nazi.«
»Nazi oder nicht, er ist unser Gegner. Und ein verdammt guter Soldat.« Wie immer, nahm der Colonel es mit seinen Urteilen sehr genau. Alle Leute in seiner Umgebung kannten seine Versessenheit aufs Detail. Schon seine äußere Erscheinung drückte das aus. Immer hielt er sich kerzengerade; nie hätte er auch nur das kleinste Fleckchen auf seiner Uniform geduldet. Dabei erinnerte er in keiner Weise an einen Kasino-Offizier; geckenhafte Eleganz hätte er für weibisch gehalten. Wenn er in seinem Beruf unter etwas litt, dann war es die Inkompetenz so vieler Offiziere, der Sand im Getriebe des meist schwerfälligen militärischen Apparates. Auf Männer wie den General Hoffmann verstand er sich besser als auf manchen Schreibtischstrategen im Pentagon.
»Unsere Leute vom Nachrichtendienst«, fuhr er fort, »teilen mir mit, daß dieser ganze Haufen gerade erst von der Ostfront nach hier verlegt worden ist.«
Major Rogers erwiderte immer noch nichts. Er war ein ganz anderer Charakter als sein Colonel, sah eher aus wie ein schrulliger amerikanischer Landarzt, und sein Interesse an militärischen Formen war gleich Null. Er war zum ersten Mal in dem Bataillons-Hauptquartier, das in einem Schulhaus in der Kleinstadt aufgeschlagen worden war. Er hatte nicht einmal seinen Wettermantel abgelegt, der so schäbig war, als ob er vor ihm einem armseligen Zeitungsverkäufer gehört hätte. Seine lässige Art täuschte freilich etwas über seine Fähigkeit hinweg, im Ernstfall mit eiserner Entschlossenheit, ja geradezu brutal zu handeln. Rogers hatte von Webster, seinem neuen Chef, genug gehört, um zu wissen, daß er ihm erst einmal eine ganze Weile zuhören mußte. Der Colonel war bekannt für lange und genaue Lektionen.
»Unsere Gegner kommen, wie gesagt, direkt aus Rußland«, betonte Webster noch einmal. »Also müssen wir annehmen, daß sie sich auf ihr Geschäft verstehen.«

Rogers nickte. Seine wachen Augen nahmen alles zugleich wahr: die Landkarte, auf der die eigenen und die feindlichen Stellungen mit Nadeln und Fähnchen markiert waren; die gestraffte Haltung und das ernste Gesicht des Colonels; die paar Schülerpulte, die noch in dem Klassenraum stehengeblieben waren; die Landschaft, die sich vor den Fenstern ausbreitete.
Dann merkte er, wie intensiv der Colonel ihn musterte. Es war, als begriffe Webster erst jetzt, daß er nicht einfach einen Funktionär vor sich hatte, einen Empfänger von Befehlen, die er weiterzuleiten hätte, sondern ein Individuum mit eigenen Motiven und Zweifeln. »Möchten Sie eine Zigarette, Major?« fragte Webster und holte eine Packung »Lucky Strike« aus der Tasche.
»Nein, danke, für mich lieber eine Zigarre, wenn Sie gestatten, Colonel«, erwiderte der Major. Und so rasch, wie er eine riesige schwarze Brasil zutage förderte, hatte er auch ein Feuerzeug zur Hand, um dem Colonel Feuer zu geben. Beide taten ein paar tiefe Züge, und Rauchkringel verloren sich zwischen Katheder und strategischer Karte.
Der Bataillonskommandeur schien auf eine Bemerkung zu warten. So fragte Rogers: »Wissen wir, wie es um die deutsche Panzerabwehr bestellt ist?«
»Nein, Major, das wissen wir nicht. Und genau das sollen Sie für mich herausfinden. Ich sehe voraus, daß wir in ein paar Tagen den Befehl zum Angriff bekommen. Und wenn der da ist, möchte ich meine Tanks nicht irgendwelchen unangenehmen Überraschungen aussetzen, Major. Vorgewarnt heißt gewappnet zu sein.«
Mit geistesabwesender Miene erwiderte Rogers: »Ja, ja, sicher.«
Diese Antwort irritierte den Colonel, und wieder sah er den Major prüfend an. Etwas an dessen Haltung veranlaßte ihn, zu seinem Schreibtisch zu gehen und unter seinen Papieren nach der Personalakte »Rogers« zu suchen.
Wie beiläufig erklärte Webster: »Ich selbst komme ja von West Point. Jahrgang 1923. Offenbar habe ich die Angaben über Sie noch nicht bekommen, und . . . und . . .«
»Nein, Colonel, ich war nicht in West Point.« Wie Rogers das sagte: darin schwangen alle Legenden mit, die es über diese vornehmste Militärakademie gab, der Ruch nach Exklusivität, der

Vorwurf der Dünkelhaftigkeit und auch der Respekt vor den Leistungen, die man dort forderte. Rogers wußte sehr wohl, daß er aus keiner der Familien stammte, die Zugang zu West Point hatten, und daß er nicht dem Typ eines Offiziers entsprach, der dort herangezüchtet wurde.
Er war darauf gefaßt, von einem West-Pointler deshalb über die Achsel angesehen zu werden, und war zugleich stolz, daß er es aus eigenem geschafft hatte, ein guter Soldat zu werden – wenn auch von besonderem Zuschnitt. Natürlich hatte er nicht die Absicht, jetzt darüber zu sprechen.
»Nun . . .« Der Colonel zögerte noch. »Darauf kommt es ja auch nicht an. Haben Sie Kampferfahrung, Major?«
»Ja, Nordafrika.« Roger sah, wie Webster anerkennend aufblickte. »Am Kasserine-Paß.«
»Ah, gegen Rommel? Tunesien? Da haben die Engländer aber gar nicht so gut ausgesehen.«
Das wußte Rogers selbst. »Rommel hat dennoch keinen richtigen Sieg draus machen können«, wandte er ein.
»Wie sind Sie überhaupt dorthin gekommen, Major, als Amerikaner?«
»Zeitweilig beurlaubt – freiwillig gemeldet.« Es wäre so viel mehr dazu zu sagen gewesen; aber was sollte das jetzt?
»Respekt, Respekt«, murmelte Webster. »Aber erst mal ist das am Kasserine-Paß ja wohl – hm, ein taktischer Rückzug gewesen, wie?«
Da platzte Rogers in seiner ganzen Offenheit heraus: »Ich hielt es für eine Katastrophe erster Güte.«
Inzwischen hatte Webster doch noch Informationen über Major Rogers gefunden.
»Immerhin sehe ich«, sagte er, »daß jemand Sie für eine Auszeichnung vorgeschlagen hat.«
»Ich habe sie sogar bekommen.« Rogers sah auf das farbige Band, das sich halb unter seinem Mantel versteckte. »Wir haben die – die rückwärtige Stellung eben noch ganz gut ausgenutzt.«
Webster merkte, daß die Erinnerungen des Majors nicht eben freundlich waren. »Machen Sie sich nichts daraus, Rogers. Wechselndes Kriegsglück. Und diesmal werden Sie finden, daß die Sache

genau umgekehrt läuft. Diesmal werden wir sie da treffen, wo's weh tut.«
Der Colonel sah Rogers nicken, aber ihm war, als läge darin ein Vorbehalt. Vielleicht sollte man mit der Siegeszuversicht doch nicht zu voreilig sein. Und jedenfalls war es Zeit, zur Sache zu kommen. »Nun, ich schlage vor«, sagte Webster wieder in seinem üblichen dienstlichen Ton, »daß Sie sich mit meinen Männern vertraut machen und . . .« Er unterbrach sich; irgend etwas auf seinem Schreibtisch schien ihn gestört zu haben. Dann brüllte er plötzlich: »Beagleman!« Private Beagleman erschien sofort. Der Ordonnanz-Gefreite sah aus, als hätte man ihn eigens für dieses Amt erfunden. »Colonel –?«
»Beagleman, welchen Wochentag haben wir heute?«
»Ahem-me . . . Freitag, Sir. Nicht wahr, Freitag?«
»Jawohl, Freitag, der achtzehnte Juli.« Der Colonel riß das vorige Blatt von seinem Tischkalender, hatte es aber nur mit zwei Fingern gefaßt, als sei es irgendwie ekelhaft. Mit der gleichen angewiderten Haltung ließ er den Zettel in den Papierkorb flattern.
Beagleman wollte sich für sein Versäumnis entschuldigen, aber ehe er ein Wort hervorgebracht hatte, gab Webster ihm knapp den Befehl: »Sagen Sie Sergeant Anderson, er soll Major Rogers zum Feldlager fahren.«
»Jawohl, Sir.« Beagleman machte kehrt und ging.
Zugleich entließ der Colonel den Major. »Danke Ihnen, Rogers.«
Rogers salutierte, der Colonel grüßte zurück.
Dann war Webster allein. Der Tischkalender hatte sich verschoben. Er rückte ihn zurecht.

Im Flur vor den Klassenzimmern, wo es wie in allen öffentlichen Gebäuden der Welt nach billigem Bohnerwachs roch, stieß Rogers auf einen jungen Lieutenant, der einen Feldstecher in der Hand hielt. Der baumlange, ein wenig dürre und ziemlich unsichere junge Mann sprach ihn an: »Sir, haben Sie nicht ein Fernglas angefordert?«
»Ja, natürlich. Ich danke Ihnen.« Rogers nahm das Glas und wollte weiter.
»Es tut mir leid, Sir, aber Sie müssen diese Quittung unterschrei-

ben.« Die Bewegungen des Lieutenants waren so, als hätte er noch nicht gelernt, seine langen Glieder miteinander zu koordinieren. Immerhin brachte er es fertig, dem Major Quittungsblock und Kugelschreiber so hinzuhalten, daß der Ordnung Genüge getan werden konnte. Der Unwillen, mit dem Rogers unterschrieb, bewog den Lieutenant zu der Erklärung: »Unser Colonel nimmt es mit den Vorschriften äußerst genau.«

»Das ist okay. Nur sollte er nicht so tun, als hätte er diese verdammten Vorschriften selber verfaßt.« Der Major nickte dem jungen Mann freundlich zu, wie um ihm zu zeigen, daß das nicht persönlich gemeint sei. Er ließ einen verdutzten Lieutenant zurück.

Der nächste Mann, dem er begegnete, war nicht so leicht aus der Fassung zu bringen. Es war Sergeant Anderson, der Fahrer des Jeeps, der vor den Stufen des Schulhauses auf Rogers wartete. Rogers erkannte in ihm auf den ersten Blick den alten Soldaten, den nichts mehr erschüttern konnte, einen hartgesottenen, stämmigen Burschen, der sich nie zu irgend etwas vordrängen und nie ein Wort zuviel sagen würde.

Mit gerade dem allernötigsten Anschein von Strammheit grüßte Anderson und riß dem Major die Tür des Jeeps auf. Rogers schmunzelte, aber im Gesicht des Sergeants zuckte kein Muskel.

»Na, dann wollen wir mal«, sagte Rogers. Die einzige Antwort, die er bekam, war ein Gemurmel.

Sie hatten die kleine Stadt gerade verlassen, als Rogers fragte: »Sind Sie schon lange bei dieser Einheit, Sergeant?«

»Ja, Sir.«

Der Major verstand richtig: Zu lange! Aber er wollte von seinem einsilbigen Fahrer doch noch mehr wissen: »Dann kannten Sie wohl auch meinen Vorgänger, Major Peterson?«

»Ja, Sir.«

Rogers mußte endgültig einsehen, daß er von Anderson nicht viel mehr erfahren würde. Also guckte er aus dem Fenster auf die Felder, an denen sie vorbeikamen.

Die amerikanischen Panzer standen gut getarnt in einem Wald. Die Besatzungen lungerten zwischen den Fahrzeugen herum, schwatzten, rauchten und taten, was noch irgend zu tun war. Aber

als am Waldeingang ein Jeep von der Hauptstraße her einbog, waren alle sofort hellwach. Ein Lieutenant, der mit einer Liste auf den Knien vor seinem Panzer gehockt hatte, sprang auf und salutierte. Er sah dem Jeep noch eine Weile nach und rätselte über den neuen Major, der da gekommen war. In Gedanken war er noch bei Major Peterson, an dem er sehr gehangen hatte und dessen Soldatentod so schrecklich gewesen war. Er trauerte ihm nach wie einem gutmütigen, wenn auch brummigen Vater und wagte kaum zu hoffen, daß der Neue sich ebenso fürsorglich um sie alle kümmern werde.
Da war auch ein junger Soldat, dem eine ähnliche Frage auf der Seele lag. Private Petronelli stammte aus einem der italienischen Viertel New Yorks, war ein *wop*, und seinen schwarzen Wuschelhaaren sah man seine Abstammung aus einer sizilianischen Familie an. Bis vor kurzem hatte ihn kaum etwas anderes beschäftigt, als wie man von einem Karren aus Apfelsinen und Zitronen verkauft; nie war er auch nur zum Broadway vorgedrungen, und die Freiheitsstatue hatte er erst gesehen, als sie auf einem Truppentransporter nach Europa eingeschifft wurden. Aber seitdem er Soldat war, hatte er gelernt, Amerikaner zu sein unter Leuten mit englisch, deutsch, polnisch oder sonstwie klingenden Namen. Und Peterson, der wohl aus dem skandinavischen Topf gekommen war, hatte zwischen Petronelli und anderen Privates keinen Unterschied gemacht.
Petronelli fragte also den Sergeanten, neben dem er gerade stand: »Wie mag der Neue wohl sein?«
Sergeant Cohen, dessen Eltern vor einer Generation aus einem polnischen Judengetto nach Amerika gekommen waren, faßte die Weisheit seines Lebens in den Satz: »Frag nicht, Petronelli, frag nie!«
Der Wop verstand das nicht richtig. »Wieso? Hast du was über ihn gehört?«
»Klar, Rogers ist ein ganz gemeiner Kerl, ein verdammt harter Bursche, und es gibt nur eine Sorte Menschen, die er mehr haßt als die Krauts.«
Noch immer hatte Petronelli die Ironie nicht herausgehört. »Und?« fragte er ängstlich.
»Die Itaker, Petronelli, die Wops!«

Endlich hatte der Private begriffen. »Red doch nich' so 'n Stuß! Du hast noch nie zuvor seinen Namen gehört, nicht wahr?«
»Dann stell nicht so dumme Fragen. Ist sowieso gleich, was er für ein Kerl ist. Wir müssen es nehmen, wie's kommt.«
Inzwischen war der Jeep am Fuß einer steilansteigenden Lichtung angelangt, die dicht mit herabgefallenem Reisig bedeckt war. Anderson konnte nicht weiterfahren. Der Major und er stiegen aus. Sofort marschierte Rogers mit großen Schritten los. Der Sergeant hatte Mühe, nicht allzu weit zurückzubleiben. Erst auf dem höchsten Punkt der Steige holte er Rogers ein. Hier hörte der Wald auf, und sie sahen auf eine weiträumige Ebene.
Rogers hockte sich aufs Moos, zündete eine Zigarre an und beobachtete die Gegend. Vor allem eine Stadt schien seine Aufmerksamkeit zu fesseln. Sie lag etwa eine dreiviertel Meile entfernt, mit ihren Dächern und ihrem Kirchturm ein Bild des Friedens. Rogers sah zu Anderson auf und fragte: »Saint Vallone, nicht wahr?«
»Ja, Sir.«
»Setzen Sie sich doch. Saint Vallone! Ich fürchte, wir werden den Namen nicht so bald vergessen.«
Anderson hatte es sich auf dem Waldboden bequem gemacht, nicht zu bequem, denn neben einem Stabsoffizier konnte man nie wissen . . . »Ja, Sir.«
»Wir müssen herausfinden, wie es um ihre Panzerabwehr bestellt ist.« Rogers merkte, daß er fast wörtlich Websters Instruktionen wiederholte.
»Ja, Sir.« Doch diesmal überkam den Sergeanten ein Gefühl, dem er deutlicher Ausdruck geben mußte. »Auf diese Weise haben wir Major Peterson verloren, Sir.«
»Ah?« Das hatte Rogers nicht gewußt. Andersons ungewohnte ›Redseligkeit‹ sagte ihm überdies, daß sein Vorgänger beliebt gewesen sein mußte. Aber es hatte wohl kaum einen Zweck, dem weiter nachzugehen.
So händigte er dem Sergeanten das Fernglas aus und forderte ihn auf: »Sagen Sie mir, was Sie sehen.«
Anderson setzte das Glas an die Augen, korrigierte die Einstellung und sah sich im Halbkreis um. An einem bestimmten Punkt hielt er inne; dann schwenkte er das Glas weiter, bis er schließlich von

neuem jenen Punkt anvisierte, der seinen Argwohn geweckt hatte. Diesmal verharrte er, als könnte er nicht glauben, was er sah.
»Sehen Sie irgendwo Panzerabwehr-Geschütze, Sergeant?«
Anderson hatte das Glas noch immer nicht abgesetzt. »Nein, Sir.«
»Was also zum Teufel sehen Sie da?!«
Anderson nahm das Instrument von den Augen, ließ es aber nicht aus der Hand. »Ich glaube . . . ich glaube wirklich . . ., sie machen da so 'ne Art Parade.«
»Wie hübsch.« Rogers hatte von Paraden noch nie viel gehalten. »Also sehen wir uns die Parade einmal an.« Er nahm das Fernglas und guckte selbst hindurch.
Am Rande der Stadt Saint Vallone sah er auf einem freien Platz ein paar deutsche Soldaten vor einer Kneipe in strenger Formation, als wären sie mitten in einer Bewegung erstarrt. Sie standen mit dem Rücken zu ihm, nur ein Mann vor der Gruppe zeigte sein Gesicht, in dem Einzelheiten freilich aus dieser Entfernung trotz des guten Glases nicht zu erkennen waren. Vor der Kneipe saß noch ein Mann in einem Korbsessel, vermutlich ein höherer Dienstgrad.
Rogers konnte nicht wissen, daß das ein Feldwebel war, Rolf Steiner mit Namen. Er wußte auch nichts von der Person des Unteroffiziers Krueger, als er zu seinem Fahrer sagte: »Sie haben recht, Anderson. Da gibt gerade jemand den Leuten eine Lektion, wie sie den Krieg gewinnen sollen. Ich frag' mich nur, ob er dasselbe erzählt, was wir unsern Leuten ständig vorbeten.«
Es dauerte eine Weile, ehe Rogers den Feldstecher über die Schulter hängte. Dazu meinte er: »Offenbar haben sie keinen großen Respekt vor unserer Artillerie.« Dann stand der Major auf. »Jedenfalls können wir von hier aus nicht viel herausfinden.« Er zeigte mit weitausholender Geste nach links, ins offene Land. »Und was ist mit dieser Gegend? Sieht so aus, als könnten wir einen großen Bogen fahren und dann allmählich näher an Vallone herankommen.«
»Ja, Sir. Das hat Major Peterson auch gemeint. Und so haben wir ihn verloren.«
»Oh, Anderson, werden Sie bloß nicht geschwätzig!« spöttelte der Major.

»Nein, Sir.«
Rogers ging den Hügel hinunter. Als Anderson ihm folgte, stahl sich tatsächlich ein feines Lächeln in sein *pokerface.*

6

Der »Parade« war ein scharfer Gefechtsdrill vorausgegangen. Krueger hatte den Neuen nichts geschenkt. Dorfmann und Habermaß hatten ihn dabei kräftig unterstützt. Die unterschiedlichen Reaktionen der frontunerfahrenen Männer hatten eine Menge über ihre Charaktere verraten. Rother zum Beispiel war offenkundig der blitzschnelle Gehorsam am schwersten gefallen; in seiner vormilitärischen Zeit war er nie bereit gewesen, einer Bande beizutreten, so riskant Aktionen als Einzelgänger gewesen sein mochten. Aber sonst erwies sich dieser Mann als unglaublich hart. Bei Junghans waren es die Jugend und das strahlende Temperament, die ihn befähigten, nach dem unerbittlichen Drill noch beinahe ebenso munter auszusehen wie vorher. Hauser, der schon in den Wochen vorher einiges von seinem Chef-Speck verloren hatte, war mehrmals außer Atem geraten und hatte dann zu mosern begonnen. Doch da hatte ihn Krueger erst recht auf Trab gebracht, und schließlich hatte er einsehen müssen, daß er sich die Sache mit Meckerei nur noch schwerer machte. Auch Nissen schien den Anforderungen körperlich kaum gewachsen zu sein. Aber er hatte sie klaglos ertragen, als stünde ihm sein Glaube auch noch bei, wenn es »Hinlegen!« hieß oder: »Auf, marsch marsch!« Am merkwürdigsten war jedoch Keppels Verhalten gewesen, der gewiß ahnte, warum es Krueger besonders auf ihn abgesehen hatte. Die Befehle kamen ihm oft sinnlos und schikanös vor; aber verbissen hatte er ihnen gehorcht. Schließlich war ihm das Führerprinzip schon in der HJ eingebleut worden, und hier draußen war nun eben Krueger sein Führer; da durfte es einfach keine Widerreden geben.
Während der ganzen Zeit hatte Steiner vor der Kneipe »*Au coq d'or*« gesessen, auf deren Schild der Hahn längst nicht mehr golden

glänzte. Nur von ferne hatte er Kruegers Gebrüll gehört und den übrigen Lärm des Drills. Hinter ihm war alles still geblieben, wie tot. Diese ganze Stadt schien ausgestorben zu sein, eine Geistersiedlung. Doch mit seinen Gedanken war der Feldwebel ganz woanders gewesen, mal am Kuban, mal in Paris, und dann wieder in einer Zukunft, deren Schrecken sogar er sich nicht wirklich vorstellen konnte.

Sein soldatischer Galgenhumor brach erst wieder durch, als Krueger die Männer in ausgerichteter Linie vor sich aufgebaut hatte und ihnen eine Ansprache zu halten begann. Dabei verband der Unteroffizier Goebbels-Sprüche und Hitler-Worte mit seinem eigenen, frontgewachsenen Landserdeutsch zu einem eigentümlichen Gemisch aus Spott und verdammt ernsten Mahnungen. Ab und zu erinnerten ein fernes Aufbellen der feindlichen Artillerie und ein krachender Einschlag in einem anderen Ortsteil von Saint Vallone an den Grund dieses Ernstes.

Krueger war am Ende seiner Lektion. »Wenn ich euch gleich abtreten lasse«, sagte er, »kehren Dorfmann, Habermaß, Nissen und Rother an ihre Beobachtungsposten zurück. Hauser und die übrigen helfen in der Küche. Da sind heute ein Haufen Kartoffeln zu schälen. Aber halt . . . da is' ja noch was.« Er grub mit beiden Händen in den Taschen seiner Feldbluse.

Dann trat er vor Keppel und hielt ihm auf dem Handteller einen Schlüssel vor die Nase. »Ein kleines Andenken für dich, Keppel.«

Keppel biß stumm die Zähne zusammen. Er rührte sich nicht, als Krueger ihm den Schlüssel in die Brusttasche schob.

»Der Schlüssel paßt zur Kajüte dieses Kahns da in Avranches. Du erinnerst dich doch? Ist ein bißchen zu weit von hier, aber es wär' sowieso nicht gut für dich, zurückzugehen. Die beiden Feldgendarmen würden dich nicht gerade freundlich empfangen, Keppel. Ehe du das nächste Mal Tratsch weiterträgst, solltest du erst mal sehen, ob du auch keine Märchen erzählst.«

Keppels Blick ging zum Gefreiten Dorfmann hinüber, aber der schaute unschuldig gen Himmel. Nur Rother konnte ein böses Grinsen nicht ganz unterdrücken. Habermaß blieb völlig ungerührt.

Die anderen wußten ohnedies nicht, wovon die Rede war. Steiner

war aufgesprungen, als hätte auch er etwas zu sagen, aber in Wahrheit hatte ihn ein Hupensignal hochgeschreckt.
Da kam der Wagen auch schon in Sicht. Der riesige Klingmann saß am Steuer, und Steiner erkannte sogar das Pflaster auf dessen Gesicht. Klingmann nahm nicht den Finger von der Hupe; offenkundig wollte er Steiner und seine Leute rechtzeitig und nachdrücklich warnen. Einen der beiden Offiziere im Fonds schien der Lärm zu stören; er redete heftig auf Klingmann ein.
Da erst begriff Steiner: Dieser Mann war Major Stransky. Neben ihm saß Hauptmann Berger, der ein wenig amüsiert dreinsah.
Stransky! Er und ich, dachte Steiner, das ist wie ein Schicksal.
Der Wagen hielt zwischen der »Parade«-Wiese und der Kneipe. Fast der ganze Zug Steiner sah zu, wie die Offiziere heraussprangen, als erster Stransky und gleich hinter ihm Berger und Klingmann. Steiner grüßte vorschriftsmäßig; so konnte er am besten seine Verblüffung verbergen. Der Major grüßte flüchtig zurück und wollte schon in die Kneipe gehen, als ihn ein ferner Artillerie-Einschlag stutzig machte. Kaum war allerdings der Nachhall verklungen, da war er schon wieder der alte, ein Bilderbuch-Offizier mit sarkastischem Lächeln.
»Halten Sie öfter Paraden mitten im Schußfeld der feindlichen Artillerie ab, Feldwebel?« fragte er.
»Nein, Herr Major«, erwiderte Steiner trocken. »Aber diese Amerikaner gehen sehr methodisch vor. Sie richten sich genau nach der Uhr. Von Morgengrauen bis Mittag beschießen sie die von uns abgelegene Seite der Stadt, und nach dem Essen bis zum Abend nehmen sie sich diesen Teil hier vor.«
Wie zur Bestätigung krachte hinter ihnen abermals ein Einschlag. Steiner hatte Stransky zusammenzucken gesehen, und so fügte er in gleichsam fürsorglichem Ton hinzu: »Sie sind hier ganz sicher, Herr Major.«
Davon war auch Hauptmann Berger, der neben Stransky stand, durchaus überzeugt. Klingmann lehnte an seinem Wagen, als ginge ihn das alles nichts an. Krueger rührte sich nicht, und seine Leute standen eisern stramm. Der einst goldene Hahn auf dem Wirtshausschild funkelte in der Sonne auf.
»Danke, Feldwebel«, sagte Stransky; »Sie haben mich außeror-

dentlich beruhigt.« Die beißende Ironie in seiner Stimme war verschwunden, als er fortfuhr: »Nun will ich Ihren Lagebericht hören. General Hoffmann ist gerade auf einer Inspektionsfahrt und wird in einer halben Stunde hier sein.«

Erst Stransky, dann Hoffmann, dachte Steiner; es war wie eine neue Runde in einem alten Spiel. »Jawohl, Herr Hauptmann«, sagte er. »Unser Quartier ist hier im ›Coq d'or‹.« Er zeigte zur Tür und trat einen Schritt zurück, um Stransky und Hauptmann Berger an sich vorbeigehen zu lassen.

So hatte er Gelegenheit, Klingmann etwas zuzuflüstern, der auch flink genug herbeigewitscht war. »Was ist passiert?« raunte Steiner. »Ich hatte gedacht, wir wären ihn los!«

Klingmann zuckte schicksalsergeben die Achseln. »Er ist unser Bataillonskommandeur – seit heute morgen.«

Krueger ließ seine Leute gerade wegtreten.

Hinter der Theke standen keine Flaschen mehr und kaum noch Gläser. Die Tische waren zum Teil zusammengerückt und die meisten Stühle paarweise aufeinandergestapelt. Nur ein undefinierbarer Geruch nach Alkohol und Tabak erinnerte noch daran, daß hier einmal ein lebhafter Schankbetrieb geherrscht hatte.

Stransky hatte sich vor den längst verstummten Musikautomaten gesetzt, als befände er sich in einem Salon. Mit affektierter Ruhe hatte er seine feinen Handschuhe ausgezogen, und nun schlug er spielerisch mit ihnen gegen seine linke Hand.

Hauptmann Berger war neben Steiner stehengeblieben, als müßte er den Feldwebel mit seiner ganzen Gelassenheit unterstützen.

Doch noch ehe Steiner mit seinem Bericht beginnen konnte, öffnete sich eine Hintertür, und es erschien Jeannette, die Tochter des Wirtes. Steiner war diese hübsche Mittdreißigerin mit dem kastanienbraunen Haar schon vertraut, aber die beiden Offiziere starrten die Frau verwundert an. Berger schien an ihren geschmeidigen Bewegungen Gefallen zu finden; in der Tat strahlte Jeannette einen bezwingenden natürlichen Charme aus. Stransky lehnte die Französin offenbar ab, wahrscheinlich aus Grundsatz. Er blickte ihr argwöhnisch nach, als sie hinter der Theke die Treppe in den

Oberstock hinaufstieg. Für einen Moment waren nur noch ihre Beine zu sehen, hübsche Beine, dann war sie verschwunden.
»Wer zum Teufel ist diese Person?« raunzte Stransky.
»Die Tochter des Wirtes, Herr Major«, erwiderte Steiner kühl. »Der alte Mann ist krank. Er liegt oben in seinem Zimmer.«
Der neue Bataillonskommandeur wandte sich an Berger. »Heißt das, daß immer noch Zivilisten in dieser Stadt sind?«
»Ich weiß es nicht, Herr Major«, erwiderte der Hauptmann. »Der größte Teil der Kompanie ist entlang der Straße einquartiert. Die Stadt selbst habe ich noch nicht inspizieren können.«
»Also, Steiner, wie ist das?« forschte Stransky.
»Jawohl, Herr Major, es gibt noch eine ganze Menge Zivilisten hier. Meistens alte Leute. Den größten Teil der Zeit verstecken sie sich in ihren Kellern. Ich glaube nicht, daß wir etwas dagegen tun können, es sei denn, wir stellten ihnen Transportmittel bereit.«
Der Major runzelte die Brauen. »Das ist sehr unbefriedigend.«
»Jawohl, Herr Major.« Ausnahmsweise sah sich Steiner einmal mit Stransky einig. Trocken fuhr er fort: »Ich denke mir, die Zivilisten finden das jetzt auch.«
Stransky wollte auffahren, um Steiner wieder einmal in seine Schranken zu verweisen, aber da hörte er, wie ein Wagen vorfuhr und bremste. Erschrocken blickte er auf seine Uhr, dann sprang er hoch und eilte zur Tür.
Der Fahrer, ein Unteroffizier mit vielen Blessuren, hielt schon die Tür des PKW auf. Als erster stieg Leutnant Kirstner aus, der Adjutant; ihm folgte der General. Stransky stürzte auf die beiden Herren zu. Dann trat auch Hauptmann Berger näher. Steiner blieb bescheiden – und vorsichtig – vor der Wirtshaustür stehen. Die Begrüßungen schwirrten durcheinander, schienen aber an General Hoffmann vorbeizurauschen wie Regen hinter einer Fensterscheibe.
»Wenn Sie bitte eintreten wollen, Herr General«, sagte Stransky, der plötzlich sehr beflissen war. »Ich habe einen detaillierten Lagebericht vorbereitet.«
Hoffmann winkte freundlich ab. »Nicht jetzt, Stransky. Ich danke Ihnen; aber bitte nicht jetzt. Lassen Sie uns noch ein wenig hier draußen bleiben.« Langsam drehte er sich um und ließ seinen Blick

über das ganze Land gehen. Es war, als wollte er jede Kleinigkeit in sich hineinsaugen. Dann wandte er sich wieder um, und seine Augen blieben an Steiner haften. Berger schien das Resümee des Generals abwarten zu wollen, aber Stransky war sichtlich nervös.
»Interessant, sehr interessant«, sagte der General wie zu sich selbst. Dann erst wandte er sich an den Major. »Jetzt, Stransky, würde ich mir gern die Dinge im Gelände ein bißchen näher ansehen.«
»Die Gegend ist nicht von uns abgesichert, Herr General.«
»Nein, natürlich nicht.« General Hoffmann wandte sich an den Kompaniechef. »Berger, vielleicht sind Sie so freundlich, mir für eine Stunde oder so Ihren Feldwebel Steiner zu überlassen.«
Die Antwort kam von Stransky. »Selbstverständlich, Herr General.« Mit nichts verriet er, wie wenig ihm dieser Vorschlag gefiel.
Berger rief: »Steiner!«
Der Feldwebel näherte sich. Den argwöhnischen Blick, mit dem der Major ihn streifte, schien er nicht zu bemerken. Die heimliche Zustimmung in den Augen seines Kompaniechefs nahm er durchaus wahr. Und er blickte auch Kirstner an, der stoisch dreinsah.
Der General sprach wieder mit Stransky. »Inzwischen geben Sie Ihren Bericht vielleicht meinem Adjutanten. Kirstner hat einen guten Blick für Einzelheiten. – Nicht wahr, Kirstner?«
Der Leutnant war ebensowenig erfreut wie der Major. Aber beide zeigten ein tapferes Lächeln. Der Adjutant war an Kummer gewöhnt, und Stransky hätte um seiner Karriere willen beinahe alles geschluckt.
Nun löste sich die Gruppe auf. Stransky und Berger geleiteten Kirstner in das Gasthaus, der Fahrer machte es sich im Wagen bequem, und General Hoffmann maschierte mit Feldwebel Steiner in die Ebene hinaus.

Hoffmann und Steiner gehen einen Graben entlang, der von Steinen übersät ist. Gelegentlich öffnet sich die tiefe Furche und gibt den Blick frei. Eine Weile gehen sie stumm nebeneinander, bis sie an einem Hügel vorbeikommen, auf dem jemand Wache steht. Es ist Rother, der ein recht erstauntes Gesicht macht. Steiner winkt ihm zu. Der ehemalige Fassadenkletterer blickt den beiden lange

Hoffmann scheint nichts bemerkt zu haben. Er geht weiter, als hätte er überhaupt keine Eile. Noch immer schweigt er sich aus, und immer dringender fragt sich Steiner, was der General eigentlich im Sinn hat. (Richard Burton und Curd Jürgens.)

nach. Die höchsten Tiere, mit denen er es bisher zu tun gehabt hat, sind Richter, Staatsanwälte und Gefängnisdirektoren gewesen. Und nun also auf Hörweite ein leibhaftiger General!
Hoffmann scheint nichts bemerkt zu haben. Er geht weiter, als hätte er überhaupt keine Eile. Noch immer schweigt er sich aus, und immer dringender fragt sich Steiner, was der General eigentlich im Sinne hat.
Erst nach längerer Zeit meint Hoffmann: »So ein netter kleiner Beobachtungsposten muß doch eine angenehme Abwechslung für Sie sein, wie, Steiner?«
»Na ja. Aber das ist ja wohl nur vorübergehend, Herr General.«
»Sehr vorübergehend, Steiner, natürlich.« Hoffmann hält inne.
Die Stadt liegt weit hinter ihnen. Ringsum ist kein lebendes Wesen zu sehen. Der General setzt sich auf einen Stein am Rande des Grabens und schaut aus, als gäbe es da irgend etwas sehr Interessantes. Steiner bleibt neben ihm stehen und fühlt sich ziemlich ungemütlich.
Der General sieht ihn nicht an, als er fragt: »Sagen Sie, Steiner, was halten Sie von diesem Krieg?«
»Von diesem Krieg?« Im Augenblick weiß der Feldwebel nicht, was er erwidern soll.
Doch erwartet Hoffmann überhaupt eine Antwort? Schon fährt er in einem Ton fort, als ob er bloß laut denkt: »Es *gibt* Leute, die glauben, daß wir diesen Krieg schon in Stalingrad verloren haben.« Dann fährt er plötzlich Steiner an: »Was meinen Sie, Feldwebel? Haben wir bei Stalingrad unser letztes Pulver verschossen?«
»Ich meine, das haben wir schon eine gute Weile früher getan.«
Das Gespräch ist viel zu ernst geworden, viel zu direkt, als daß der Unterschied zwischen General und Feldwebel noch eine Rolle spielt. Viel wichtiger ist, daß es zwischen Soldaten stattfindet, die wissen, wovon sie reden. Hoffmann hat die Brauen gerunzelt. »So, meinen Sie? Eigentlich müßten gerade Sie es wissen. Und doch haben Sie die ganze Zeit über weitergekämpft. Sie haben gedacht, der Krieg ist verloren, Sie haben verzweifelt wenig an Ihre Offiziere geglaubt, und doch haben Sie mit ungewöhnlicher Tapferkeit weitergekämpft.«
»Es ging immer ums Überleben.«

»Wirklich nur das? Offenbar setzen Sie Ihren ganzen Stolz darein, bescheiden zu sein.«
Er wendet sich wieder ab und sinnt vor sich hin. Ohne Steiner anzusehen, fährt er fort: »Wissen Sie, worein ich mal meinen Stolz gesetzt habe? Ich bildete mir was drauf ein, daß ich jeden meiner Offiziere und älteren Unteroffiziere bei Namen kannte, in der ganzen Division.« Es tritt eine Pause ein, die Steiner als beklemmend empfindet. Der nächste Satz kommt wie ein Schlag: »Jetzt sind mir alle fremd.« Wieder ein schreckliches Schweigen. Dann erklärt der General mit einer erzwungenen Beiläufigkeit: »Vielleicht sind wir alle immer auf die falschen Dinge stolz.« Dann erinnert er sich wieder an den Ausgangspunkt des Gesprächs und sagt kühl: »Aber die Tatsachen bleiben. Der Krieg ist verloren. Doch solange wir diesen hochgekommenen Gefreiten in der Wolfsschanze dulden müssen, wird das Gemetzel weitergehen.«
Als Hoffmann hochblickt, sieht er Steiners bitteres Lächeln. »Finden Sie das so amüsant?«
Der Feldwebel schüttelt den Kopf. »Nein, aber wir haben ›diesen hochgekommenen Gefreiten‹ gern geduldet, als wir noch vorwärts marschierten.«
»Wir Offiziere haben ihm einen persönlichen Treueid geschworen. Wir hatten kaum eine Wahl.«
»Manche haben es vorgezogen zurückzutreten.«
Der General nickt. »Zu wenige, unglücklicherweise. O ja, und ich schließ' mich dabei ein. Sie haben recht, Steiner, wir waren viel zu bereit, mit dem Winde zu segeln. Aber darum geht es jetzt nicht mehr, Steiner. Es geht darum, daß in ein paar Tagen die Alliierten ihre Offensive wiederaufnehmen werden. Sie werden uns vor sich hertreiben, immer weiter zurück, bis wir kein Stückchen Boden mehr haben, auf dem wir stehen können.«
Plötzlich scheint ihn eine merkwürdige Genugtuung zu erfüllen. »Oh, sie werden ihre Rückschläge haben, gewiß! Wir werden sie da oder dort aufhalten oder sogar ein kleines Stück zurückjagen. In solchen Dingen sind wir ziemlich gut.« Der Stolz ist wieder wie weggewischt, geblieben ist nur ein tiefes Bedauern. »Aber das macht die Schlächterei nur noch schlimmer. Ihre Männer werden sterben, Steiner. Tausende werden sterben. Was von Europa

bleibt, wird in weiten Teilen eine Trümmerwüste sein. Denken Sie darüber nach, Steiner. Sollten wir nicht endlich Feierabend machen?«

Der Feldwebel weiß längst, daß dies nicht einfach so dahingesagt worden ist. Doch noch ist ihm unklar, was es für ihn persönlich und gerade jetzt bedeutet. So fragt er: »Was erwarten Sie von mir, Herr General?«

Statt einer Antwort kommt eine neue Frage: »Können Sie etwas Englisch?«

Jetzt beginnt Steiner zu begreifen. »Glaub' schon, daß ich das Nötigste wieder vorkramen kann.«

Hoffmann sieht ihn abermals prüfend an. Aber dann wagt er den entscheidenden Schritt. »Ich möchte, daß Sie sich in die feindlichen Linien schmuggeln, um dort irgendeinen hohen Offizier zu finden. Sie sollen ihn überzeugen, daß wir zu Verhandlungen bereit sind.«

Steiner glaubt seinen Ohren nicht zu trauen. Aber als er Hoffmann ins Gesicht sieht, gestattet ihm der Ausdruck des Generals keinen Zweifel mehr. Dennoch weiß der Feldwebel nicht, was er sagen soll.

Schon redet Hoffmann weiter auf ihn ein: »In zwei Tagen werde ich mit einigen hohen Offizieren wieder hier sein. Dann haben wir Vollmacht, mit den Alliierten die Bedingungen für eine Waffenruhe zu vereinbaren.«

»Eine Vollmacht des Führers?«

»In zwei Tagen ist Hitler tot.«

Steiner wagt nicht einmal sich selbst zu fragen, woher der General das weiß. Die wenigen Worte haben ihn auf eine seltsam eindringliche Weise überzeugt. Er denkt, daß das schon lange fällig war. Er überlegt nicht, was hinter dieser Ankündigung des Generals stehen muß. Und doch sind die wenigen Worte wie die Ankündigung eines Weltunterganges. Sie sind wie der Schlußstrich unter einer Aufrechnung unsäglichen Leidens. Unruhig geht Steiner rings um den Steinbrocken, auf den sich Hoffmann gesetzt hat. Nein, dies wird nicht der Schluß sein. Zu viele Posten sind noch offen. Steiner denkt nicht mehr an das, was war. Jetzt gehören seine Gedanken nur noch dem, was auf Hitlers Tod folgen könnte.

Schließlich drückt er das aus, indem er vor dem General stehenbleibt und ihn fragt: »Und das wird dann, Ihrer Meinung nach, das Ende des Krieges sein?«
»Ja, so sehe ich es.«
Wieder verstummt Steiner. In ihm kommt eine Erinnerung hoch. Er wundert sich, daß es von allen bösen Erinnerungen gerade diese eine ist. Darin liegt ein bitterer Humor. Doch das Lachen, das in ihm aufsteigen will, dringt nicht bis in seine Kehle vor.
»Glauben Sie mir nicht?« fragt Hoffmann.
»O ja, ich glaube Ihnen.«
Dann muß Steiner seine Erinnerung preisgeben. »Ich dachte gerade an einen Kameraden, dessen Stiefel wir vor ein paar Wochen versteigert haben. Vielleicht wäre er jetzt nicht tot, wenn unsere Generale an all das ein bißchen früher gedacht hätten.«
Hoffmann versteht, und er nimmt es hin. Mehr noch, er sagt: »Mir wäre dann auch besser zumute, Feldwebel. Mir auch.«
Dann erhebt er sich, und sie machen sich auf den Rückweg. Plötzlich fragt Hoffmann: »Sie wissen, warum ich mir gerade Sie ausgesucht habe, Steiner? Sie sind so 'ne Art Kerl, der das schafft.«
Natürlich kann der Feldwebel darauf nicht antworten. So blickt er den General nur groß an, denn er erwartet, daß da noch mehr kommt.
Richtig fährt Hoffmann fort: »Wie Sie's im einzelnen anstellen, ist Ihre Sache. Dabei sind Sie sowieso ganz auf sich angewiesen. Sagen Sie allen anderen so wenig wie möglich. Und wenn Sie Erfolg gehabt haben, schicken Sie mir schleunigst Nachricht, direkt in mein Hauptquartier.«
Steiner nickt. Und danach wird kein Wort mehr gewechselt. Es ist, als hätten sie ihr Gespräch niemals geführt.
Erst als sie vor der Kneipe stehen, spricht der General den Feldwebel noch einmal an. »Übrigens, Major Stransky hat höheren Ortes, wie man so sagt, ein paar sehr gute Freunde.«
»Haben die ihn zum Bataillonskommandeur gemacht?«
»Nun, sagen wir, sie haben ihn ›vorgeschlagen‹.« Der General gibt sich jetzt beinahe heiter. Er hat sich eine Sorge von der Seele geredet; er hat einen kleinen, aber wichtigen Schritt getan; vieles andere kommt ihm jetzt gleichgültig vor. »Es schien unklug, sich mit

ihnen jetzt noch darüber zu streiten.« Nun muß Hoffmann sogar lachen. »Nebenbei bemerkt, er fragt immer noch nach seiner Anzeige fürs Kriegsgericht. Er kann einfach nicht glauben, daß die Akte verlorengegangen ist.«
Sie betreten das Wirtshaus. Hoffmanns Fahrer setzt sich im Wagen zurecht. Er weiß, daß die Reise gleich weitergehen wird.

7

An diesem Abend waren die Leute aus Steiners Zug unter sich. Die Offiziere saßen in ihren Quartieren – in Bürgerhäusern beim Rathaus. Das Wirtshaus »Au coq d'or« war zur Landser-Kantine geworden. Keiner der Männer, die hier Skat kloppten, tranken, rauchten und schwatzten, bemerkte offenbar das Fehlen von Steiner, Dorfmann, Nissen und Junghans. Auch die Unruhe von Unteroffizier Krueger fiel kaum auf. Einzig Rother war etwas besorgt. In seinem bisherigen Leben hatte Rother eine Art Instinkt für schwelende Gefahren entwickelt. Er hätte kaum sagen können, was er befürchtete. Er spürte nur, daß da etwas schieflief. Immerhin wußte er, woher die Bedrohung kam: wie so oft von einer Frau. Genau gesagt: von Jeannette, die immer wieder zwischen den Landsern hin und her ging. Es war leicht zu sehen, daß sie die *Boches* nur widerwillig bediente. Tätschelnde Griffe wehrte sie mit einem kleinen Handschlag ab. Sie hielt sich an Männer wie Habermaß, ruhige Burschen, die etwas dagegen hatten, daß eine junge Frau wie Freiwild behandelt wurde. Im übrigen hatte Jeannette etwas an sich, das sie der ganzen Korona überlegen machte. Rother hatte früher Schankmädchen und Dirnen kennengelernt, die so etwas auch fertigbrachten. Weiß der Teufel, wie manche Frauen das machten!
Vielleicht, indem sie die Männer einfach gegeneinander ausspielten? Die Wirtstochter schien allmählich ihre Möglichkeiten zu erkennen – und zu genießen. Sie begann zu lächeln, wo sie vorher nur grimmig dreingeblickt hatte. Sie tänzelte an dem einen oder anderen vorüber wie einstens diese Salome vor Potiphar (oder wie

der Kerl aus der Bibel nun hieß). Besonders schien sie es jetzt auf diesen Heini aus der H. J. abgesehen zu haben, diesen halbgaren Keppel, der sich vermutlich noch nie an eine Frau herangewagt hatte. Sie zeigte ihm jedesmal ihren hübschen Busen gerade so lange, bis er Glupschaugen machte, und dann war sie wieder weg. Verdammt noch mal, wie lange konnte das gutgehen? Denn eins schien Rother ganz sicher: Wenn sie Keppel so weit aufgeheizt hatte, daß er frech wurde, dann würde sie ihn abfahren lassen wie einen lästigen Stinker. Dann mochte Keppel den großen Sieger mimen – das würde ihm schlecht bekommen, auch bei seinen Kameraden. Rother würde selber dabei eine handfeste Rolle spielen; er mochte den kleinen Nazi ebensowenig wie irgend jemand in diesem Haufen.

Freilich hatte Rother noch andere Sorgen. So ungefähr wußte er, warum Steiner, Junghans und Nissen fehlten. Warum Krueger so unruhig war. Er selber würde nachträglich an dem Unternehmen beteiligt sein. Der Feldwebel hatte ihm nicht alles gesagt; bei so was durfte niemand mehr wissen, als er unbedingt wissen wußte; das war in Ordnung so. Aber Rother hatte genug erfahren, um zu erkennen: Es ging um eine sehr kitzlige Kiste. Daß Steiner nicht da war, das machte jedenfalls auch die Situation in dieser Kneipe noch brisanter.

Im Torweg zum Hof des Wirtshauses standen Steiner, Dorfmann, Junghans und Nissen bereit. Sie hatten ihre Waffen bei sich, und ihre Gesichter waren geschwärzt. Krueger, der noch bei ihnen stand, sagte etwas von einem Indianerspiel, aber der Unteroffizier wußte natürlich, daß sein Zugführer nicht auf ein Spaßvergnügen aus war.

Wieder überlegte er, warum sich Steiner gerade Junghans und Nissen ausgesucht hatte. Daß er Dorfmann dabei haben wollte, war verständlich; das war ein ruhiger, erfahrener Bursche. Aber die beiden Neuen? Vertraute Steiner so auf die unverbrauchte Kraft dieses Junghans, auf die fromme Unerschütterlichkeit Nissens? Na, Steiner hatte schon mehr als einmal bewiesen, daß er sich mit Menschen gut auskannte, jedenfalls mit Menschen im Krieg.

»Du weißt«, sagte Steiner leise zu ihm, »daß sich Rother bereithal-

Die junge Frau atmete schwer, und mit beiden Händen versuchte sie verzweifelt, den Mann von sich wegzudrängen. (Werner Pochath und Sonja Janine.)

ten muß, um sich auf ein Krad zu schwingen und zum Divisionshauptquartier zu rasen, sobald wir zurück sind?«
»Na klar.« Krueger maulte ein bißchen, aber im Dunkeln sah niemand sein unzufriedenes Gesicht. Man hörte seinen Unwillen nur, als er hinzufügte: »Aber ich weiß ja nich' mal, wohin ihr geht.«
»Auf so 'ne Art Spähtrupp.«
»Und warum läßt du mich da nicht mit?«
Aus dem Wirtshaus klang gerade Gejohle bis in den Hof. Steiner zeigte mit dem Daumen auf das Haus. »Wer soll auf den Kindergarten da aufpassen, wenn wir nicht zurückkommen, außer dir?«
Er klopfte seinem alten Kameraden liebevoll-grob auf die Schulter und rief seinen Gefährten zu:
»Also los!«
Krueger sah ihnen nach, bis die Dunkelheit sie verschluckt hatte. Schweren Herzens kehrte er in die Gaststube zurück. Er sah sich um, konnte Rother aber nicht entdecken. »Wo ist Rother?« brüllte er über das Stimmengewirr hinweg.
»Er ist plötzlich sehr eilig davon«, sagte Habermaß.
Noch jemand fehlte. »Und Keppel, wo ist der? Und Jeannette?«
Diesmal antwortete Hauser. Er hatte bemerkt, daß Krueger zur Kellertreppe geblickt hatte; die halboffene Falltür schien den Unteroffizier argwöhnisch gemacht zu haben. Hauser, in seiner zivilen Position gewohnt, Auseinandersetzungen nach Möglichkeit aus dem Weg zu gehen, versicherte etwas zu eilig und zu eifrig:
»Nein, nein, im Keller ist keiner.«
Alle anderen waren jetzt ganz still. Man hätte die Spannung mit Händen greifen können.
Krueger bewegte sich plötzlich sehr schnell. Mit zwei Schritten war er an der Falltür, mit einem Schwung hatte er sie hochgerissen, und dann polterte er die steinernen Stufen hinunter. Wie gebannt blieb er stehen. Im ersten Moment konnte er kaum fassen, was er da sah. Keppel hielt Jeannette mit der Linken umklammert, und die Rechte hatte er in ihrem Ausschnitt. Die junge Frau atmete schwer, und mit beiden Händen versuchte sie verzweifelt, den Mann von sich wegzudrängen. Keppel schien drauf und dran, ihr das Kleid vom Leibe zu reißen. Aber jetzt waren er und sein Opfer mitten in der Bewegung erstarrt.

Im nächsten Augenblick hatte sich Krueger gefaßt. Ohne sich von der Stelle zu rühren, sagte er mit beißendem Hohn: »Kraft durch Freude, wie, Keppel?«
Keppel war ganz weiß geworden. Er ließ Jeannette los. Das Gesicht der jungen Frau war rot überglüht. Sie zog ihr Kleid zurecht und floh an Krueger vorbei zur Treppe. Während sie eilig hinaufstieg, war es zwischen Krueger und Keppel gefährlich still.
Der Unteroffizier unterdrückte das Verlangen, dem jungen Burschen ein paar kräftige Ohrfeigen zu verpassen. Er meinte, Keppel auf andere Weise tiefer treffen zu können. Mit aller Ruhe, die er aufbringen konnte, sagte er: »Meine Güte, Keppel! Was glaubst du wohl, was aus uns allen werden würde, wenn der Führer seine Abende mit solchen Spielen verbrächte?«
Den Jungen würgte es. »Ich ... es tut mir leid ... aber diese Frau ... ich ...«
Krueger winkte ab. »Brauchst dich nicht zu entschuldigen, Keppel. Nicht bei mir. Wenn du meinst, daß es der Führer verstände ..., wer bin ich schon, daß ich mich beklagen dürfte!«
Dann ließ er Keppel allein bei den alten Fässern. Auch in der Wirtsstube blieb er nicht. Die fragenden Blicke schien er nicht einmal zu bemerken. Erst vor der Tür, in der kühlen Nachtluft, atmete er auf. Nach einer Weile stand unvermittelt Rother neben ihm.
»Verstehen Sie, Unteroffizier, daß ich türmen mußte? Ich lief Gefahr, diesen Hitlerbubi zu Klump zu schlagen. Wär Ihnen doch kaum recht gewesen, was?«
»Wie man's nimmt, Rother, wie man's nimmt. – Hast du dein Krad fahrbereit?«

Etwa eine Stunde später hatte ein amerikanischer G.I., der vor den Stellungen in einiger Entfernung von Vallone seine Runde machte, etwas Verdächtiges bemerkt. O'Connor, ein stämmiger Ire aus Texas, war sofort zum Gefechtsstand zurückgelaufen und hatte Meldung gemacht. Sergeant Anderson hatte interessiert aufgehorcht. Die Sache war ihm so wichtig erschienen, daß er unverzüglich seinen Major benachrichtigte.
»Nanu, Sie reden freiwillig, Anderson?« hatte Rogers gescherzt. »Dann muß verdammt was los sein! Also machen wir uns auf!«

O'Connor führte den Major, den Sergeanten und noch einen G.I., den Private Petronelli, an den verdächtigen Ort. Petronelli war dem Major mehr zufällig in den Weg gelaufen, und Rogers hatte gemeint, einer mehr könne nichts schaden, also wurde der ›Wop‹ mitgenommen. Petronelli war darauf stolz, und noch stolzer fühlte sich O'Connor als Führer der Gruppe.

Je weiter sie nach vorn kamen, um so vorsichtiger bewegten sie sich. Hintereinander gingen sie durch einen Graben, voran O'Connor, als letzter Petronelli. Plötzlich blieb O'Connor stehen. Sie mußten nun ihre Stellung verlassen, ins Niemandsland hinaus. Der Ire machte den anderen ein Zeichen, sie sollten sich ducken, und schlich weiter.

Rogers und Anderson suchten Deckung hinter einem großen Felsblock und schauten über ihn hinweg aus. Petronelli war noch ein paar Schritte hinter ihnen zurückgeblieben und kauerte sich auf die Erde, die Waffe im Anschlag.

Dem Major schienen Zweifel zu kommen. Flüsternd fragte er den Sergeanten: »Haben die denn Posten so weit vorn?«

»Weiß nich'«, raunte Anderson. »Wir sind noch nie so nah dran gewesen.«

O'Connor kommt zurück. Er winkt sie näher. Sie schleichen noch ein Stück hinter ihm her. Dann sehen sie unter Bäumen eine halbverfallene Hütte. Unter der Tür schimmert Licht durch. Zögernd halten sie an.

»Vielleicht ein Zivilist«, wispert Rogers.

»Könnte auch einer von den Krauts sein«, gibt Anderson ebenso leise zurück.

Der Major grinst. »Na, dann könnten wir ihn ja mal fragen, wie's um ihre Panzerabwehr steht.«

Die Wolken, die den ganzen Abend über schwer am Himmel hingen, wurden inzwischen von einer frischen Brise auseinandergerissen. Gerade segelt ein riesiger schwarzer Wattebausch davon und gibt den Mond frei. Sein Licht ergießt sich hell über den offenen Platz vor der Hütte und fällt auf die Steine, die überall liegen. Der Major sieht sich die Szenerie sehr genau an. Aus der Hütte ist kein Laut zu hören.

Der Major befiehlt O'Connor und Petronelli: »Gebt uns Dek-

kung.« Er sagt ihnen, wo sie warten sollen. Dann nickt er Anderson zu, und beide nähern sich vorsichtig der Hütte. Ein Stück davor trennen sie sich, schleichen getrennt weiter, und erst direkt an der Seitenwand vereinigen sie sich wieder. Jetzt vernehmen sie von drinnen leise Radiomusik, einen schmalzigen Blues von Glenn Miller. Major und Sergeant sehen einander verwundert an. Dann gehen sie ans einzige Fenster, vor das ein Sack gehängt worden ist. Rogers hebt ihn vorsichtig an und drückt die Nase an die Scheibe. Er sieht in der Hütte einen hemdsärmligen Mann, der in einer zerfledderten Illustrierten liest; über der Lehne des Stuhls hängt ein deutscher Waffenrock. Ein seltsam friedliches Bild.
Rogers und Anderson schleichen zur Tür.

Als die Tür aufgerissen wird, starrt Gefreiter Dorfmann in die Mündung einer Maschinenpistole. Entsetzt fährt er auf und hebt beide Hände.
Der amerikanische Sergeant tritt zur Seite, um seinen Major an sich vorbei einzulassen. Die MP bleibt auf Dorfmann gerichtet.
Im gleichen Moment (aber das weiß nur Dorfmann) lassen sich draußen Steiner und Junghans vom Dach der Hütte auf den weichen Boden fallen. Steiner schleicht zur Tür, Junghans ebenso leise zum Fenster.
Der Major mustert Dorfmann. Der Sergeant lauscht nach draußen. Da kommt ein Geräusch vom Fenster. Die beiden sehen noch, wie der Sack von draußen abgerissen wird. Ihre beiden Waffen richten sich schnell zum Fenster.
Steiner springt durch die Tür und hat die beiden Amerikaner vor seinem Sturmgewehr.
Das alles geschieht unheimlich schnell.
Als Junghans hörte, wie Steiner die Hütte betrat, hat er einen schrecklichen Fehler gemacht: Er geriet ins Licht, das aus der Hütte kam. Also sehen ihn O'Connor und Petronelli und schießen sofort auf ihn. Sie zielen auf die Beine, er wird zweimal getroffen.
Im gleichen Moment richtet sich Nissen, der auf dem Dach geblieben ist, auf und feuert zurück.
Die beiden G.I.'s sind wie weggemäht.
Steiner bewahrt eiserne Ruhe. Noch immer hält er die beiden

Amerikaner in der Hütte in Schach, und Dorfmann nimmt ihnen die Waffen ab. Draußen fällt kein Schuß mehr. Um so lauter klingt jetzt die schnulzige Musik aus dem Radio. Mit einer Kopfbewegung bedeutet Steiner seinem Gefreiten, daß er hinausgehen und sich umschauen soll. Dorfmann verschwindet. Der amerikanische Major und der Sergeant sehen einander betreten an. »*We have lost out*«, sagt Anderson.
In ihrer Sprache wiederholt Steiner: »Jawohl, wir haben euch überrumpelt!«
»Sie sprechen englisch?« fragt der Major erstaunt.
Steiner nickt. Anderson reagiert flink, indem er zu dem Major ironisch sagt: »Wollen nun Sie ihn nach der Panzerabwehr fragen, oder soll ich das tun?«
Der Major verzieht den Mund zu einem schiefen Lächeln. Steiner knipst das Radio aus. Seine Miene scheint eine Bitte um Entschuldigung auszudrücken.
Draußen steht Dorfmann über den beiden amerikanischen Soldaten. Betroffen stellt er fest, daß sie tot sind. Dann geht er deprimiert zu Nissen, der sich schon um Junghans kümmert. Dorfmann hilft ihm, den Kameraden notdürftig zu verbinden.
Steiner hat einen Fuß auf den Stuhl gestellt. Seine Waffe liegt in der linken Armbeuge, und die rechte Hand bleibt in der Nähe des Abzugs. Die beiden Amerikaner stehen hinter dem Tisch. Hin und her fliegen wachsame Blicke.
Dorfmann tritt ein. Knapp berichtet er Steiner: »Ihre beiden Leute sind tot. Junghans ist verwundet. In beiden Beinen.«
Steiner merkt, daß die Amerikaner kein Wort Deutsch verstehen. Er übersetzt ihnen die Mitteilung. Dann sagt er deutsch zu Dorfmann: »Bring ihn zusammen mit Nissen nach Vallone. Ich warte hier.«
Der Gefreite sieht argwöhnisch zu den Amerikanern hin. Der Feldwebel bleibt auch jetzt geduldig. »Glaubst du denn«, fragt er, »wir drei sollten durch die Nacht zurückschleichen, dabei einen Verwundeten tragen und noch zwei Gefangene bewachen?«
Dorfmann ist von dem scharfen Ton sichtlich betroffen. Aber er nickt gehorsam und geht.
Der amerikanische Major blinzelt zu seiner und zu Andersons

Waffe, die in der entgegengesetzten Ecke liegen. Er weiß zwar nicht genau, was der deutsche Feldwebel angeordnet hat, aber er kann es sich denken. Englisch sagt er zu dem Deutschen: »Jetzt sind Sie wohl ganz auf sich allein angewiesen, Sergeant?«
Steiner lächelt bloß.
Draußen hat sich Nissen den verwundeten Junghans auf die Schultern geladen. Dorfmann hat beide Waffen an sich genommen; die seine ist feuerbereit. So marschieren sie zurück. Der Mond ist wieder hinter Wolken verschwunden.

Die beiden Amerikaner haben sich auf eine Bank gesetzt und warten auf den nächsten Zug des deutschen Feldwebels. Major Rogers zeigt die Miene eines Pokerspielers, der meint, daß er die besseren Karten hält.
Sergeant Anderson betont sein Selbstvertrauen, indem er sich entspannt gibt und auf das Radio zeigt. »Wollen Sie's nicht wieder anstellen?« fragt er Steiner. »Vielleicht kriegen wir ein paar Baseball-Nachrichten rein.«
»Später, Sergeant, später«, sagt Steiner. Er lehnt sich in seinem Stuhl zurück und blickt den Major an, als wolle er ihn auf Herz und Nieren prüfen.
»Glauben Sie wirklich«, fragt Rogers, »daß Sie ganz allein zwei Gefangene hinter Ihre Linien bringen können?«
»Ich weiß nicht, Herr Major. Was meinen Sie?«
Der Major erwidert: »Ich meine, Sie werden in Schwierigkeiten geraten.«
Steiner nickt zustimmend. Die flapsige Form der Prophezeiung gefällt ihm. »Bestimmt haben Sie recht.«
»Und welche Karte können Sie sonst noch ausspielen?«
Selbst Anderson ist jetzt gespannt, was der Deutsche antworten wird.
Steiner überlegt. Dann erwidert er betont: »Vielleicht nur noch eine.«
»Und die wäre? Überraschen Sie mich!« Einen Herzschlag später fügt Rogers hinzu: »Aber ich warne Sie, Sie haben ein hartgesottenes Publikum.«
Steiners nachdenklicher Blick zeigt, daß er dies sehr wohl weiß.

»Nun ja«, sagt er. »Es ist nämlich so . . . Wenn wir ein paar Minuten miteinander reden können, kann ich vielleicht zu meinen Leuten zurückgehen – und Sie zu Ihren.«
»Da haben Sie mich wirklich überrascht!« Der Major bleckt die Zähne. »Aber noch nicht beeindruckt.«
»Ich mein's ehrlich. Wenn Sie sich anhören, was ich zu sagen habe, können Sie zurück.«
Anderson versteht immer noch nicht, aber Rogers hat es halb begriffen.
Er sagt zu seinem Sergeanten: »Er weiß, daß sie den Krieg verloren haben, und nun wär er gern ein braver Junge.« Dann fragt er den Deutschen: »Sie wollen sich eine besonders gute Behandlung erkaufen, Sergeant, ja?«
Er läßt Steiner gar nicht erst zu Wort kommen, sondern stößt hinterher: »Daran hätten Sie denken sollen, ehe Sie meine beiden Männer da draußen töten ließen.«
Neue Pause.
»Und selbst das hätte Ihnen nicht viel genutzt. Ich habe eine bessere Idee. Vergessen wir dieses Gespräch. Geben Sie uns die Waffen zurück und kommen Sie mit uns.«
Rogers erhebt sich, als wäre schon alles abgemacht. Aber ein Ausdruck im Gesicht des Deutschen veranlaßt ihn, sich wieder zu setzen.
»Es tut mir leid, Herr Major. Ich muß zurück zu meinen Leuten, um Bericht zu erstatten.« Fast freundschaftlich fährt Steiner fort: »Aber Sie haben recht, was den Krieg betrifft. Er ist für uns verloren – und ein paar von unseren Generalen sind bereit, das zuzugeben.«
»Das ist aber nett von ihnen! Doch warum hören sie dann nicht einfach damit auf?«
»Genau darüber soll ich mit Ihnen sprechen, Herr Major. Verstehen Sie, ich bin autorisiert . . .«
»*Sie* sind autorisiert?! Seit wann schicken deutsche Generale einen hergelaufenen Sergeanten los, damit er Angelegenheiten der hohen Politik erörtert?«
Steiner nimmt das mit Humor. »Vielleicht fällt ihnen das deshalb leichter, weil ihr oberster Befehlshaber selbst ein hergelaufener

Gefreiter ist.« Steiner denkt daran, daß General Hoffmann diesen Gefreiten »hochgekommen« genannt hatte.
Rogers verbirgt sein Amüsement, indem er sich an Anderson wendet: »Wie finden Sie das, Sergeant? Die Krauts haben tatsächlich noch Komiker!«
Sehr ernst erwidert Steiner: »Nein, Herr Major. Bei uns gibt's nichts Komisches mehr. Für mich schon gar nicht. Ich habe Ihnen die reine Wahrheit gesagt.«
Der amerikanische Offizier sieht ihn lange prüfend an. »Ja«, sagt er zögernd, »ich glaube Ihnen . . . insoweit.« Dann fragt er wieder sehr forsch: »Also gut, was genau *haben* Sie mir zu sagen?«
Fast tonlos erklärt Steiner: »Ich bitte Sie, Ihre Leute zu informieren, daß drei deutsche Generale morgen Punkt vierzehn Uhr in Saint Vallone sein werden. Sie werden, wie man mir sagte, bereit sein, mit jedem entsprechend bevollmächtigten amerikanischen Offizier die Bedingungen für eine allgemeine Waffenruhe zu erörtern.«
Plötzlich ist es wieder unheimlich still. Sergeant Anderson ist sichtlich beeindruckt. Er sieht seinen Major an, als wundere er sich, warum Rogers mit der Antwort zögert.
Endlich entschließt sich der Offizier. »Wissen Sie was, Sergeant«, sagt er mit gespielter Beiläufigkeit, »ich habe mir in meinem Leben schon mehr Lügen anhören müssen, als ein Mensch üblicherweise hinnehmen muß. Mich haben Taxifahrer angelogen und Zimmerkellner, Unteroffiziere und Zahlmeister, ganz zu schweigen von meiner ersten Frau. Und bei meiner zweiten bin ich mir auch nicht sicher. Also, warum zum Teufel soll ich *Ihnen* glauben?«
Nun scheint Steiner einen Augenblick lang unsicher zu sein. »Aber Sie werden die Botschaft doch weitergeben, Major?« fragt er.
»Das habe ich nicht gesagt.«
»Aber Sie meinten doch gerade . . .«
». . . daß ich Ihnen glaube, jawohl. Aber woher sollen wir wissen, ob Sie nicht für einen faulen Trick benutzt werden? Es könnte doch sein, daß die Leute, die Sie geschickt haben, bloß Zeit gewinnen wollen.«
»Nein, Herr Major.« Steiner sagt das wieder sehr sicher. »Die Zeit

ist auf Ihrer Seite, nicht auf unserer. Auch ist General Hoffmann ein Offizier, dem man unbedingt vertrauen kann.«
Rogers blinzelt vielsagend. »Anderen Offizieren wohl nicht?«
Steiner blinzelt zurück. »Unter denen, die ich kenne, nur wenigen.«
Rogers runzelt die Stirn, aber Anderson versucht ein Lächeln zu unterdrücken, und schließlich grinst er offen über das ganze Gesicht.
Dem Major schmeckt das nicht recht. »Daß ihr beiden Kerle so unverschämt seid«, meint er dann, »gehört wohl zu eurer Vorstellung von einem richtigen Unteroffizier, was?« Gleich darauf ist er wieder ganz bei der Sache. »Also gut, ich möchte das jetzt noch mal klarstellen. Ihre Leute laden uns ein, einen höheren Offizier der U.S. Army morgen Punkt 14 Uhr nach Saint Vallone zu schicken, der mit drei deutschen Generalen Genaueres ausmachen soll. Ist das so richtig?«
»Wer immer kommt«, ergänzt Steiner, »ihm wird sicheres Geleit garantiert.«
»Nun sagen Sie mir aber wenigstens, mit wem ich eigentlich gesprochen habe.«
»Steiner, Herr Major. Feldwebel Rolf Steiner von der 171. Division.«
»Sehr schön, Sergeant Steiner. Ich werde Ihre Botschaft weiterleiten.« Nach einem Augenblick fügt Rogers hinzu: »Aber ich ahne nicht, wie die Antwort ausfallen wird.«
»Vielleicht fragen Sie Ihre Leute bei dieser Gelegenheit, wie viele Männer sie verlieren würden, wenn sie die Offensive wieder aufnehmen müßten.«
Steiner steht auf und geht langsam zur Tür. Dabei zeigt er auf die Waffen, die in der Ecke liegen. »Ich danke Ihnen, daß Sie mir zugehört haben. Ich schlage vor, Sie nehmen Ihre Waffen mit, wenn Sie zurückgehen.«
»Ich denke, Sie trauen Offizieren nicht?«
Steiner grinst den Major freundlich an. »Man muß lernen, gewisse Risiken einzugehen, nicht wahr, Sir?« Er deutet einen militärischen Gruß an und verschwindet.
Die beiden Amerikaner sehen sich verblüfft an. Nach einer Weile

meint Anderson höchst verwundert: »Zum Schluß hat er sogar ›Sir‹ gesagt, Sir.«
»Was Sie alles merken.« Rogers ist aufgestanden und will seine MP aufnehmen.
Da erscheint Steiners Kopf noch einmal in der Tür. »Sergeant«, sagt er zu Anderson, »nehmen Sie doch das Radio da mit. Kriegsbeute, sozusagen. Vielleicht können Sie damit doch noch Baseball-Ergebnisse hören.«
Dann ist er endgültig weg.
»Kerle sind unter diesen Krauts«, sagt Rogers vor sich hin.

8

In dieser Nacht geschah noch vieles.
Da kehrten Dorfmann, Nissen und der arme Junghans nach Saint Vallone zurück. Dorfmann und Nissen hatten sich darin abgelöst, Junghans zu tragen. Die beiden Männer waren der totalen Erschöpfung nahe. Der Verwundete befand sich durch den Blutverlust in einem Halbdämmer; anders hätte er diesen schrecklichen Transport wohl auch kaum ertragen.
Dorfmann und Nissen gingen nicht zur Gastwirtschaft, sondern schlichen durch die tote Stadt zur ehemaligen Apotheke am Rathaus, die zum Krankenrevier geworden war. Sie trafen auf einen schlafenden Sanitäter, den sie kannten; er hieß Lammel. Als sie ihn geweckt hatten, starrte er sie an wie Gespenster. Dann schimpfte er so laut los, wie noch niemand den friedlichen Mann hatte schimpfen hören.
»Sei bloß leise!« zischte Dorfmann. Nissen, der zuletzt den Verwundeten geschleppt hatte, lud Junghans gerade auf einer der Pritschen ab. Gottlob waren sie alle leer; es gab keinen überflüssigen Zeugen der nächtlichen Szene. Sanitäter Lammel schien noch immer nichts begriffen zu haben.
»Hör zu«, begann Dorfmann von neuem, »du wirst Junghans so gut versorgen, wie du kannst, ohne jemand zu wecken.«
Lammel war nun völlig wach. Ohne sich um Dorfmann und Nissen

zu kümmern, trat er an die Pritsche und beugte sich über Junghans, der wie in einem schweren Schlaf stöhnte. Für den Sanitäter existierte in diesem Augenblick nichts und niemand als der Verwundete. Jede Bewegung, die dieser mönchische Mann mit dem Engelsgesicht machte, war zweckmäßig und präzise.
Dorfmann sah aus einiger Entfernung staunend zu, wie Lammel die provisorischen Verbände löste. Nissen ging dem Sanitäter zur Hand, reichte ihm Utensilien, als hätte er das mit Lammel längst eingeübt. Worte wurden nicht gewechselt. Bis Lammel innehielt, den Gefreiten nachdenklich ansah und sagte: »Der Mann muß sofort zum nächsten Lazarett.«
»Geht nicht.« Dorfmann war in einer verzweifelten Lage. »Wir müßten einen Wagen losfahren lassen, nicht wahr? Dann wacht die halbe Kompanie auf, jetzt mitten in der Nacht!« »Und wenn?« fragte Lammel.
»Wir hatten etwas zu erledigen, was nicht bekanntwerden darf. Major Stransky darf es zum Beispiel nicht erfahren.«
»Sonst kriegt Steiner Ärger«, schaltete Nissen sich ein.
»Was der vorhat, hat er nich' mal uns gesagt«, erwiderte Dorfmann. Er war recht unzufrieden mit seinem Zugführer, litt unter Steiners vermeintlichem Mißtrauen, wenn er sich auch immer wieder einzureden versuchte, daß es einen Grund für dessen merkwürdige Heimlichtuerei geben mußte. »Jedenfalls können wir ihm nicht in den Rücken fallen.«
»Soweit ich sehen kann«, erklärte Lammel, »ist das links nur ein Streifschuß, aber rechts sitzt die Kugel im Fleisch. Einen Knochen kann sie eigentlich nicht getroffen haben – obwohl man das Bein sicherheitshalber röntgen sollte.« Hilflos hob er die Hände; die Geste schien die improvisierte Krankenstube mit allem zu umfassen, was es an Geräten und Medikamenten in ihr gab. »Zu so was haben wir es noch nicht gebracht«, schloß er, wie um Entschuldigung bittend.
»Man müßte doch abtasten können, wo sie sitzt«, meinte Nissen.
Sofort galt ihm Lammels ganzes Interesse. »Offenbar verstehst du was davon?«
Nissen nickte. »Ich habe Kurse mitgemacht. Ich hab' mir immer gewünscht, als Pfarrer mal nach Übersee zu gehen, nach Afrika

oder in den südamerikanischen Urwald.« Das klang entschuldigend, weil es wie ein Knabentraum war, der längst unsinnig schien.

»Pfarrer?« wiederholte Lammel. »Dann bist du einer von den anderen?«

Nissen begriff nicht gleich. Dorfmann klärte ihn auf: »Unser Sani stand dicht vor dem Mönchsgelübde, ehe der ›Führer‹ ihn rief.«

»Katholisch, evangelisch, was macht es?« meinte Nissen. »Lazarus hätte nicht danach gefragt, wer ihm hilft.«

»Meinst du, wir beide zusammen könnten ihm das Ding aus dem Bein schneiden?« fragte Lammel den Theologiestudenten. »Messer und so hab' ich da.«

»Wenn ich mich als Operationsschwester nicht zu dämlich anstelle, würd' ich euch helfen«, meinte Dorfmann.

So machten sie sich an die Arbeit.

Das Divisionshauptquartier war diesmal ein schön gelegenes Château in der Normandie.

Zu dieser Stunde, weit nach Mitternacht, in der die Nacht am tiefsten zu sein schien, gab es ringsum kaum Anzeichen von Leben. Der Gefreite Herrlig, der eben die Wache angetreten hatte, rechnete mit zwei langweiligen Stunden.

Er hatte gerade einen Feldpostbrief bekommen, acht Tage alt, in dem ihm seine Schwiegermutter die Geburt seines Söhnchens mitteilte: »Marga und der kleine Heinz sind wohlauf.«

Heinz ... ob der schon kräftig krähte? Wem er wohl ähnlich sah? Wann er ihn wohl zum erstenmal auf den Arm nehmen könnte? Und in was für einer Welt der Bursche wohl aufwachsen würde? Das alles war für Heinrich Herrlig in dieser Nacht viel interessanter als alle Generale der ganzen großdeutschen Wehrmacht.

Der Gefreite Herrlig sah aus dem Zimmer des Generals Hoffmann und dem seines Adjutanten immer noch Licht schimmern. Gewiß saß Leutnant Kirstner Stunde um Stunde über seinen Papieren. Und der General hatte sicher große Sorgen – welcher General hatte die in dieser Zeit nicht?

In diesem Moment wurde der Adjutant gerade aus seiner Beschäftigung herausgerissen, weil das Telefon klingelte. Erst im zweiten

Augenblick begriff er, daß nicht sein Apparat geschrillt hatte, sondern der im Nebenraum, beim General. Es mußte also ein sehr wichtiges Gespräch sein, von führender Stelle aus, sonst hätte der Anrufer sich nicht direkt mit dem General verbinden lassen. Leutnant Kirstner wartete, ob es ein drittes Mal klingeln würde. Nein, es blieb still; Hoffmann mußte sich schon gemeldet haben.
Hoffmann hatte sogar schon ein paar Worte gehört. Der einsame Mann, der im Licht einer altmodischen Leselampe an einem Empire-Schreibtisch saß, konnte nur mit Mühe die Spannung beherrschen, in die irgendein unbekannter Leutnant ihn versetzt hatte.
»Gut, verbinden Sie mich mit ihm«, sagte er so beherrscht wie möglich. »Ich warte . . .«
Seine Hände spielten unruhig und ziellos mit ein paar Gegenständen auf dem Schreibtisch. Aber seine Haltung war so straff wie nur je.
Endlich kam die Stimme, auf die er gewartet hatte. Sie klang gehetzt und doch so, als müsse jedes Wort überlegt werden. Der Anrufer bat offenkundig um Verständnis dafür, daß er nur Andeutungen machen könnte.
»Ja, sicher«, erwiderte Hoffmann, »ich höre.«
Der Inhalt der Mitteilung war klar genug. Jedes Wort traf den General wie ein Schlag. Seine Rechte war um den Hörer geklammert, die Linke hatte sich zur Faust verkrampft. Sein ganzer Körper schien in den Schreibsessel wie eingefroren. Seine Augen starrten über den Lampenschirm hinweg ins Leere.
Der Mann am andern Ende der Leitung hatte alles gesagt. Die Pause danach mochte Hoffmann unendlich lang vorkommen; in Wahrheit dauerte sie kaum eine Sekunde.
»Ja, vielleicht haben wir zuviel erwartet«, erwiderte er endlich. »Sag ihm, daß ich das verstehe. Vielleicht war das alles gar nicht so wichtig. Jedenfalls haben wir es versucht. Darauf kommt's an. Immer kommt's darauf an, daß man sein Bestes versucht. Ich danke dir, es war nett von dir, daß du mich gleich angerufen hast.«
Langsam ließ der General den Hörer auf die Gabel sinken. Nett, dachte er – was für ein Wort!
Gescheitert . . . Sie werden jeden finden, der damit zu tun hatte.

Hoffmann ahnte die Konsequenzen. Jeder Versuch, sich ihnen zu entziehen, wäre sinnlos – oder unwürdig. Aber der General schüttelte solche Gedanken gleich wieder ab. Das alles würde man sehen, wenn der Tag kam.
Dann hörte er hinter sich die Tür gehen. Er blickte sich um und sah im Rahmen seinen Adjutanten stehen.
»Herr General . . .« Kirstner hatte das Gefühl, in eine Maske zu sehen statt in ein Gesicht. Hoffmann schien ihn nicht einmal gehört zu haben. »Entschuldigen Sie, aber . . .« Noch immer bemerkte der Adjutant keinerlei Reaktion. »Es ist lange nach zwei Uhr morgens!«
Diesmal hatte Hoffmann verstanden. »Ja, so ist es.« Oder bezog sich das gar nicht auf die Uhrzeit? Der General schien tief deprimiert, als er wiederholte: »Ja, so ist es.«
»Herr General, dieser Anruf eben . . .«
Plötzlich wirkte Hoffmann hellwach. »Ja, was ist damit, Kirstner?«
»Kann ich in dieser Angelegenheit irgendwas für Sie tun, Herr General?«
»Sicher nicht.« Kirstner meinte, ein bitteres Lachen zu hören.
Dann aber wurde er ganz in dem Ton, den er von seinem Chef gewöhnt war, gefragt: »Können wir nach Saint Vallone durchkommen, Kirstner?«
»Nein, Herr General. Seit heute morgen sind alle Leitungen gestört.«
»Wenn's so ist, können wir eben nichts tun. Immerhin danke ich Ihnen.«
Nun fühlte sich Kirstner betrachtet, als sähe ihn der General zum ersten Mal. Er hörte Hoffmann sagen: »Sie haben in den letzten Jahren sehr hart für mich arbeiten müssen, Kirstner. Ich hoffe, daß Sie mir das nicht vorwerfen werden.« Kirstner stand hilflos da. Das klang ja wie ein Abschied! Ihn fröstelte, weil er es nicht verstand. Um keinen Preis hätte er etwas sagen können.
Hoffmann nickte ihm freundlich zu. »Warum gehen Sie nicht endlich zu Bett, Kirstner? Den Krieg wird es auch morgen früh noch geben.«
»Ja . . . Also gute Nacht, Herr General.«

Draußen machte Gefreiter Heinrich Herrlig gerade kehrt. Während er zum x-tenmal an dem Château vorbeikam, dachte er noch immer an Marga und seinen Sohn Heinz.

Rother wartete am verabredeten Platz vor der Stadt. Sein Krad hatte er unter einen Baum neben der Straße gestellt. Etwa eine Stunde hatte er in dem spärlichen Gras am Wegrand gesessen, und es war überhaupt nichts geschehen. Gerade war er aufgestanden, um sich ein wenig die Beine zu vertreten.
Verdammt merkwürdige Sache! dachte er. Er war sicher, daß der Feldwebel »ein krummes Ding drehte«, sonst hätte er nicht so heimlich getan, und sonst hätte Steiner sich nicht gerade ihn zum »Komplicen« gemacht. Ihm sollte es recht sein, obwohl er zugleich das ungemütliche Gefühl hatte, hier handle es sich um so etwas wie einen »heldischen Akt«. Seine Fassadenkletterei hatte nie jemand heldisch genannt, und er war es noch nicht gewohnt, an etwas beteiligt zu sein, das vielleicht Ruhm bringen mochte.
Wieder ließ er seinen Blick übers Land gehen. Da hinten, an einer Hecke entlang, bewegte sich jemand. Die einsame Gestalt kam näher, und er erkannte den Mann. Sofort ging er zum Baum und schob das Krad auf die Straße. Er saß schon im Sattel, als Steiner bei ihm ankam.
Sogar in dem Dunkel sah Rother, wie müde der Feldwebel war. Er spürte, daß jetzt nicht die Zeit für viele Worte war.
Steiner hielt ihm einen Umschlag hin, den er vorbereitet hatte. Rother steckte ihn weg. Dann startete er seine Maschine. Der Lärm, mit dem sie davonknatterte, schien durchs ganze Tal zu dröhnen.
Dorfmann und Nissen jedenfalls hatten ihn von fern gehört. Sie hatten sich gerade, tief benommen vor Erschöpfung, auf ihre Pritschen gelegt, hatten aber noch nicht einschlafen können. Der erregende Spähtrupp, die gespenstische Notoperation, die offenen Fragen: dies alles beschäftigte sie noch zu sehr. Sie hatten sofort gewußt, daß Steiner nun zurückkam. So waren sie aufgesprungen, um ihrem Feldwebel entgegenzugehen.
Ihr Aufbruch hat auch Keppel geweckt, und neugierig ist er ihnen gefolgt. Nun stehen sie unweit der Gastwirtschaft Steiner gegen-

über. Der Feldwebel ist allein, und Dorfmann sieht ihn fassungslos an.
»Wo sind deine . . .?« . . . deine Amis, hat er sagen wollen, aber mit einem Blick auf Keppel das verräterische Wort gerade noch heruntergeschluckt.
»Ich will nur ins Bett«, murmelt Steiner. Er wankt förmlich an ihnen vorbei in die Estaminet und wirft sich auf sein Lager, ohne auch nur die Stiefel auszuziehen.
Die anderen folgen ihm zögernd. Vor allem Keppel gibt keine Ruhe. »Herr Feldwebel, haben Sie . . . sind Sie . . . in die feindlichen Linien gedrungen?«
»Möcht nur wissen, was dich das angeht?« fährt Dorfmann ihn an.
»Laßt ihn schlafen gehen«, sagt Nissen.
»Das hätten wir beide auch nötig«, meint Dorfmann. »Mann, Steiner, denk an Junghans!«
»Habt ihr ihn versorgen können?« fragt Steiner.
»Haben wir, Lammel, Nissen und ich. Niemand sonst hat was gemerkt. Aber was ist nun mit deinen . . .«
Steiner versteht und grinst Keppel an. Dann sagt er: »Ich hab' sie verloren.«
Dorfmann ist ratlos. Nissen sieht ergeben aus. Keppel hat nur verstanden, daß es so etwas wie eine Niederlage gegeben haben muß, und er wirkt empört.
»Ja, mein Kleiner«, sagt Steiner zu ihm, »wir können nicht alle pausenlos große Heldentaten vollbringen. Man schafft das einfach nicht. Wirst es schon merken, man schafft's einfach nicht.«
Dann legt er sich zur Seite und zieht die Wolldecke übers Gesicht.

Vor dem Schulhaus des *Batallion Headquarter* wartete Sergeant Anderson in seinem Jeep. Neben ihm stand sein »Beuteradio«, gab um diese frühe Morgenstunde zwar noch keine Baseball-Nachrichten durch, spielte aber schmissige Musik. Anderson war auf eine lange Wartezeit eingestellt, denn er nahm an, daß es seinem Major zu dieser Zeit einigermaßen schwerfallen würde, zu Colonel Webster überhaupt durchzudringen. Der Sergeant hoffte nur, daß

der amerikanische Soldatensender ihn bis dahin wachhalten werde.
Denn hundemüde, das war er. Als sie von der Hütte im Wald in die Stellungen zurückgekommen waren, hatte Rogers ein paar Leute beauftragt, ihre zwei Toten zu holen. Ob Petronelli und O'Connor das noch zu würdigen wußten?
Anderson hatte längst gelernt, an den Tod als an eine alltägliche Sache zu denken. Aber wenn jemand neben einem starb, dann war das doch etwas anderes. Dann konnte man sich nur mit bitterer Heiterkeit über die eigene Betroffenheit retten.
Fast im gleichen Atemzug, in dem Rogers seine Befehle wegen der Opfer gegeben hatte, war Anderson angebellt worden: »Los, holen Sie den Jeep! Und daß mir Benzin genug drin ist! Wir fahren sofort zu Webster!«
Da hätte freilich der Sergeant einiges zu sagen gehabt, etwa, wie sich das der Major wohl dächte, daß ein übernächtigter Mann vernünftig durch wenig bekanntes Gelände fahren sollte; aber solche Einwände hatten ja bei diesem Verein nie einen Sinn. Also hatte Anderson den Wagen bereitgemacht. Als er vorm Quartier vorfuhr, hatte der Major schon ungeduldig gewartet, war reingesprungen und hatte gebrüllt: »Fahren Sie wie der Teufel!«
So hatte sich Rogers nicht über das wilde Geschaukel beschweren können. Anderson wußte ja, warum sein Boß es so eilig hatte. Waffenruhe . . . eine sehr verlockende Vorstellung. Die Fahrt über den Kanal und die Landung waren schlimm genug gewesen. Den ersten Vormarsch hatten sie Meile um Meile erkämpfen müssen. Vor Petronelli und O'Connor hatte es schon so viele, viele Tote gegeben. Zum ersten Mal sah Anderson eine Chance, heil nach Detroit zurückzukommen. Das mochte zwar keine so hübsche Stadt sein wie dieses schön gelegene Saint Vallone (das vielleicht bald alles andere als hübsch aussehen würde); aber in Detroit war er nun mal zu Hause. Doch würde Colonel Webster einsehen, was sich ihm bot, von den noch höheren Herren ganz zu schweigen? Würde Webster überhaupt auf den Major hören?
In der Tat, Rogers hatte es schwer, die Leute um den Colonel herum dazu zu bewegen, daß sie ihn weckten. Beagleman, Websters Ordonnanz, hatte förmlich die Hände gerungen. »Der Herr

Oberst ist erst vor zwei Stunden ins Bett gekommen! Der Herr Oberst weiß ohnedies nicht mehr, wo ihm der Kopf steht! Er hat mir klare Befehle gegeben, ihn nicht vor . . .«

»Und ich gebe Ihnen den klaren Befehl, ihn jetzt zu wecken.« Major Rogers konnte sehr hartnäckig sein, und brüllen konnte er auch.

Beagleman wählte den Weg des geringsten Widerstandes. Der Colonel fuhr von seinem Feldbett hoch und sah verschlafen einem verstörten kleinen Jungen merkwürdig ähnlich. Erst einen Moment später war er so wach, daß er zu scharfen Worten ansetzen konnte.

Sie wurden niemals gesprochen. Beagleman fühlte mehr, als er sah, daß hinter ihm in der Tür bereits der Major stand. Über Beaglemans Schulter hinweg sagte Rogers: »Ich bin dran schuld, Colonel. Es ist wirklich entscheidend wichtig.« Dann schob er den Private beiseite, zur Tür hinaus, und schloß sie hinter sich.

Beagleman war sehr erleichtert.

Der Colonel saß im grünblau gestreiften Pyjama auf der Bettkante. Irgendwie war dadurch das Rangverhältnis zum Major gestört. Webster hörte sich beinahe brav an, was Rogers ihm zu berichten hatte. Erst langsam straffte sich Webster, sein Gesicht wurde kantig. Als er die Pyjama-Jacke gegen das Hemd vertauschte – sehr schnell tat er das, als wollte er seinen nackten Rücken niemanden sehen lassen –, hatte er noch immer kein Wort gesagt.

Rogers guckte in eine Ecke, als der Colonel in die Unterhose stieg. Währenddessen redete er ununterbrochen weiter. »Dieser deutsche Sergeant«, sagte er gerade, »machte den Eindruck, als ob er immer genau weiß, was er tut. Ich glaube, wir können ihm trauen.«

»So?« Nun sah der Colonel wirklich schon wie ein Colonel aus. In der einen Silbe hatte ein unheimlicher Groll gelegen, und der brach nun offen aus. »Verdammt noch mal, Major, das ist die blödsinnigste, idiotischste Geschichte, die ich je gehört habe! Ich bin nicht mal sicher, ob Sie nicht gegen alle Regeln verstoßen haben, Rogers.«

»Ich habe Ihnen nur die Botschaft weitergegeben, die ich erhalten habe, Colonel.«

»Im übrigen ist die Sache doch so . . .« Webster war wieder etwas ruhiger geworden. »Wenn ich nicht sehr irre«, belehrte er Rogers, »dann werden wir in ein paar Stunden mit unserer Offensive beginnen. Die Krauts sind nicht dumm! Mir kommt das alles so vor, als ob sie sich nur ein bißchen Zeit rausschinden wollen.«
»Man hat mir versichert, daß es darum nicht ginge.«
»Sie sagen das, als ob Sie Schulmeister wären.«
»Mein Vater war's wirklich. Was ich ausdrücken wollte, Colonel: Immerhin haben wir über eine allgemeine Waffenruhe gesprochen – an der ganzen Front.«
»Wir! Sie und ein Sergeant! Hatte er wenigstens eine Vollmacht von diesem General Hoffmann mit?«
»In solchen Dingen kann man nicht gut was Schriftliches erwarten, Colonel.«
»Wie dem auch sei . . . Waffenruhe an der ganzen Front! Das könnte den Deutschen so passen! Weil wir sie nämlich an der ganzen Front zurücktreiben werden, Rogers. Und sobald wir bei denen hier durch sind, sind wir schon halb in Paris.«
Rogers blieb hartnäckig. »Dabei könnten wir viele Leute verlieren, Colonel, sehr viele. Und dann ist es von Paris immer noch verdammt weit bis nach Berlin.«
Colonel Webster war nun fertig angezogen. Die Ordensschnalle auf seiner Uniformjacke funkelte in mancherlei Farben. Er öffnete die Tür und ließ Rogers an sich vorbei in den Vorraum treten. Dort wartete, noch immer etwas unsicher, Beagleman. »Los, verschwinden Sie«, herrschte Webster ihn an.
Der Private gehorchte nur zu gern. Draußen erzählte er: *»Top secret!«*
»Also, Major«, nahm der Colonel seine Lektion wieder auf, »Ihre Auffassungen von Strategie sind ja sehr eindrucksvoll. Aber alles, was ich tun kann, ist, Ihre Information auf den richtigen Wegen weiter nach oben zu geben. Inzwischen würden Sie mir einen Dienst leisten, wenn Sie sich mit mir den unmittelbaren lokalen Aufgaben zuwenden.«
»Genau das möchte ich tun, Colonel.« Rogers war sich bewußt, daß er wie ein Schulbub abgekanzelt worden war; aber er war nicht der Typ, sich davon beeindrucken zu lassen. »Die Stadt vor uns«, er-

klärte er ruhig, »ist eine starke, natürliche Verteidigungsstellung. Wir wissen immer noch nicht, wieviel Feuerkraft die Deutschen dort haben. Wenn wir außerdem an das Gelände denken, das vor uns liegt, müssen wir damit rechnen, daß die Krauts unsere Tanks in rollende Grillöfen verwandeln.«
»Sie haben sehr bildhafte Vergleiche, Rogers. Ihre Befürchtungen sind durchaus verständlich. Nein, ich nehme sie Ihnen nicht übel. Aber Ausfälle in den eigenen Reihen sind nun einmal das natürliche Produkt jeder militärischen Operation. Sie müssen leider akzeptiert werden.«
Wut kam in dem Major hoch. »Und wie viele solcher ›Produkte‹ finden Sie ›akzeptabel‹?«
»Mann, wir sind Soldaten!«
Webster war aber sichtlich betroffen. Doch um so kälter gab er sich nun. »Ich habe Ihnen bereits erklärt, daß ich Ihre Botschaft weitergeben werde, Rogers. Aber an Ihrer Stelle würde ich mir nicht so viele Sorgen machen. Wir werden diese Stadt mit einem Artilleriehagel zudecken, wie ihn die Deutschen noch nie erlebt haben. Wenn für Sie die Zeit kommt, um mit Ihren Leuten vorzugehen, ist der Feind vielleicht gar nicht mehr da.« Er lächelte den Major begütigend an wie einen traurigen Knaben, und dann setzte er sich vor einen Tisch mit ausgebreiteter Karte von Saint Vallone und Umgebung.
Der Major rührte sich nicht. Der Colonel sah noch einmal über die Schulter hinweg zu ihm auf. »Wenn Sie mich jetzt entschuldigen wollen, Rogers ...«
Der Major salutierte und ging.
An seinem Jeep stand Beagleman und hörte mit Anderson Radio; es wurde gerade »In the mood« gespielt.
»Stellen Sie den verdammten Kasten ab«, zischte Rogers und schwang sich in seinen Sitz.

9

In diesen Morgen hinein fährt auch eine wehrmachtsgraue Mercedes-Limousine. Am Steuer sitzt Hauptsturmführer Breek, ein junger SS-Offizier im Hauptmannsrang. Der Mann neben ihm, sein direkter Vorgesetzter im Generalsrang, der Gruppenführer Heydt, hat auf der langen Reise noch kaum ein Dutzend Worte gesprochen. Es ist nicht das erste Mal, daß Breek, ein glühender Idealist, vergeblich darüber nachsinnt, was hinter dem strengen Gesicht seines Chefs eigentlich vorgeht. Dieser Mann mit der randlosen Brille sieht ja eher wie ein Buchhalter aus als ein Kämpfer aus dem Orden der neuen Zeit.

Breek weiß, daß es um die Verschwörung der Offiziere geht, die dem Führer fast den Tod gebracht hätte. Er weiß, daß sie als Racheengel ausgesandt sind. Er selbst trägt die kleine Dose bei sich, in der sich eine tödliche Pille befindet. Irgendwie hält er diese Lösung für schäbig, hinterhältig; ein Kriegsgericht oder ein Selbstmord des Schuldigen mit der eigenen Waffe wären ehrlicher, soldatischer. Aber natürlich hat nicht er darüber zu entscheiden. »Führer befiehl, wir folgen!«

Doch hat dies wirklich der Führer selber befohlen? Oder ist die Anordnung von Himmler ausgegangen, von Bormann, vielleicht sogar von Goebbels, der immer nur an die ›Propaganda‹ denkt? Breek hat das Gefühl, daß hier etwas im Gange ist, das er nicht mehr versteht. Bisher weiß er nicht einmal, gegen wen sie als Todeshelfer ausgeschickt sind. Aber die Straßen, die Heydt ihn einschlagen läßt, gestatten bald nur noch eine einzige Vermutung. Breek kann die Frage nicht mehr zurückhalten: »Zu General Hoffmann?«

Heydt nickt. Er sieht seinen Adjutanten prüfend an. »Das haben wir davon«, sagt er dann. »Wir haben vieles falsch gemacht, Breek.« Plötzlich scheint da ein Riegel gelöst zu sein. Es ist, als müßte dieser Mann, der für gewöhnlich wirkt, als hätte er seine Seele gleichsam eingefroren, sich endlich einmal aussprechen. »Es ist alles zu schnell gegangen.«

Dem jungen Breek kommt das fast wie eine Lästerung vor. Hieß das Glaubensbekenntnis nicht: ›Der Führer irrt sich niemals‹? »Ich verstehe nicht, Gruppenführer . . .«

»Natürlich nicht.« Der sonst so eiskalte, fast lederne Heydt wird lebhaft. »Sie sind zu jung, um das zu begreifen, Breek. Sie sind schon in das fertige Reich hineingewachsen. Sie haben die Zeit nicht miterlebt, in der wir noch darum kämpften, es zu errichten.«
Da tut sich ein Spalt auf, wie ihn Breek schon einige Male gespürt hat. Immer wieder gibt es in der Volksgemeinschaft, der er sich verschworen glaubt, solche Risse. Auch an diesem Morgen begegnet er auf der Fahrt Erscheinungen, die ihm bewußt machen, in welcher Isolierung er eigentlich lebt. Da sind Truppenquartiere und Befehlsstellen der Wehrmacht; einzelne Soldaten auf Wache; eine Feldküche, an der Kaffee ausgeschenkt wird; ein Gutshof, auf dem Leute sich waschen oder rasieren. Breek weiß, was diese Landser denken würden, wenn sie wüßten, daß er und sein Chef von der SS sind. Man hatte ihm ausdrücklich befohlen, nicht die Standarte zu setzen. Verstecken muß man sich schon!
Und gibt es nicht unter denen, die Heydt erwähnte, unter den Kämpfern der ersten Stunde, auch ganz gegensätzliche Männer? Breek hat laute Landsknechte kennengelernt; kantige Burschen, die soffen, zoteten und hurten – wenn sie es nicht mit Jünglingen trieben; Legionäre, die wohl nur irgendein Ziel gesucht hatten, für das sie sich in die Schanze schlagen konnten; und das taten sie dann mit rücksichtsloser Bravour. Andere schienen nur auf Orden, Ämter und Beute aus zu sein, auf glänzende Feste und hingebende Damen, auf die Bücklinge wichtiger Leute; sie benahmen sich wie Satrapen inmitten eines devoten Hofstaates.
Heydt war ganz anders. Heydt schienen weder Glanz noch Geld oder Glorie zu interessieren. Heydt schien nur eine Art Macht zu lieben, die seines maschinenhaft funktionierenden Gehirns, seines unbegreiflich genauen Gedächtnisses. Manchmal war dieser Mann seinem Adjutanten einfach unheimlich.
All dies war Breek in Sekunden durch den Kopf gegangen, und keinen dieser Momente hatte Heydt ihn aus den Blick gelassen. Die Augen, hinter der Brille wie fanatisch vergrößert, waren eine Prüfung, der schwer standzuhalten war.
»Gerade die Generale, die dem Führer so viel zu verdanken haben . . .«, bringt Breek heraus.

»Ich sag' ja, es ging alles zu schnell. Der Krieg mußte bald beginnen, und so brauchten wir eben die alten Generale. Statt die Führung ganz aus unseren eigenen Reihen aufbauen zu können.« Heydt hat einen lehrerhaften Ton angenommen; es hieß ja, daß er wirklich einmal Deutsch und Geschichte unterrichtet hatte. »Der Führer mußte ihnen viel zuviele Zugeständnisse machen, um sie für sich zu gewinnen. Sogar seinen Freund hat er ihnen ans Messer geliefert.«

»Röhm –? Der war doch ein schwuler Verräter!«

»Na ja, wir von der SS mochten ihn auch nicht sehr. Aber ist das ein Grund? Lieber als diese Leisetreter vom Typ Keitel war er mir allemal. Und von Haudegen sollte man nicht die Moral eines Kaffeekränzchens erwarten. Nehmen Sie ein anderes Beispiel – diesen ganzen christlichen Sums. Die meisten Generale hängen noch dran. Und jetzt bezahlen wir sogar eine Menge Wehrmachtspfarrer! Statt den einzigen Glauben zu lehren, der uns ansteht, den Glauben an Volk, Rasse, Schicksal und Kampf.«

»Den Glauben an den Führer«, ergänzt leise und fast zärtlich der junge Hauptsturmführer.

»Finden Sie?« Das schmale Gesicht Heydts ist zu einem dünnen Lächeln verzogen. »Finden Sie es richtig, daß wir all unser Glück an einen einzigen sterblichen Mann geheftet haben? Nur deswegen haben doch diese Verräter geglaubt, mit Hitler unser ganzes Reich in die Luft jagen zu können! Wir hätten von der katholischen Kirche lernen sollen. Die geht nicht kaputt, wenn ein Papst stirbt.«

»Aber ...« Breek zitiert den Leitspruch der SS: »Unsere Ehre heißt Treue!«

»Treue, natürlich. Die Treue eines kämpferischen Ordens, die Treue von Jesuiten, bis zum Kadavergehorsam, die Treue zu einer Idee!« Fast geringschätzig fügt Gruppenführer Heydt hinzu: »Aber ihr jungen Leute wißt ja nichts mehr von Geschichte. Für euch fängt die Welt mit dem Jahre 1933 an. Und wird mit dem Jahre 1945 zu Ende sein.«

»Aber Gruppenführer ...!«

»Machen wir uns nichts vor, Breek; länger als bis zum nächsten Sommer geht's bestimmt nicht. Und doch müssen wir bis dahin

tun, was man uns befiehlt. Es gibt kein Zurück mehr. Man wird uns danach niemals verzeihen, was wir getan haben, Breek. Aber man wird uns auch niemals vergessen. Und eines Tages wird er wieder erstehen, der Orden, von dem wir einmal träumten. Der Orden, den wir noch nicht wirklich aufbauen konnten. Der Orden der Männer, die wissen, daß man den Pöbel beherrschen muß, schlau und unbarmherzig, kalt ohne Eigensucht, um ein Reich stark und glänzend zu machen.«
Heydt merkt, daß er auf ratloses Unverständnis stößt. »Vergessen Sie meinen Ausbruch, Breek.« Dann folgt mit gehässiger Härte: »Und bilden Sie sich nur nicht ein, Sie könnten das irgendwie gegen mich verwenden. Man würde Ihnen kein Wort glauben. Und ich würde Sie zerquetschen wie eine Fliege. – Und nun müssen wir gleich da sein. Um den Herrn General zu zerquetschen.«
Es ist das erste Mal, daß Breek seinen Gruppenführer lachen hört. Ihn schaudert.

General Hoffmann weiß, daß sie kommen werden. Noch weiß er nicht, wen sie ihm schicken werden oder wie es sich im einzelnen abspielen wird. Aber das ist ihm sehr gleichgültig. Nur sehr flüchtig hat er erwogen, schon vor ihrem Erscheinen ein Ende zu machen. Er will ihnen noch einmal zeigen, was er unter soldatischer Männlichkeit versteht.
Dieser Gedanke senkt einen schmerzhaften Widerhaken in sein Gemüt. Er erinnert sich an die Vorwürfe, die dieser Feldwebel Steiner ihm und seinesgleichen gemacht hat. Zu spät –! Viel zu spät! Hat er nicht gleich unzähligen mit Begeisterung die Aussicht auf Erfolge, Beförderung, Orden ergriffen? Hat er sich nicht an Siegen berauscht, von denen er insgeheim wußte, daß sie nicht fortdauern konnten? Hat er nicht immer wieder jene Stimmen in sich unterdrückt, die ihm gesagt hatten, daß es Siege des Unrechtes waren? Hat er nicht viel zu schnell wieder vergessen, was er von den Vernichtungslagern wußte? Von den Mordkommandos in Polen? Von . . . von alledem, was zwar die SS tat, aber doch unmittelbar neben der Wehrmacht? Es liegt eine Art entsetzlicher Gerechtigkeit darin, denkt Hoffmann, daß es die SS sein wird, die mir das Leben nimmt – mit einer falschen Begründung.

Er denkt an seine Frau, die nie viel gesagt hat; um so beredter waren ihre leisen Mahnungen gewesen, ihre Seufzer in Träumen, ihre bittenden Blicke. Sie wird leiden. Man wird sie leiden machen. Er denkt an seine Söhne; wie sollen sie mit dem Andenken an ihn je fertig werden? Er weiß, daß einmal eine Zeit kommen wird, in der man seinen Namen ehrt; aber selbst dabei wird es einen üblen Beigeschmack des Zweifels geben. Gibt es nicht im Leben immer wieder Zweifel? Nur diese Leute von der SS, die scheinen niemals zu zweifeln. Statt der zehn Gebote kennen sie nur das eine: *Du sollst nicht fragen.*

Fast gleichzeitig mit der grauen Limousine fuhr am Château ein Krad vor. In dem Augenblick, als Rother aus dem Sattel sprang und den Ständer herunterklappte, erstarrten die Wachen vorm Portal im Stillgestanden. Rother sah, daß es zwei SS-Offiziere waren, denen sie notgedrungen Achtung bezeugten. Bisher kannte Rother solche Offiziere nur von Fotos; als er sie nun wirklich sah, jagte ihm das einigen Schrecken ein. Er hielt sich noch eine Zeitlang im Hintergrund, nachdem die Männer schon im Château verschwunden waren.

Im Vorraum sprang als erster der Fähnrich auf und starrte die SS-Leute an wie Gespenster. Instinktiv wußte er sofort, was dieser Besuch zu bedeuten hatte. Die Nachricht von dem gescheiterten Attentat hatte ihn wie alle anderen tief bewegt. Er war ganz unfähig, sich ein Urteil darüber zu bilden. Insgeheim imponierte ihm der Mut der Rebellen. Aber das gestand er sich kaum ein, denn schließlich waren sie ja auch nach seiner Ansicht Verräter. Verräter in einer Stunde, da alles auf dem Spiele stand.

Und sein General mußte Beziehungen zu ihnen gehabt haben! Diese Besucher würden Hoffmann zur Rechenschaft ziehen. Den großartigsten Mann, den der junge Fähnrich je unmittelbar erlebt hatte. Der Führer – das war ja für ihn fast eine Sagengestalt; aber General Hoffmann war begeisternde Realität gewesen. Ihm war, als werde er einen übergroßen Vater verlieren.

Und würden sie nicht auch ihn selber verhören? Stand nicht jeder in diesem Divisionshauptquartier in Verdacht, Dinge gewußt zu haben, die er hätte melden müssen? Den Fähnrich packte Angst.

Er wurde sich ihrer erst voll bewußt, als die SS-Offiziere schon längst an ihm vorüber waren.
Er hatte nicht einmal im Ansatz versucht, sie aufzuhalten, sie anzumelden oder sonst einer Formalität zu genügen. Sie waren gekommen und weitergegangen wie eine Naturgewalt. Und nun war er mit seinem Entsetzen allein. Nun standen die Besucher vor Leutnant Kirstner. Der Adjutant hatte gerade noch soviel Kontenance aufgebracht, sie zu grüßen. Sie erwiderten den Gruß nicht. Sie maßen ihn zwar mit Blicken, doch eher wie einen merkwürdigen Gegenstand als wie eine Person. Als sie ins Zimmer des Generals drangen, kam er sich wie aussätzig vor. Auch er wußte, weshalb sie kamen – als Henker.
Vielleicht hatte Hoffmann den Einbruch in die Vorzimmer und in seinen Salon nicht einmal gehört. Er saß noch tief in Gedanken versunken da. Seine Tischlampe brannte, obwohl ihr rosiger Schimmer gegen das Morgenlicht von draußen kaum noch aufkam.
Als er aufsah, stand Gruppenführer Heydt bereits direkt neben ihm, einen Schritt weit zurück Hauptsturmführer Breek. Hoffmann kannte die beiden nicht, hätte nicht einmal ihre korrekten Rangbezeichnungen gewußt, aber Namen interessierten ihn auch nicht mehr. Er sah, daß der ältere Mann einer von ihren ›Eierköpfen‹ sein mußte, einer, der sich eher mit Rosenbergs »Mythos« und sämtlichen Führerbefehlen auskannte als mit der Wirklichkeit dieses Krieges, ein bebrillter Stubenhocker des Grauens statt ein Soldat. Und der Adjutant glaubte vermutlich noch an die großartigen Lügen des Systems, der arme Junge . . .
Gesagt wurde zunächst nichts. Für ein paar Sekunden rührte sich niemand. Der ältere SS-Offizier schien die Erwartung seines Auftritts so zu genießen, daß er noch zögerte, die schwerwiegenden Worte zu sprechen, die ihm sein Text vorschrieb.
Da fuhr General Hoffmann ihn an: »Sind wir schon soweit, daß wir auf die kleinen Formalitäten verzichten und nicht einmal mehr grüßen?«
Der jüngere Mann schien betroffen. Sein rechter Arm wollte hochzucken. Doch da traf ihn ein Blick seines Chefs, und die Hand sackte rasch hinab. Eine elend unmilitärische Bewegung.

Der Mann mit der Brille blieb kalt wie ein Denkmal. »General Hoffmann«, schnurrte er im Amtston herunter, »auf Befehl des Führers und Obersten Befehlshabers stehen Sie hiermit unter Arrest und sind aller Ihrer Ämter enthoben. Sie sind angeklagt der Verschwörung, des Hochverrates und des versuchten Meuchelmordes.« Er warf ein Dokument auf den Tisch, direkt vor Hoffmann hin. »Hier ist das Urteil. Sie sind berechtigt, es zu lesen, wenn Sie es wünschen.«

Hoffmann starrte einen Augenblick auf das Papier, ehe er es mit dem Rücken seiner Hand verächtlich beiseite schnippte. »Nein, danke«, sagte er, ohne aufzusehen. »Ich lese es lieber nicht. Denn da es von einem Ihrer Leute aufgesetzt worden ist, muß es ziemlich scheußlich sein.« Es klang, als werfe er nur eine nebensächliche Bemerkung in ein unwichtiges Kasino-Gespräch, als er erklärte: »Der Mißbrauch und die Verhunzung der deutschen Sprache gehören zu den kleineren Verbrechen, für die man Sie alle auch mal zur Rechenschaft ziehen sollte.«

»Rechenschaft müssen heute allein Sie ablegen, Hoffmann.«

»Einen Titel habe ich also auch schon nicht mehr. Wie gut! Ich begann, mich seiner zu schämen, denn er ist mir von Ihrem Führer verliehen worden. Und nun komme ich vors Kriegsgericht?«

»*Diese* Formalität haben wir schon aufgehoben.«

»Sie hören sogar zu, was ich sage, und Sie sind ein Witzbold. Respekt!«

Hoffmanns Ton wehte den jungen Hauptsturmführer eisig an. Breek erwartete, daß sein Gruppenführer aufbrausen werde. Doch Heydt blieb eisern ruhig. Breek spürte, ganz wider Willen, für beide Männer eine seltsame Bewunderung. Zugleich war ihm, als hätte er es nicht mehr mit Menschen zu tun.

»Mehrere Ihrer Mitverschwörer sind in der vergangenen Nacht exekutiert worden«, erklärte Heydt im Singsang einer Litanei. »Die übrigen werden ganz bestimmt bald gestellt. Sie, Hoffmann, wird man erschießen. Ihr gesamter Besitz wird beschlagnahmt. Die Mitglieder Ihrer Familie werden in Konzentrationslager gebracht. Ihren Namen wird man aus allen Berichten streichen.«

Hoffmann nickte langsam, als bewundere er diese Totalität.

Der Überbringer der Botschaft wartete, als sollten seine Worte erst richtig einsickern. Vermutlich hatte er mit Zerknirschung gerechnet. Aber da sie nicht eintrat, redete er weiter, als sei alles nach Plan verlaufen. »Immerhin gibt es eine Alternative«, sagte er und machte wieder eine lastende Pause.

Hoffmann sah tatsächlich erneut auf, und es war sogar Neugier in seinem Blick, aber eher wie auf die Lösung eines verzwickten Rätsels. Der junge Breek fragte sich, wieviel den General diese Haltung wohl kostete. Er wußte schmerzlich genau, daß er diese Minuten nie vergessen würde.

»Sie haben Ihr Land verraten und Ihre Uniform entehrt«, sagte jetzt Heydt. »Das ist nichts, was man gern in alle Welt hinausschreien möchte. Deswegen wird man Ihnen, wenn Sie still sterben wie ein Ehrenmann, ein militärisches Begräbnis üblicher Art bereiten. Dann wird man Ihrer Witwe eine Pension auszahlen, und die ganze Sache wird vergessen sein.«

»Und wie, denken Sie, sollen wir diesen kleinen Gedächtnisschwund erreichen?«

Hauptsturmführer Breek fühlte sich von Heydts Blick getroffen. Breek wußte, dies war sein Stichwort. Es brauchte nicht einmal ausgesprochen zu werden; es genügte, daß Heydt ihm eine offene Hand entgegenhielt. Absonderlicherweise wurde Breek an die Hochzeit eines Kameraden erinnert, dessen Trauzeuge er gewesen war; er hatte dem Bräutigam den Ring zureichen müssen, wie er jetzt Heydt die Todespille zureichen sollte. Er suchte die Dose in seiner Uniformjacke, fand sie nicht gleich, und zum erstenmal zeigte der Gruppenführer Ungeduld.

Heydt nickte bedächtig, als er sie endlich in der Hand hatte. Langsam wie ein Priester bei einer Weihehandlung öffnete er sie und nahm eine glänzend weiße Pille heraus. Zwischen zwei spitzen Fingern hob er sie über Hoffmanns Schulter hinweg und legte sie auf das unbeachtet gebliebene Todesurteil.

»Nehmen Sie diese Tablette«, sagte er. Die Andeutung eines bösen Lächelns zuckte über die Falten seines Gesichts. »Sie ist äußerst schädlich fürs Herz.« Dann sah er auf seine Uhr. »Ich gebe Ihnen zwei Minuten Zeit.«

Er nickte dem Hauptsturmführer zu, und beide verließen den Raum.

Rother hatte sich endlich entschlossen, über den Platz vor dem Château zu gehen und das großartige alte Haus zu betreten. Die Soldaten, denen er begegnete, und all die anderen Zeichen der militärischen Okkupation hatten den getäfelten Fluren, den hohen Fenstern, den Ausblicken in den vernachlässigten Park, den Stukkaturen an den Decken den Glanz alten Reichtums nicht nehmen können. Rother fühlte sich seltsam fremd, irgendwie ungehörig in dieser Umgebung, und es kam in ihm eine alte Wut hoch, die Wut des Zukurzgekommenen auf den Luxus der da oben. Und doch empfand er auch eine Art Mitleid mit den eigentlichen Herren des Schlößchens; zu ihrer Hinterlassenschaft paßten die zackigen Offiziere und Ordonnanzen, die wie Marionetten durch die Räume geisterten, so wenig. Nicht daß er den Charme einiger Epochen der Geschichte begriff; was wußte er schon von Rokoko oder Empire oder was immer für einem Stil! So was war ihm auch vollkommen schnuppe. Was er begriff, waren materielle Werte; Sachen, die man bei einem Hehler verhökern konnte; und davon hatte es hier bestimmt eine Menge gegeben; aber sie waren ausgeräumt worden, gründlicher, als es je eine ganze Einbrecher-Bande fertiggebracht hätte. Und niemand würde diese Banditen je vor ein Gericht stellen.
Er fand in ein Vorzimmer des Generals. Es war leer.
An dem verlassenen Tisch, der mit frisch durchstöberten Papieren überhäuft war, hatte vor einigen Minuten noch ein Fähnrich gesessen. Rother konnte nichts ahnen von dem jungen Mann, der von seinem Platz geflohen war, hinaus in den Park, in eine verwilderte Laube hinein, um sich dort auf einer steinernen Bank auszuheulen. Er hätte nicht allzuviel Verständnis für den Kummer des Jünglings gehabt, dem eine Welt schwärmerischer Ideale zusammengebrochen war. Rother kannte keine solche Welt; er hatte von allem Anfang an gewußt: Der Mensch ist dem Menschen ein Wolf.
Er wagte sich durch die nächste Tür. Da sah er wieder diese beiden SS-Offiziere vor sich, und neben ihnen ein Leutnant mit Adjutantenschnur. Alle drei starrten ihn an. Ihm wurde bewußt, wie verschmutzt sein Ledermantel war, wie staubverkrustet sein Gesicht. Die drei sahen wie aus dem Ei gepellt aus, und irgendwie wirkten

sie unnatürlich. Der älteste, ein Mann mit einer Schulmeister-Brille, erinnerte ihn deutlich an einen sarkastischen Staatsanwalt, der ihn mal federfuchserisch mit Paragraphen bombardiert hatte. Der zweite SS-Mann sah sanfter aus, wie ein Gefängnisgeistlicher, der aber auch nichts als fromme Sprüche zu bieten hatte. Der Adjutant schien ihn überhaupt nicht zu beachten; der schien mit seinen Gedanken weit weg zu sein; dem hatte irgendwas gründlich die Petersilie verhagelt.

Der Mann mit dem sanften Gesicht fragte endlich: »Was wollen Sie?«

Rother kam sich entsetzlich dumm vor. Die Situation war offenkundig total verfahren und ganz bestimmt nicht so, wie sie sich Steiner vorgestellt hatte. Er wußte einfach nicht, wie er sich verhalten sollte. Das war ihm lange nicht mehr passiert. »Eine Meldung für General Hoffmann, Herr . . .« Nicht mal die richtige Anrede wußte er.

»Nicht jetzt.«

Der Mann mit der Brille war plötzlich aufmerksam geworden. Bis eben war Gruppenführer Heydt in Gedanken bei Hoffmann gewesen, hatte sich vorzustellen versucht, was im Herzen eines Verräters in der Stunde der Wahrheit wohl vorging, und hatte sich gefragt, wie er selbst wohl *seine* Pille nehmen würde, sobald es keinen Ausweg mehr gäbe. Und da hatte plötzlich der Tag etwas von außen an ihn herangetragen, und so hatte er aufgeblickt und den Melder gesehen, der einen Umschlag mit einer Nachricht in der schmuddligen Hand hielt.

»Was ist –? Für Hoffmann –? Zeigen Sie her!«

»Aber nein . . . das ist . . . Ich habe den ausdrücklichen Befehl . . .«

Rother hatte das Gefühl, seinen Feldwebel in ein schreckliches Unglück zu reißen, falls er den Brief diesem Mann übergab. Wenn er sich ungeschickt und störrisch anstellte, würde er damit Sekunden gewinnen . . .

In diesem Moment knallte ein Schuß.

Die drei Männer stürzten ins Nebenzimmer.

Rother machte, daß er davonkam.

Gruppenführer Heydt stand schon neben Hoffmann. Der Kopf des

Generals war auf den Schreibtisch gesunken, die Linke war in die Sessellehne verkrampft, die Rechte hing schlaff in die Luft. Ein Revolver war auf den Teppich gefallen, und die weiße Pille lag noch immer auf dem Führerbefehl. Hauptsturmführer Breek war an der Seite des Schreibtischs stehengeblieben. Sein Gesicht war erstarrt; der Mund stand offen.

Leutnant Kirstner war unwillkürlich Schritt um Schritt zurückgewichen bis an die Tür. Dann begriff er, drehte sich um und ging eilig durch sein Vorzimmer. Er suchte nach seinem Fähnrich, fand ihn nirgends und kehrte dann an seinen Arbeitsplatz zurück. Dort saß er und fing an zu warten und wußte nicht mehr worauf.

Heydt hatte sich aus seiner Bestürzung gelöst. »Verdammter Schweinehund!« fluchte er. »Zum Teufel mit diesem Betrüger!«

»Hat er nicht ehrlich die Konsequenzen gezogen?« fragte Breek. Der Hauptsturmführer merkte, daß Heydt ihn nicht verstand. »Er ist tot«, setzte er also hinzu. »Was macht da noch der Unterschied?«

»Sie Idiot!« Alle Disziplin schien von dem SS-Gruppenführer abgefallen zu sein wie eine Maske. »Wir hatten einen Befehl! Wir haben ihn nicht ausführen können! Mann, wissen Sie nicht, was das heißt? Der Reichsführer SS wird . . .« Er stockte. Wie um sich selbst zu beruhigen, fuhr er fort: »Ah, er wird einsehen müssen, daß man bei diesem Gesocks nie wissen kann.« Er nahm die Pille auf und betrachtete sie gedankenvoll. »Sie hätte eine Herzattacke bewirkt. Dann hätten wir die ganze Sache hübsch ruhig halten können. Aber nein, der feine Herr mußte ja mit einem Knall abtreten! Angeber, sie alle, bis zur letzten Sekunde!« Dann stürzte er an Breek vorbei in Kirstners Zimmer. Der Leutnant stand auf, wollte etwas sagen, kam aber nicht zu Wort. Der Gruppenführer riß das Telefon an sich. »Verbinden Sie mich mit Berlin«, rief er in die Muschel. »Ja, Berlin, oder muß ich's Ihnen erst buchstabieren? – Was –? – Natürlich die Reichsführung SS. – Ja, ich warte, aber schnell, Mann, schnell!«

Der Hauptsturmführer war ihm gefolgt. Wie unbeteiligt wartete er. Was Breek fühlte, hätte er nicht einmal sich selbst klarmachen können.

Leutnant Kirstner sah sich unbeachtet. So schlich er ins Zimmer

In einer der Straßen, die vom Marktplatz ausgingen, standen die Reste eines Hauses; das Dach, in große Fetzen auseinandergebröckelt, hatte alles begraben, was in dem Gebäude gewesen war. (Richard Burton.)

Die Schatzgräber krochen vollends heraus, und dann flohen sie mit großen Schritten über den Trümmerberg davon. (Richard Burton.)

seines Generals. Hoffmanns Kopf lag noch, wie er gefallen war. Ein Auge war offen. Es blickte ins Nichts.
Rother brauste längst mit Höchstgeschwindigkeit über die Straßen.

10

Die Stadt Saint Vallone wirkte im Augenblick wie ausgestorben. Überall war sie bereits von schweren Wunden gezeichnet, aber noch ließ sich das Bild ihres einstigen friedlichen Daseins erkennen. Rund um den Marktplatz waren die meisten Häuser noch heil; nur in das Dach des Rathauses hatte eine Granate eingeschlagen und einen tiefen Riß durch die Fassade gezogen. Die Säulen der vorgelagerten Arkaden standen zwar noch, aber wie Stützen auf verlorenem Posten. Steiner betrachtete sie in der Gewißheit, daß er sie bald zertrümmert sehen würde, bis zur Unkenntlichkeit zerschmettert und zermahlen.
Er schleppte sich durch diese Ödnis wie jemand, der an einer zu schweren Last trägt. Was er getan hatte, um alle weiteren Zerstörungen zu verhindern, um Menschen zu retten, die sich in diesen Häusern noch verbergen mochten, um unzählige Kameraden nicht fallen zu sehen, um auch den unvermeidlichen Sieg der anderen weniger grausam zu machen, es hatte bisher nichts geholfen. Noch konnte er nicht alle Hoffnung fahrenlassen. Doch wußte er, daß sie mit jeder Minute geringer wurde.
Dennoch ging er weiter. Er mußte weiterhin tun, was er irgend tun konnte. Er ging an dem Kriegerdenkmal von 1919 vorbei. Ihm war, als hätte er es noch niemals gesehen, sooft er schon daran vorübergegangen war.
Er sah die weinende Frau in weiten Trauergewändern, die sich über einen sterbenden *Poilu* beugte; zwei Gestalten in längst grün gewordener Bronze, in der großartigen Geste ihres Abschiedes erstarrt wie für die Ewigkeit. Doch die Hand der Frau, die tröstend auf dem schmerzverzerrten Gesicht des Soldaten gelegen hatte, mußte von einem Granatsplitter weggerissen worden sein; der jet-

zige Krieg hatte das Denkmal für den vorhergehenden zerbrochen. Und würde dieser Krieg der letzte sein?
Steiner raffte sich auf. Er mußte zu seinen Männern, die er an verschiedenen Beobachtungsposten aufgestellt hatte. Er mußte wissen, ob einer von ihnen ein Anzeichen entdeckt hatte, das seine Hoffnung wiederbeleben konnte oder sie endgültig zunichte machte.
In einer der Straßen, die vom Marktplatz ausgingen, standen die Reste eines Hauses; das Dach, in große Fetzen auseinandergebrökkelt, hatte alles begraben, was in dem Gebäude gewesen war. Ein Rascheln in diesem Berg Abfall machte ihn stutzig. Gleich darauf wuchsen aus einem Durcheinander lockerer Trümmer und Balken zwei Kinderköpfe. Zwei staubverschmierte Jungengesichter starrten ihn angstvoll an. Es zeigten sich zwei Hände, die eine Kukkucksuhr hielten.
Aber das seltsame Beute-Spielzeug wurde jetzt fallen gelassen. Die beiden Schatzgräber krochen vollends heraus, und dann flohen sie mit großen Schritten über den Trümmerberg davon. Sie fielen, richteten sich wieder auf, und endlich waren sie verschwunden.
Nein, die Stadt war noch nicht tot.
Doch erschien sie so, und dies um so mehr, je näher er dem Stadtrand kam. Die bleichen Wände und leeren Fenster versetzten ihn in eine Stimmung der Isolation, machten ihm wieder sein Eingekerkertsein in die Welt der Soldaten bewußt. Als er die alte Garage erreicht hatte, in der eine seiner Beobachtergruppen untergebracht war, dachte er nur noch an die unmittelbare Situation.
Die Betonwände dieses Autoschuppens versprachen ziemlich viel Schutz. Seine stählerne Schiebetür zur Straße hin hing allerdings halboffen und schief in den Schienen. Das Fenster nach hinten war längst ohne Glas. Es ermöglichte einen Blick weit über das Tal. Als Steiner eintrat, stand davor Nissen und starrte durch ein Fernglas auf die Landstraße, die sich auf Saint Vallone zuschlängelte. Nissen war so beschäftigt, daß er Steiner nicht wahrnahm. Aber Krueger richtete sich in dem alten Autositz auf, in dem er es sich neben dem schußbereiten MG bequem gemacht hatte.
»Willkommen an der Selbstmörder-Twiete«, sagte der Unteroffizier.

Die Wände dieses Autoschuppens versprachen ziemlich viel Schutz. Das Fenster nach hinten war längst ohne Glas. Es ermöglichte einen Blick weit über das Tal. Krueger richtete sich in dem alten Autositz auf, in dem er es sich neben dem schußbereiten MG bequem gemacht hatte. (Richard Burton, Klaus Löwitsch und Bruno Dietrich.)

»Wir sind nicht in Hamburg«, erwiderte Steiner.
In Wahrheit erstaunte ihn Kruegers Ausdruck aus einem anderen Grunde; es war nicht die Art seines alten Gefährten, über die Nähe des Todes zu sprechen; und zudem schien der Krieg ja eine Art Vesperpause eingelegt zu haben. Der Feldwebel begriff, daß auch andere, die nicht einmal soviel wußten wie er, spürten, wie die Entscheidung schrecklich näher kam. Aber Steiner ließ sich davon nichts anmerken; mit der üblichen Verschlossenheit ging er an Krueger vorbei und stellte sich neben Nissen ans Fenster. »Irgendwas los?«
Krueger grinste. »Nee. Erwartest du denn was?«
Jetzt war auch Nissen aufmerksam geworden. Er hatte den Feldstecher abgesetzt und blickte Steiner an. »Geradezu unheimlich still«, sagte er dann.
Der Feldwebel nahm das Glas und suchte nun selbst das Land ab. Er wußte, daß da hinten irgendwo die Amerikaner bereitstanden. Für ihn war »der Feind« jetzt nicht mehr bloß ein abstrakter Begriff, sondern er sah einzelne Menschen, die Gesichter dieses Majors und dieses Sergeanten, die Gesichter von Männern, die genauso am Leben bleiben wollten wie er oder Krueger oder Nissen. Aber so weit man mit dem Glas auch sehen konnte, keine Bewegung, keine Gestalt war zu entdecken.
»Du siehst auch keine Amis, was?« fragte Krueger.
»Keine Amis, keine Deutschen, keine Franzosen«, bestätigte Nissen.
»Nischt wie Gegend«, ulkte der Unteroffizier. »Aber du warst doch bei den Amis, nicht wahr? Wie man hört, hast du sogar zwei gefangengenommen, darunter ein ziemlich hohes Tier.«
»Wer hat da gequatscht?« Steiner blickte Nissen scharf an. »Du etwa?«
Nissens Gesicht verfinsterte sich. Er konnte nur den Kopf schütteln.
»Nee, aus dem ist nichts rauszukriegen«, bekräftigte Krueger. »Und Dorfmann sagt ja sowieso nie was.«
»Also Junghans.«
»Der arme Kerl hat Fieber«, erklärte Nissen. »Da weiß er kaum, was er redet.«

»Mann, Steiner, so was bleibt doch nicht geheim!« bellte Krueger.
Sein Ausdruck schwankte zwischen Clownerie und Sorge. Er konnte die innere Spannung nicht dauernd verbergen, in die ihn Steiners seltsame Unternehmung versetzt hatte. »Ich weiß nicht, wie ich mir das alles zusammenreimen soll«, gestand er. »Bist du etwa dazu übergegangen, Gefangene einfach zu erschießen?«
»Hör endlich mit der Fragerei auf.« Steiner nahm noch einmal das Glas an die Augen und ließ den Blick über die Straßen und Felder schweifen. Krueger und Nissen starrten auf Steiners Rücken, der gestrafft war, als steckte er in einer Rüstung. Endlich setzte er den Feldstecher ab und drehte sich um. Langsam ging er zu der Werkbank, die von früher in der Garage stehengeblieben war; auf ihr stand der Feldfernsprecher. Er schien den Apparat unschlüssig zu betrachten.
Krueger ließ seinen Zugführer nicht aus den Augen. »Also hör mal«, setzte er erneut an, »entweder hast du sie erschossen, oder die beiden haben dich irgendwie ausgetrickst und sind dir entwischt. Falls dich Major Stransky mal danach fragt, Steiner, solltest du ihm erzählen, daß du sie erschossen hast. Das wär was, was er versteht.«
Die einzige Antwort, die der Unteroffizier erhielt, war ein Runzeln der Brauen. Zugleich griff Steiner zur Anruf-Kurbel des Feldtelefons.
Kurz darauf hörten Krueger und Nissen ihren Zugführer sagen: »Hallo, Hauser. Hier Steiner. Hast du schon was von Rother gesehen?« Dann meinten sie aus Steiners Gesicht lesen zu können, daß seine Frage verneint worden war. Doch klang es gleichmütig, als er sagte: »Na, macht nichts. Paß weiter auf. Ende.«
Steiner hängte auf. Er schien sehr ruhig zu sein. Aber Krueger kannte diese Art Ruhe zu gut; sie hatte sein Zugführer immer gezeigt, wenn eine Gefahr ganz nahe gekommen war. »Du hättest ihm dieses Krad nie anvertrauen sollen, Steiner«, sagte er in einem fast boshaft gemütlichen Ton. »Der ist damit längst abgehauen! Wer weiß wohin, vielleicht in einen Puff!«
»Hier gibt's bestimmt weit und breit keinen Puff«, erwiderte Steiner halb scherzhaft. Nissen hatte sich inzwischen abgewandt und

das Fernglas wieder an sich genommen; er überwachte wieder die Straße.

»Na, vielleicht kommt er ja wieder«, räumte Krueger ein. »Der kleine Ganove scheint einen Narren an dir gefressen zu haben. Aber warum hast du ihn überhaupt ausgeschickt? Wenn du zwei Gefangene verloren hast, ist das so wichtig, daß du's gleich dem Divisionshauptquartier melden mußt?«

»Du weißt zuviel, Krueger, und du weißt wie immer zu wenig.«

»Und den Rest willst du mir nicht sagen?«

»Später mal.«

Vielleicht hatte Nissen dieses Gespräch nicht gehört; vielleicht hatte er es nicht hören wollen. Jedenfalls schien er in den Anblick der Landschaft vertieft. Was ihn wirklich bewegte, verriet er, als er wie unvermittelt fragte: »Was glauben Sie, Feldwebel, wie viele Tanks die Amis da irgendwo haben?«

Ehe Steiner antworten konnte, platzte Krueger heraus: »Hör mal, mein Junge, die haben so viel Panzer, daß sie gar nicht wissen, was sie damit anfangen sollen! Die können sie ja nich' mal zählen! Aber mach dir deswegen keine Sorgen. Das hier is' ja bloß 'n Beobachtungsposten, nich' wahr? Also, wenn sie sich entschließen und wirklich kommen, dann brausen sie hier so schnell durch, daß wir gar nicht erst ans MG kommen. Die sind schon halb in Paris, eh du überhaupt Zeit hast zu sterben.«

Sehr plötzlich hatte sich Nissen umgedreht, das Fernglas gesenkt, und er sah Krueger mit einem seltsamen Blick an. In seinem Gesicht stand ein Ausdruck, der auch Steiner aufmerken ließ. Es lag eine eigentümliche Ruhe darin, eine Gefaßtheit, fast eine Art von Zufriedenheit. »Vielleicht gibt es deswegen Kriege«, sagte er in einem Ton großen Ernstes, »damit wir für eine Weile ständig daran denken, daß der Tod jeden Augenblick eintreten kann.«

»Damit du vor deinen Gott treten kannst?« fragte Krueger, nicht spöttisch, eher verwundert, vielleicht sogar verständnislos.

»Damit einem klar wird, daß man lebt?« fragte Steiner.

Nissen nickte beiden zu, und dann wandte er sich wieder ab, als sei er beschämt, bei einer allzu persönlichen Äußerung ertappt worden zu sein.

Gleich darauf wurden alle drei an die Wirklichkeit des Augenblicks erinnert. Von fernher kam das Geräusch rollender Fahrzeuge. Das Brausen von Motoren schwoll an, blieb aber noch ziemlich weit weg. Steiner war sofort ganz aufmerksam. Nissen suchte, jetzt sichtlich nervös, die Straßen mit dem Glas ab.

Krueger zeigte bitter pessimistischen Spott. »Sieh da«, rief er, »sieh da! Ich glaub', da kommt was verdammt Unangenehmes auf uns . . .«

»Ruhig!« unterbrach Steiner scharf.

Das Geräusch hatte sich verändert. Es klang nicht mehr nach zügigem Fahren, sondern eher nach Rangiermanövern, nach Kreischen in engen Kurven, auch schon nach Bremsen und sogar nach rumpelndem Entladen.

Doch Nissen konnte noch immer nichts ausmachen. Er wandte sich zu Steiner um und sah ihn fragend an.

Der Feldwebel schüttelte den Kopf. »Nein, das sind nicht die Amis«, sagte er. »Das kommt von da hinten.« Er zeigte über die Schulter hinweg zum Tor der Garage. Er wollte schon hinlaufen, um von der Straße aus in die Stadt zu schauen. Aber in diesem Augenblick läutete das Telefon.

Krueger stand schon am Apparat. »Posten Garage«, meldete er sich, »Krueger.« Es klang wurschtig, schicksalsergeben. Nach einer Weile erwiderte er: »Na gut, Hauser, aber deswegen brauchst du dir doch nicht die Hosen vollzumachen! Also, was is' nu' los?«

Steiner stand jetzt direkt neben Krueger. So vernahm er, daß die Stimme am anderen Ende bald abbrach und nach einigem undefinierbaren Zischen eine andere, schärfere sich meldete. Er konnte nicht verstehen, was sie sagte; aber selbst für ihn klang sie irgendwie drohend. Als sie pausierte, war Kruegers Gesicht grimmig geworden, und er erwiderte in strammem Ton: »Jawohl, Herr Major, hier spricht Unteroffizier Krueger.« Wieder schnarrte die befehlerische Stimme; diesmal war es ein schier endloser Schwall, in dem sich die Sätze zu übersprudeln schienen. Endlich war sie verstummt, und Krueger antwortete knapp: »Jawohl, Herr Major, sofort. Ende.«

Als der Unteroffizier aufgelegt hatte, sah er fast angeekelt drein. »Verdammte Scheiße!« zischte er. »Jetzt kommen wir aber in einen richtigen, scheißschönen Krieg rein!«

Das hatte er wie zu sich selbst gesagt; dann aber wandte er sich an Steiner. »Das ganze verdammte Bataillon rollt hier an. Mit 'nem Haufen Pak und allem, was sie sonst haben. Mittendrin natürlich unser Freund Stransky. Der große Feldherr persönlich, der dem Führer fünf Minuten vor zwölf noch den Krieg gewinnt! Und was das beste ist, Steiner, du sollst dich sofort bei ihm melden.«
Steiner schien nicht weiter überrascht. Er sah auf seine Uhr und trat dann wieder ans Fenster. Er nahm Nissen, der dagestanden hatte, als begreife er überhaupt nichts mehr, das Glas ab und schaute lange über das Land.
Die Straßen waren nach wie vor völlig verlassen.
Es dauerte eine Weile, ehe Steiner ganz erfaßte, daß nun etwas schrecklich falsch lief. Er ahnte nicht, warum weder auf deutscher noch auf amerikanischer Seite die Verabredungen eingehalten wurden, für die er zum Vermittler geworden war. Natürlich hatte er damit gerechnet, daß man sich nicht würde einigen können; er hatte in all den Jahren bitter genug gelernt, stets mit dem Schlimmsten zu rechnen. Aber es hatte da doch eine Hoffnung gegeben; das Hoffen hatte man immer noch nicht verlernt. Und er weigerte sich, schon anzuerkennen, daß wieder mal alles verloren war.
Krueger und Nissen wußten nicht, was in ihm vorging, und er durfte ihnen nichts davon sagen. Er mußte auf sie wirken, wie er sich immer gab: als der aufrecht unerschütterliche Mann Steiner. So war ihm nichts anzumerken, als er sich wieder den anderen zuwandte.
Nur seine Stimme klang erregt, als er befahl: »Laßt diese Straße keinen Moment aus den Augen! Wenn sich da irgendwas tut, will ich der erste sein, der es erfährt! Ihr meldet es weder Hauser noch Stransky, noch irgendwem, verstanden? Nur mir!« Er blickte erst Nissen an, dann Krueger, dann wieder Nissen.
Der Theologiestudent wirkte eingeschüchtert. »Jawohl, Feldwebel«, sagte er heiser.
Krueger nickte bloß, wie selbstverständlich. Doch als Steiner zur Garagentür schritt, sah ihm der Unteroffizier gedankenvoll nach. Er hatte seinen Zugführer kaum je so heftig erlebt. Seit der seltsamen nächtlichen Unternehmung, über die Steiner nicht einmal ihn

ins Vertrauen gezogen hatte, war zwischen ihm und dem Feldwebel etwas beunruhigend anders geworden. Hier ging etwas vor, was Krueger nicht mehr verstand.
Diese Veränderung schien auch Nissen zu spüren, der Steiner doch noch nicht lange kannte. Kaum hatte der Feldwebel die Garage verlassen, stand zwischen Krueger und Nissen eine lastende Frage. Der Student sah den Unteroffizier an, als wagte er noch nicht auszusprechen, was er doch sagen mußte.
»Na?« fragte Krueger.
»Komische Sache das, mit Stransky und Steiner«, brachte Nissen hervor.
»Wieso?«
»Sie sind doch wie Feinde.«
»Kein Wunder, mein Lieber. Den Stransky kann sowieso kein Aas ausstehen.«
»Ich mein's eher umgekehrt.«
»Daß Stransky den Steiner nicht leiden kann?«
»Er traut ihm nicht mal. Und doch ruft er immer gerade ihn.«
»Sogar so 'n Angeber merkt, was Steiner für ein Soldat ist.«
»Sicher, ich denk' sogar, daß er ihn um seinen Schneid beneidet.«
»Und?« Krueger wurde bei dem Gespräch etwas unbehaglich zumute; so sprach man unter Soldaten im allgemeinen nicht über Kameraden oder Vorgesetzte. In Nissens Sätzen lag etwas Bohrendes, er forschte in Tiefen, vor denen sich ein Mann wie Krueger sonst lieber verschloß. Und doch war der Unteroffizier betroffen, als wollte er endlich erfahren, was ihn schon lange beunruhigte.
»Und . . .«, wiederholte Nissen. Es wurde ihm sichtlich schwer, seine Gedanken in Worte zu fassen. »Ich meine, daß Steiner ist, wie Stransky sein möchte. Stransky kann immer nur so tun, als ob er's sei.«
»Na, hör mal! Ist Steiner vielleicht ein Geck? Ein strammer Nazi? Einer, der auf Verbindungen pocht? Einer, der über Leichen gehn würde? Glaubste denn, daß Stransky je 'nen kaputtgeschossenen Kameraden durchs Feuer nach hinten schleppen würde? Du hast vielleicht 'ne Ahnung!«
»Sie wissen genau, daß ich so was nicht meine.« Die anfängliche Unsicherheit schien von Nissen abgefallen zu sein. Fast lächelte er

nun, als hätte Kruegers vehemente Abwehr ihm bestätigt, daß er im Recht war und der Unteroffizier das auch einsah. »Klar, Stransky gibt schrecklich an. Aber doch bloß, weil er innen so schwach ist. Und er möcht gerne stark sein. So stark wie eben Steiner.«

»Haste etwa außer Theologie auch noch Psychologie studiert, Nissen? Für mich klingt das alles bloß wie hochgestochenes Gerede.«

»Tu doch nicht so dumm, Krueger.« Es war das erste Mal, daß Nissen, der »Neuling«, den Unteroffizier duzte, wie es bei den alten Kumpels des Zuges selbstverständlich war. Dieses Gespräch hatte eine Vertrautheit geschaffen, wie sie keine Heeresdienstvorschrift vorsah. Und sie würde bleiben, das wußten beide. »Auch wenn du's hochtrabend findest, so ist es doch wahr: Für Stransky ist Steiner so 'ne Art Ideal.«

»Und warum haßt er ihn dann? Und verfolgt ihn, wo er nur kann?«

»Weil er sieht, wie ein anderer ist, was er nie sein wird.«

»Hm.«

Nissen merkte, daß er den alten Kämpen erschüttert hatte. Und er setzte gleich nach: »Das Ganze ist wie in 'ner antiken Tragödie.«

»Nu' kommste mir auch noch klassisch!«

»So hab' ich's nu' mal gelernt. Weißt du, da is' es nämlich so: Alles ist vorherbestimmt. Wie sich die Menschen auch mühen und wehren, sie kommen aus ihrer Bestimmung nicht raus. Im Gegenteil, sie werden immer tiefer verwickelt. Stransky und Steiner sind wie zwei Sterne, die auf vorgeschriebenen Bahnen laufen müssen. Sie ziehen sich an, stoßen zusammen, stoßen sich wieder ab und prallen dann erneut aufeinander. Irgendwie ist der eine ohne den andern gar nicht da. Stransky ist so, weil Steiner so ist, und umgekehrt. Ich sag' ja: Schicksal.«

»Mannomann! Du kommst vielleicht mit Sachen! Das klingt ja wie Astrologie oder Kismet oder was weiß ich. Nicht mal sehr christlich, Nissen.«

Doch dieses letzte Aufbegehren Kruegers verebbte rasch. Brummig ermahnte er Nissen noch: »Guck lieber raus auf die Straße. Du weißt ja, was Steiner gesagt hat.« Aber als der junge Mann wieder mit dem Rücken zu ihm vor dem Fenster stand und durch das Fernglas starrte, murmelte er: »Na ja, vielleicht haste recht. Is' schon komisch mit den beiden. Is' überhaupt alles verdammt komisch.«

11

Die gesamte Pak-Einheit unter Leutnant Kleist war nach Saint Vallone geworfen worden. Ihre Fahrzeuge überschwemmten die Stadt. In allen Straßen hallte von den Häuserwänden ihr Lärm wider.
Dort sprangen Soldaten in voller Ausrüstung ab, und die Männer eilten konfus durcheinander, bis Befehle gebrüllt wurden, nach denen sie sich ordneten wie Ameisen auf eine Schneise, die sich dann irgendwo zwischen Gebäuden oder Trümmern verlor. In einer anderen Ecke wurde eine Last Munition abgeladen; in Ketten von Händen wanderten die Kästen in irgendeinen verlassenen Laden oder einfach unter ein vorspringendes Hausdach. Überall standen in dem Gewimmel Feldwebel oder Unteroffiziere wie in einem wild aufgepeitschten Strudel, winkten hierhin und dorthin, schrien, wurden mit Fragen bestürmt, bellten einsilbige Antworten und sahen doch aus, als seien sie selber ratlos und als käme es nur darauf an, überhaupt irgend etwas zu tun.
Von anderen Wagen wurden die Panzerabwehrgeschütze gekoppelt, kleine gedrungene Maschinen, die eigentlich ganz harmlos und leicht aussahen; aber jede von ihnen schien sich gegen die Männer zu wehren, die mit ihnen hantierten; und gegen alle Flüche und Tritte waren die Dinger ganz taub und unempfindlich.
Um manche Häuserecken, durch manche Fenster sahen ängstlich alte Männer, Frauen, Kinder, verschreckte Bürger von Saint Vallone, überwältigt von dieser Demonstration militärischer Kraft, gepeinigt von Furcht vor der schrecklichen Schlacht, die so in ihre Stadt gezogen werden mußte. Manchen Kindern mochte das Schauspiel vorkommen wie ein abenteuerliches Kinostück, nur aufregender, weil sie es so unmittelbar erlebten. Viele der Frauen sahen nur den drohenden Tod. Einige Männer begriffen, daß hier

letzte Reserven aufgeboten wurden, daß dies ein Akt der Verzweiflung war; und trotz ihrer Angst empfanden sie eine Genugtuung, die sie bitter lächeln ließ.
Die meisten aber blickten in das laute Durcheinander, das sich doch nach irgendwelchen unverständlichen Regeln zu ordnen schien, wie in ein Schicksal, das unausweichlich war. Es würde sich austoben, und dann würde es zu Ende sein, und nichts konnte man tun, um es sicher zu überstehen. Ja, sie alle verkrochen sich wieder, Männer, Frauen und Kinder; sie verkrochen sich in ihre Stuben und Keller, mehr vielleicht aus unmittelbarer Sorge, einem dieser deutschen Krieger in den Weg zu laufen und eine unberechenbare Wut auf sich zu ziehen, als in der Erwartung des Kampfes zwischen den Deutschen und den Amerikanern, der Saint Vallone zermalmen würde.

Hauser und Keppel waren so ziemlich die ersten gewesen, die den gewaltigen Zug gesehen hatten.
Sie waren an den südlichen Ortseingang gestellt worden, an eine verlassene Tankstelle, in deren Büros noch Reifen- und Schmieröl-Plakate mit schick gezeichneten Mädchen in außerordentlich knappen Kleidern hingen, so daß sich ihre Busen und Hintern wie unter Badeanzügen abzeichneten. Hauser hatten die Mädels prächtig gefallen; Keppel aber nannte die Schönen einen Beweis für die westliche Dekadenz, über die der nordische Geist obsiegen müßte. »Quatschkopp«, hatte Hauser dazu gesagt, »du siehst doch, mit so was macht man Geschäfte, und die wird's immer geben, was sonst auch passiert.« Und dann hatte er den idealistischen Nazi dabei ertappt, wie er selbst auf einen Schenkel im Rockschlitz schielte und die Augen verdrehte, und Hauser hatte hämisch frohlockt: »Na, also!«
Aber solche privaten Geplänkel waren sofort vergessen, als die Kolonne herandonnerte. Sie sprachen kein Wort mehr, starrten sich nur fassungslos an. Der Lärm ließ die Fenster erzittern. Ein leerer Schemel bebte leise auf den unebenen Bohlen des Fußbodens. Auf dem Tisch klirrte ein vergessenes Bierglas. Die Straße draußen war schwarz; die Lücken zwischen den Wagen flimmerten so schnell vorüber, daß man sie kaum wahrnahm. Und doch stach da oder

dort eine Einzelheit heraus; eine bislang nie gesehene Ladung; das Gesicht eines Landsers, der zur Tankstelle hinsah mit merkwürdig leerem Blick.

Endlich war das Gros vorbeigefahren; es kam nur noch ein einzelner Kübelwagen hinterher mit einem Offizier neben dem Fahrer, und etwas Staub senkte sich auf die leergewordene Straße. In der folgenden Stille dröhnte es noch eine Weile in den Ohren nach. Und dann fühlten sich Hauser und Keppel in einer sehr betonten Weise miteinander allein.

Keppel hatte sich als erster gefaßt. »Und da meinen manche Leute, wir wären schon am Ende!« verkündete er triumphierend. »Die werden's den Plutokraten schon geben!«

»Ich könnt' schwören«, meinte Hauser in einem Ton der Zufriedenheit, »daß das meiste von dem Zeug bei uns in Essen gemacht worden ist. Is' aber nur 'n kleiner Teil von unserem Produktionsausstoß. Ja, unser Laden hat immer fabelhaft geklappt.«

Keppel sah böse drein, aber der ehemalige Personalchef ließ ihn nicht zu Wort kommen. Unbeirrt fuhr Hauser fort: »Nur denk bloß nicht, daß es in Amerika keine tüchtigen Rüstungsfabriken gibt, mein Junge. Und denen wird nicht dauernd was kaputtgebombt.«

Die Auseinandersetzung erstickte im Keime, als von der Stadt her ein Kübelwagen vorgefahren kam. Major Stransky und Hauptmann Berger sprangen heraus und kamen in die Tankstelle gerannt. Hauser und Keppel fuhren hoch, salutierten; Hauser setzte zur Meldung an. Aber Stransky winkte ab und befahl: »Rufen Sie sofort Steiner an. Wahrscheinlich ist er in der Garage.«

Hauser gehorchte.

Am anderen Ende meldete sich aber nicht Steiner, sondern Krueger. Und es klang ziemlich wirr, was Hauser da zusammenstammelte; und so riß ihm Stransky die Gabel aus der Hand, und der Major bellte selbst seine Anordnungen in die Leitung.

Der verwirrte Hauser sah das überlegene Lächeln Keppels und hätte dem kleinen Nazi am liebsten eine gelangt. Dann blickte er zum Hauptmann und erkannte in Bergers Gesicht eine verzweifelte Resignation.

Aber irgendwann war auch das vorüber; Stransky knallte die Gabel

auf den Apparat und herrschte Berger an: »Wir müssen sofort zurück zum Marktplatz!«; und dann eilten die beiden zur Tür. Im Eingang drehte sich Stransky noch einmal um und ordnete an: »Bauen Sie hier ab! Machen Sie, daß Sie sofort nach Saint Vallone kommen! Melden Sie sich in der Estaminet! Man wird Sie dort einteilen!«
Dann waren sie weg.
»Wird kein so 'n schöner Druckposten sein, den wir da kriegen«, sagte Hauser, als er den Feldfernsprecher abklemmte.
Keppel rollte Kabel auf. Seine Augen glänzten. »Endlich werden wir kämpfen!« jubelte er. Hauser sah ihn schief an, ersparte sich aber jede Entgegnung.

Dorfmann und Habermaß waren im »*Coq d'or*« geblieben. Als die Männer von der Pak-Einheit die Stadt überschwemmten, war einer der Ströme in die Estaminet geflutet. Die beiden erfahrenen Gefreiten hatten den fremden Kameraden geholfen, erst einmal unterzukommen.
»Wir müssen doch an unsere Geschütze«, hatte einer gesagt, ein junger Kerl, der noch so eingeschüchtert wirkte, als hätte er eben erst einen entnervenden Rekruten-Drill hinter sich.
»Nur nicht drängeln«, beschwichtigte ihn Dorfmann.
»Kommt früh genug«, bekräftigte Habermaß. »Wo kommste denn her? Wie heißte denn?«
»Schell«, sagte der blasse Knabe und stellte keuchend seine Munitionskisten ab. »Aus Dresden.«
»Na, da ist der Krieg ja noch nicht hingekommen«, meinte Dorfmann.
»Nur – mein Vater . . .« Schell standen Tränen in den Augen. »Seit Stalingrad vermißt. Meine Mutter . . . ist ganz allein . . .«
»Meine hat sich längst mit 'nem Parteibonzen getröstet«, sagte einer von zwei Männern, die immer so eng beieinander waren, als wären sie dicke Freunde seit uralten Zeiten. »Eigentlich brauchte ich ja als einziger Sohn nicht an die Front, aber der Kerl hat das irgendwie gefingert, ich war ihm wohl in der Quere.«
»Laß doch die alten Kamellen, Halle«, sagte der andere, fast das Gegenteil seines schmächtigen Freundes, ein stämmiger Bauern-

typ mit kantigem Schädel. »Wichtig ist bloß, daß wir irgendwie durchkommen.«
»Du hast gut reden, Tieck«, erwiderte Halle. »Du kannst dann in dein Dorf zurück und den Hof übernehmen. Aber wo soll ich hin?«
»Zu mir, Halle, zu mir.«
Dorfmann, Habermaß und auch Schell wirkten betroffen. Ihnen war zumute, als hätten sie in eine Schicksalsverknüpfung geblickt, in eine jener seltsamen Bindungen, die der Krieg schuf und zerstörte und nach denen man nicht weiter fragte.
Aber das blieben Momente, Fetzen von Individualität, die von der Kriegs-Maschinerie schnell wieder verschlungen wurden wie von einer Sintflut. Es wirbelten so viele andere Männer herum, schwatzten, lärmten, fluchten oder rissen einen bösen Witz. Es wurden Namen genannt, die man nie wieder hören würde; es wurden Fragen gestellt, auf die es keine Antwort gab; und so viele Gesichter schien diese Stunde gleichgemacht zu haben.
Und dann kamen Stransky, Berger und ein Leutnant, den Dorfmann und Habermaß noch nicht kannten. Wie die Neuen ihn anblickten, das verriet ihnen, daß er der Führer ihrer Einheit war. Aber dieser Leutnant war geradeso wie Kompaniechef Berger offenbar völlig im Schlepptau des Majors. Nur Stransky sprach: »Alles in Ordnung hier? Wo sind die Unteroffiziere?« Im gleichen Atemzug herrschte er den Leutnant an: »Kleist, sorgen Sie dafür, daß sich Ihre Unterführer um die Leute kümmern.«
Kleist zuckte zusammen, sagte: »Jawohl, Herr Major«, ging aber mit Stransky und Berger zusammen hinaus und weiter.
»Was ist mit Berger?« fragte Habermaß den Dorfmann. »Er wedelt dem Major wie ein Hündchen hinterher. Er ist doch sonst nicht so?«
»Wird wohl eingesehen haben, daß alles nichts mehr nutzt.« Dorfmann ließ die Schultern sinken. »Wir sollten zur Apotheke rübergehen, Habermaß«, sagte er dann, »uns um Junghans kümmern. Der kann doch jetzt dort nicht allein liegenbleiben?«
Die Gefreiten sahen sich unter den Neuen um. »Ihr kommt ja wohl alleine zurecht«, meinte Habermaß. »Und außerdem wird euch der Leutnant bald Aufpasser schicken ...«

Dann machten sich er und Dorfmann auf den Weg, zwischen den Wagen hindurch, von denen einige noch immer rangierten, durch ein Gewimmel fremder Kameraden, die mit sich selbst genug zu tun hatten, so daß sich niemand um die beiden kümmerte.

Vor der Tür der Wirtschaft hatten sich Stransky, Berger und Kleist getrennt. Der Hauptmann und der Leutnant hatten jeder einen Auftrag erhalten, und der Major war allein weitergeeilt, um überall nach dem Rechten zu sehen.

Stransky befand sich in einer Art Rausch. Er sah sich in ein Zentrum der Entscheidung gestellt und hielt sich für den Mann, der hier den Sieg erringen würde. Endlich stand er an einem Platz, wo er zeigen konnte, was er wert war! Freilich, er war sich der Widerstände bewußt, die zu überwinden waren, sah allerdings weniger die Macht des Feindes – die tat er innerlich mit einem Achselzukken ab –, als die Unbelehrbarkeit mancher um ihn her, zum Beispiel die Sturheit alter Frontsoldaten wie dieses Steiner oder die Besserwisserei einiger Offiziere, die absolut nicht akzeptieren wollten, wie überlegen er ihnen war! Ja, ihnen allen würde er's nun zeigen!

Doch im gleichen Gedankengang beschlich ihn auch die Unsicherheit, ob er es schaffen, ob er durchhalten, ob er sich bewähren werde. Das aber beschleunigte nur seinen Schritt, machte seine Bewegungen hektischer, seine Stimme schriller, heizte die Glut in ihm nur noch mehr an.

Doch wo er auch suchte, nirgends entdeckte er Steiner.

Hauptmann Berger hatte sich in den Kübelwagen geschwungen, den Unteroffizier Klingmann steuerte.

»Wir müssen zu dieser Garage, wo Steiner seinen Beobachtungsposten hat«, sagte er.

»Aber wo ist die?« fragte Klingmann. »Und bis ich aus diesem Wagengewirr hier raus bin . . .«

Die Ruhe des riesenhaften Klingmann strömte auf Berger über. Daß er jetzt mit einem seiner Männer allein war, einem dieser hartgesottenen Burschen, die sich von keinem aufgebrachten Gehabe imponieren ließen, erleichterte den Hauptmann. »Na, sehen

wir halt zu, was wir tun können, Klingmann«, sagte er. »Kommt ohnedies am Ende alles aufs selbe heraus.«
»Weiß Gott, Herr Hauptmann«, erwiderte Klingmann und steuerte um die nächste Kurve, als hätte er Eier geladen.
Leutnant Kleist suchte indessen einen seiner Unterführer nach dem anderen. Zuerst traf er Feldwebel Berking, den Zugführer einer Pionier-Gruppe, die Stransky unterstellt worden war: einen brummigen, ewig stoppelbärtigen Waldschrat, der ihm entgegentrat, als halte er ihn für einen allzu frisch angemalten Zinnsoldaten.
Berking nahm zwar Kleists Befehle entgegen, sagte auch sein Jawoll, aber der Leutnant wußte nicht recht, ob der Feldwebel auch danach handeln werde.
Etwas besser ging es ihm mit dem zweiten, dem er begegnete, Unteroffizier Bohde. Der wirkte, wie immer, dienstbeflissen und glatt. Dem nächsten, Unteroffizier Koch, konnte Kleist nicht gut etwas auftragen; der hatte noch genug mit seinem widerspenstigen Lkw zu tun. Wieder ein anderer, Unteroffizier Lange, machte dem Leutnant erneut bewußt, in einer wie fremden Welt er sich hier auf einmal bewegte. Man hätte nicht erst Langes Sturmabzeichen und all die anderen Bändchen auf seiner Feldbluse zu sehen brauchen, um zu erkennen, daß Lange alles hinter sich hatte, was der Krieg einem Mann nur bringen konnte.
Leutnant Kleist war ein großer, schlanker, blonder Mann von sportlichem Aussehen. Aber bislang hatte er nur in Garnisonen gedient; ein Magenleiden, das immer wieder vorbrach, hatte seinen Fronteinsatz verhindert. Das hatte ihn tief gekränkt, weniger weil er auf den Heldentod ausgewesen wäre, den er sich nicht vorstellen konnte, als weil es ihn wurmte, daß er diese verdammten Anfälle aus heiterem Himmel nicht in den Griff bekam. Dennoch hatte er es zum Leutnant gebracht, und als Pak-Ausbilder hatte man ihn sogar geschätzt. Nun, da man nach Magenleiden nicht länger fragte, sollte er zeigen können, was sein Wissen und Können in der Praxis wert waren.
Aber wußten darüber nicht Leute wie Lange viel mehr? Als Kleist weiterging, tröstete es ihn, daß er einem Mann wie Stransky unterstand, der ihm wie ein geborener Führer erschien. Nein, mit

Menschen im Krieg kannte er sich noch nicht aus. Nicht einmal mit sich selbst. Wenn nun mitten im Geschoßhagel ihn wieder Krämpfe winden machten? Vergiß es, rief Kleist sich zu und suchte noch mehr seiner Leute zusammen.

Als Steiner die Stadt erreichte, begegnete ihm am Ortseingang der Kübelwagen mit Hauptmann Berger und am Steuer Klingmann. Der Riese winkte ihm zu und verlangsamte die Fahrt. Der Wagen hielt mit laufendem Motor.
Auch Berger blickte Steiner freundlich an. »Wo ist Ihr Beobachtungsposten?« fragte der Kompaniechef.
»Immer da geradeaus.« Steiner deutete mit dem Arm dorthin, woher er gekommen war. »Da sind Krueger und Nissen. Aber als ich wegging, war noch nichts los. Rein gar nichts.«
»Um so besser«, sagte der Hauptmann. »Kommt früh genug.«
»Zu früh«, warf Klingmann dazwischen. »Übrigens, der Major wartet schon auf dich.«
»Ich weiß.«
Der Kübel fuhr wieder an.
Aber Berger schaute sich um, und Steiner meinte im Gesicht seines Hauptmannes etwas lesen zu können, was soviel hieß wie: Nun werden sie uns endgültig verheizen.
Je tiefer Steiner in die Stadt kam, desto schneller wuchs sein Gefühl einer aussichtslosen Konfrontation. Hier ballte sich etwas zusammen, das in diesem Bereich zum totalen Untergang führen mußte. Ihn packte wieder einmal das Bewußtsein völliger Hilflosigkeit, das er Dutzende von Malen nur hatte überwinden können, indem er tat, was irgend zu tun war, ob es nun Sinn hatte oder nicht.
Aus dieser Stimmung wurde er gerissen, als er – schon nahe beim Marktplatz – plötzlich vor einem Lkw stand, aus dem Kisten mit Pak-Granaten entladen wurden. Mitten unter den Männern, die hier arbeiteten, als seien sie Teile eines Förderwerkes, stand, feuerte an, griff zu, ein Unteroffizier, den er kannte – obwohl er nicht gleich wußte, woher. Wie er so nachdenklich stehenblieb, wurde der Mann auf ihn aufmerksam und starrte zurück. »Steiner!« brüllte er plötzlich und rannte mit ausgebreiteten Armen auf ihn zu.

»Lange!« rief Steiner.
Sie umklammerten sich, schlugen einander auf den Rücken, bufften sich, lachten.
»Joi, daß ich dich wiederseh! Hier!« rief Lange.
»Monate her seit der Fähre, was?« fragte Steiner.
»Ja, es wirbelt uns ganz hübsch durcheinander.« Lange war wieder ruhig geworden, ruhig und sehr nachdenklich. »Zufall?« fragte er mit bohrendem Blick.
»Zweimal Zufall.« Steiner nickte. »Daß wir damals auf der Fähre vom Kubangebiet gerade nebeneinander zu stehen kamen ...«
»Ohne was voneinander zu wissen ...«
»Und du fingst an, von den Sternen zu reden, die sich erst ganz blaß zeigten ...«
»Und du hast mich nicht ausgelacht, hast nicht gesagt, daß alte Knochen wie wir nicht sentimental werden sollten ...«
»Na, weil das eben so 'ne Sache war, wo man nicht anders kann, als mal nachzudenken ...«
»An die Heimat zu denken, und da hast du gesagt, Steiner, daß du keine hast ...«
»Und du hast gesagt, jeder hat eine, wenn auch irgendwo ganz versteckt ...«
»Denn sonst, Steiner, hält das alles doch kein Aas aus ...«
»Komisch, was, Lange, daß man so für 'ne Stunde Freund sein kann, und dann wieder ...«
»Reißt's einen auseinander, jawohl.«
»Wenn wir jetzt wieder mal so reden, kriegen wir noch das Heulen, Lange, und wie sähe das aus?«
»Beschissen, leider, beschissen säh das aus. Also mach's gut, alter Junge, ich muß meine Munition endlich unter Dach kriegen. Und du –?«
Steiner zuckte bloß noch mit den Schultern. Ging weiter und sah sich nicht um.
Hinter sich hörte er Lange Befehle brüllen. Dann ging die Stimme in dem tiefen, ärgerlichen Brummen eines anderen Lastwagens unter, dessen Fahrer Mühe hatte, sich zwischen abgestellten Fahrzeugen durch eine enge Gasse zu schlagen. Hinter dem Lkw schlenkerte die angekoppelte Pak hin und her. Ein Unteroffizier

Steiner zuckte bloß noch mit den Schultern. Ging weiter und sah sich nicht um. Hinter sich hörte er Befehle brüllen. (Richard Burton.)

gestikulierte von der Gasse her zum Fahrer hinauf, um hilfreiche Zeichen zu geben.
Da tauchte hinter dem Wagen Stransky auf. Offenkundig hatte er Steiner noch nicht gesehen; sein Blick flammte ganz und gar dem winkenden Unteroffizier entgegen.
»He, Unteroffizier Koch!« schnarrte er. »Bringen Sie endlich den Wagen hier weg! Ich will, daß der ganze Marktplatz geräumt wird. Die Pak muß zu den anderen gebracht werden.« Der Major zeigte hinter sich in eine Nebenstraße. »Wo zum Teufel ist Feldwebel Berking?«
Koch wischte sich Schweiß aus dem Gesicht. Dann sah er sich unsicher um. »Ich glaub', er ist da runter gegangen. Zu dem Platz für sein Sprengzeug, Herr Major.«
Stransky will sich schon umdrehen, um Berking nachzugehen, da sieht er Steiner.
Der Feldwebel grüßt, ob stramm oder nicht, das merkt der Major kaum, und sein Gegengruß ist eine flüchtige, automatische Geste. Stranskys Gesicht ist angespannt, als müsse er sogleich übersprudeln. »Genau der Mann, den ich suche!« stößt er heraus. »Melden Sie sich mit Ihren Leuten sofort bei Leutnant Kleist, Steiner.«
»Leutnant Kleist?« Steiner hat den Namen noch nie gehört.
»Der Führer der Pak«, erklärt Stransky. »Unsere Leute können seine Geschützmannschaften unterstützen . . . oder ersetzen . . .«
»Ersetzen?«
»Klar, daß es Ausfälle geben wird! Fragen Sie nicht so lange, Steiner. Nehme an, es wird Sie freuen zu hören, daß wir endlich 'ne vernünftige Abwehr organisieren.«
»Aber unsere Leute wissen doch mit Pak gar nicht . . .«
»Ein richtiger Soldat kann alles! Auf den Geist kommt es an! Und den wird es jetzt geben, darauf können Sie sich verlassen!«
Stransky merkt, daß Steiner ihn nicht versteht, und irgendwie genießt das der Major. Er zieht den Feldwebel beiseite, weg von dem Gewühl, in eine Ecke, in der niemand sie hören kann.
»Tja, Steiner . . .« Stranskys Mund ist zu süffiger Ironie verzogen. »Tja, denken Sie nur, ein paar Offiziere haben gestern versucht, den Führer umzubringen. Dekadente Verräter! Ihr Freund, Gene-

ral Hoffmann, gehörte zu diesem Klüngel. Er hat sich heute morgen eine Kugel in den Leib gejagt. Jawohl, Steiner, und jetzt bekommen wir unsere Befehle direkt vom Führer. Wissen Sie, was das heißt?« Er läßt die rechte Hand vorspringen, der Zeigefinger ist ausgestreckt wie eine Waffe. Damit stößt er Steiner an die Brust. »Es heißt, daß es keinen Rückzug mehr geben wird! Jetzt werden wir kämpfen. Und genau hier, hier in Saint Vallone fangen wir damit an!«

Es sieht so aus, als will er noch mehr sagen, aber da rollt langsam auf den inzwischen geräumten Platz ein Lkw, auf dem zwischen Kisten ein Feldwebel hockt. Stransky rennt auf das Fahrzeug zu, schwingt sich aufs Trittbrett, ruft zur Ladefläche hin: »Berking, lassen Sie Ihren Wagen sofort entladen. In einer halben Stunde will ich in der Kneipe alle Zugführer bei mir sehen!«

Dann springt er ab und verschwindet in der Straße, die zur Estaminet führt. Steiner ist allein.

Jetzt weiß er, warum nichts von dem geschehen ist, was er erwartet und erhofft hat. Wie Hoffmann, so werden jetzt auch die anderen Generale tot sein, die hatten verhandeln wollen. Aber wieso ließen sich die Amerikaner nicht sehen? Hatten sie schon erfahren, daß der »hochgekommene Gefreite« dem Anschlag entgangen war? Insgeheim hoffte Steiner, daß sie nicht kommen würden; seine Zusage des freien Geleits ist jetzt keinen Pfifferling mehr wert, und er würde als wortbrüchig dastehen. Das alles wirbelt ihm durch den Kopf, und dahinter steigt die Erkenntnis auf, die er schon in jenem letzten Gespräch mit Hoffmann gespürt hatte: die Erkenntnis, daß Hitlers Tod auch nichts mehr hätte retten können. Ich hätte wissen müssen, schloß er, daß nichts daraus wird.

Und doch muß er weitermachen. Wozu auch immer.

Der Platz ist jetzt vollkommen leer. Was ringsum vom Krieg zu sehen ist, sind Wunden von gestern. Die Frau aus Bronze trauert noch, reckt noch einen handlosen Arm der halb liegenden Figur des Sterbenden entgegen, und niemand ist da, der es sieht – außer ihm.

Aber dann kommt doch Geräusch auf, ein Krad nähert sich, und Steiner erkennt Rother.

Rother hat den Feldwebel erblickt, kurvt um ihn herum, bremst,

Stransky merkt, daß Steiner ihn nicht versteht, und irgendwie genießt das der Major. Er zieht den Feldwebel beiseite, weg von dem Gewühl, in eine Ecke, in der niemand sie hören kann. (Helmut Griem und Richard Burton.)

setzt einen Fuß aufs Pflaster. Dann schiebt er die Fahrerbrille aus dem Gesicht.
»Hat nicht sollen sein, Steiner«, sagt er. »Kam gerade die SS in die Quere. Da bin ich lieber getürmt. Gerade noch rechtzeitig, scheint mir.«
»So war das also . . .«
»Wie meinst 'n das?«
»Ach, nichts. Warum hast du so lange gebraucht?«
»Was denkste denn, was hier rum jetzt für 'n Verkehr ist? Und überall wimmelt's von Feldgendarmerie. Hätt' ich mich von denen schnappen lassen sollen? Ohne Fahrbefehl und mit dem Ding in der Tasche?« Rother zieht den Umschlag hervor, den Steiner ihm übergeben hatte. »Schätze, das nimmste lieber wieder an dich.«
Ohne hinzugucken nimmt Steiner den Brief. »Du ahnst doch nicht etwa, was drinsteht?«
Rother grinste unverschämt wie nur je. »Nee, ich weiß nie was.«
»Danke«, sagt Steiner. »Und am besten, du vergißt die ganze Geschichte.«
Rother sieht plötzlich so unschuldig aus, als käme er eben aus der Sonntagsschule. »Was gibt's da zu vergessen?«
Jetzt lächelt auch Steiner. »Fahr zur Feldküche. Vielleicht kriegste noch 'n Happen zu essen. Werden nicht mehr lange Zeit dazu haben.«
Rother nickt, setzt sich zurecht, startet und braust um die Ecke.
Wieder ist alles totenstill. Steiner erinnert sich an den Brief, den er noch in der Hand hält. Er zerreißt ihn in Fetzen, Stück um Stück immer kleiner, und dann läßt er die Schnipsel fallen, tritt sie mit beiden Füßen weit auseinander. Zwei sieht er noch in ein Siel rutschen. Jetzt muß er zur Gastwirtschaft.

12

Die Spannung lag nicht nur über Saint Vallone, in den Häusern oder Ruinen der Stadt, in Kammern und Kellern, in den scheinbar totenruhigen Straßen. Nicht nur die letzten Bürger dort hatte sie erfaßt und die Soldaten vom Major bis zu irgendeinem dritten Kanonier an einer der Paks. Sie dehnte sich aus bis weit ins Hinterland, wo immer Befehlsstellen waren, Meldeposten, Reservedepots, Bereitschaftstruppen. Die Stadt war bloß das Zentrum einer Gewitterfront und wartete auf die Entladung.
Auch von der anderen Seite näherte sich ihr, was da ausbrechen sollte. Auch amerikanische Soldaten vom G.I. über den Corporal und Sergeant bis zum Officer warteten, als wären sie am liebsten schon mitten in dem Massaker, von dem sie doch hofften, daß es ihnen erspart bleiben werde.
Da war zum Beispiel der Sergeant Anderson aus Detroit, der nüchterne, maulfaule Realist, der allerdings etwas wußte, was sonst kaum einer ahnte. Er stapfte gerade ein steiles Waldstück hinauf, genau an den Punkt, an dem er schon einmal gestanden hatte, um auf Saint Vallone herunterzusehen. Wie damals traf er hier wieder seinen Major, den ziemlich unmilitärischen Rogers, der im Gras hockte und durch seinen Feldstecher stierte.
Rogers hatte Anderson beinahe sofort gehört, sein Glas abgesetzt und war herumgefahren. Sein Gesicht wirkte nun weder gemütlich noch wütend, sondern nur bekümmert. Noch nie hatte er so sehr nach einem besorgten Landarzt ausgesehen. Er schien die Antwort schon zu kennen, als er Anderson fragte: »Was Neues von Colonel Webster?«
Der Sergeant schüttelte traurig den Kopf. »Nein, Sir. Statt dessen haben wir den Befehl bekommen, die Vormarschstellung einzunehmen.«
Der Major strich sich über die Augen, als seien sie zu müde geworden. »Ich kann's nicht verstehen«, sagte er langsam. »Ich kann einfach nicht glauben, daß unsere Leute die Sache nicht mal nachprüfen wollen.«
Anderson spürte, daß diese Worte nicht für ihn bestimmt waren. Seit wann ließ sich denn ein Major darauf ein, vor einem Sergean-

ten die Entschlüsse eines Colonels oder gar Generals zu kritisieren? Das war bloß wie ein Seufzer gewesen. Zudem hatte sich Rogers auch bereits abgewandt, starrte wieder durch das verdammte Glas auf das verdammte Saint Vallone.
Der Sergeant blickte auf Rogers' Rücken und dachte an die Feldhüter-Hütte. Seit der Begegnung mit diesem Deutschen war eben doch manches nicht mehr wie sonst. Seither bestand zwischen ihm und dem Major eine besondere Beziehung, und er, der kleine Sergeant, teilte mit dem Stabsoffizier ein Geheimnis und eine Belastung. So brachte der schweigsame Mann es diesmal nicht fertig, stumm zu bleiben. Er mußte ganz einfach fragen: »Hat sich da unten irgend etwas getan?«
»Sehen Sie selbst.« Rogers setzte das Glas ab, drehte sich halb um, winkte den Sergeanten zu sich heran.
Als Anderson neben ihm stand und den Feldstecher nahm, erklärte der Major noch: »Vor 'ner Weile gab's da 'n Haufen Staub, aber es ist schwer zu sagen, ob da 'ne Truppe kam oder abzog.«
Nun suchte der Sergeant den ganzen Horizont ab. Ihm kam die Ebene heute wie eine Mondlandschaft vor. Immer wieder verharrte sein Blick an jenem Punkt der Stadt, wo es die »Parade« gegeben hatte. Das Haus, vor dem die »Lektion« erteilt worden war, stand noch anscheinend unversehrt, aber alles wirkte wie seit Ewigkeiten verlassen. An einer Straßenecke jedoch konnte er gerade noch den Bug eines Lastwagens ausmachen, der nicht tief genug zwischen die Häuser zurückgesetzt worden war.
»Irgendwer muß noch da sein«, sagte Anderson, ohne das Glas von den Augen zu nehmen.
»Sie meinen den Lkw?«
»Ja, den an der Ecke.«
»Vielleicht haben sie ihn nur nicht wieder flott bekommen.«
»Vielleicht sind die dazugehörenden Leute tot.« Jetzt erst löste sich der Sergeant von dem leblosen Bild und gab dem Major den Feldstecher zurück.
Rogers erhob sich. »Kommen Sie, wir müssen zum Bataillon.« Es klang halb wie eine Frage, halb wie eine Bestätigung des Unvermeidlichen, als Anderson sagte: »Es geht los . . .?!«
Der Major antwortete nicht. Er hatte sich schon auf den Weg ge-

macht, trottete drei Schritte voraus, und wieder sah Anderson nur seinen Rücken.
Da bellte von dort her, wo sie hin wollten, ein Geschütz los. Sie blieben stehen. Sie hörten es über ihre Köpfe hinweg pfeifen. Unwillkürlich folgten ihre Augen in weitem Bogen dem sirrenden Geräusch. Bis unten, hinter ihnen in Saint Vallone, die Detonation aufbrüllte.
Und dann kam der nächste Schuß – aber ehe er verhallt war, folgte noch einer und noch einer, in einer endlosen Kette, die zu einem einzigen Donner wurde.
Jawohl, es ging los.

Aus der Estaminet »Au Coq d'or« war kurz zuvor der Unteroffizier Bohde gekommen, ein Mann, der immer genau das tat, was man ihm befahl.
Man hatte ihn dem Feldwebel Berking zugeteilt, als es darum ging, die Sprengstoffkästen von dem letzten Lkw abzuladen. Der Wagen war in die Seitenstraße gefahren worden, gerade soweit, daß noch die Nase hervorstand, aber das hatte wohl niemand bemerkt. Berking war abgerufen worden; er hatte an so vielen Punkten zugleich zu tun, und er tobte mit bärbeißiger Energie. »Sorg du dafür, Bohde«, hatte er gesagt, und so hatte eben der Unteroffizier die Männer angetrieben. Kasten um Kasten war in die Keller geschleppt worden, und von dort aus hatten sie andere unter dem direkten Kommando Stranskys verteilt.
Der Major, auf jede Einzelheit versessen, hatte zu Bohde gesagt: »Ein Kasten muß noch fehlen«, und als sich der Unteroffizier nicht gleich regte, hatte Stransky hinzugefügt: »Am besten holen Sie den selbst, die andern Leute habe ich alle schon eingeteilt.«
Bohde hatte kaum mit den Wimpern gezuckt und war gegangen. Aber in dem Augenblick, als er aus dem Haus getreten war, hatte die erste Granate eingeschlagen, etwa hundert Meter von ihm entfernt, und sie hatte ein altes kleines Haus in zwei Hälften gerissen. Steinbrocken waren in einer riesigen Fontäne hochgesprüht und prasselnd umhergeflogen. Der Nebel des Kalkstaubes hatte sich nur langsam gesenkt.
Bohde hatte immer noch dagestanden und in die Zerstörung ge-

starrt, als ginge sie ihn nichts an. Irgend etwas hatte ihn zu dem Menschen gemacht, der er war, zu einem Mann, an dem alles ablief, als könne nichts ihn berühren, gleichsam zu einem Fisch, der in jedem Wasser schwamm.

Er ging die zwei Schritte zur Hinterklappe des Wagens.

Da kam die zweite Granate und schlug genau gegenüber ein. Bohde duckte sich noch, auch das, wie es ihm beigebracht worden war. In seinen Ohren dröhnte es. Er meinte zu hören, wie die Splitter des Geschosses auseinanderplatzten. Andere Gedanken hatte er nicht.

Und dann war er tot.

Hinten, in den Geschützstellungen der Amerikaner, schufteten die Kanoniere, daß ihnen der Schweiß in Bächen über die Gesichter rann und in die Hemden versickerte. Laden, schießen, Munition heranschaffen, die leeren Kästen beiseite werfen: das waren Bewegungen, die ineinander übergingen, zwischen den Männern koordiniert wie in einem Stakkato-Ballett. Der Corporal Wilson, der hinter ihnen hin und her hüpfte und schrie, ein kleiner dicker Mann, der zu springen schien wie ein Gummiball, war freudig erregt bis zur Ekstase, weil er sah, wie gut sein Drill gewesen war; jetzt klappte das alles! Irgendwie weiter dachte er nicht; er empfand keine Rachsucht gegen die Deutschen, kein Verlangen, die Freiheit zu verteidigen, oder was immer; und noch hatte er niemanden durch seine Kugeln sterben gesehen. Er tat, was er gelernt hatte, und das tat er gut.

Seine Männer dachten gar nichts. Sie mußten ja schuften.

Major Rogers und Sergeant Anderson kamen auf ihrem Weg noch einmal an einen Punkt, von dem aus die Stadt Saint Vallone zu sehen war. Sie blieben stehen und schauten stumm auf das Inferno. Da, dort und überall flackerten jetzt Brände gen Himmel, stiegen Rauchsäulen auf, prasselten Trümmer.

Rogers erinnerte sich an die Vorhersage seines Colonels. In der Tat, die Deutschen wurden jetzt mit einem Artillerie-Bombardement eingedeckt, wie sie es wohl nicht einmal in Rußland erlebt hatten.

Und als er dann zu Anderson hinsah, dachte der Major an den deutschen Feldwebel, dem sie in der Hütte gegenübergestanden hatten. Doch der Sergeant war es, der es aussprach: »Wenn Sergeant Steiner noch da unten drin ist . . .«
Rogers antwortete nicht, aber er blickte Anderson an, als wolle er ihn zwingen, den Satz zu vollenden, damit alles gesagt sei.
Es klang jedoch eher wie eine Entschuldigung, als der Sergeant fortfuhr: »Na ja, nehme an, er weiß, daß dies kein Teil von *unserm* Abkommen ist . . .«
Das Gesicht des Majors wurde zu einer eisernen Maske. Nichts sonst rührte sich darin, als sich seine Lippen bewegten, und seine Worte kamen sehr leise: »Wir sind nun mal drin.«
Sie gingen weiter, und sie sahen einander nicht an.

Steiner hastete durch die Stadt. Doch nur stoßweise kam er vorwärts. Er schien jeden Einschlag vorauszuahnen, duckte sich, ehe einer traf, wich jeder Zerstörung wie um Haaresbreite aus, hechtete weiter, verharrte abermals, wartete ab, sah wieder ein Haus unter Trümmerwirbeln zusammensinken, hielt sich wieder, bei offenem Mund, die Ohren zu, in die das Bersten dennoch hämmerte, starrte in Flammen, rannte weiter.
Jetzt hatte er den verlassenen Lkw erreicht. Er achtete nicht weiter auf den scheinbar leeren Wagen. Der Hintereingang der Estaminet war so nah. Dort mußten Leute von *ihm* sein.
Es war im Moment ruhig, eine winzige Pause in diesem Höllenkonzert. Er kam an dem Wagen vorbei. Er sah den Toten daliegen, einen Unteroffizier, den er nicht kannte, gewiß einer der Männer aus Kleists Einheit. Dem konnte keiner mehr helfen.
Dann sprang er förmlich ins Haus.

Es war im Moment ruhig, eine winzige Pause in diesem Höllenkonzert. (Richard Burton.)

Der Schankraum war düster und schien vollkommen leer. Es gab ferne Geräusche, ein unterirdisches Rumpeln, das anschwoll und wieder verebbte. Steiner erkannte, daß es aus dem Keller kam, aber es mußte sich von dort aus weit verzweigen. Erst als da unten alles still geworden war, vernahm er einen nahen Laut, menschliches Atmen, das sich zu Stöhnen steigerte.

Steiner sah sich um und entdeckte in einer Nische, in der einst ein Stammtisch gestanden haben mochte, eine Art Pritsche, auf der jemand lag.

Er ging hin und sah in Junghans' Gesicht. Der arme Kerl erwachte gerade und blinzelte Steiner unsicher an. Dann lächelte er, bis das tapfere Grinsen von einem Ausdruck des Schmerzes überwältigt wurde.

»Wo sind die anderen?« fragte Steiner.

Junghans zog einen Arm aus der Wolljacke; jede Bewegung schien ihm Mühe zu machen; und die Geste, mit der er auf die offene Falltür wies, von der aus die Stiege in den Keller führte, reichte nur gerade soweit, daß Steiner sie verstand.

»Aber warum zum Teufel haben sie dich dann hier . . .«

»Sie haben mich nicht vergessen«, brachte Junghans heraus. »Im Gegenteil, Steiner . . .« Er atmete tief ein, um Kraft für seine Mitteilung zu holen. Er lächelte auch wieder, und nun lag darin sogar eine Art Stolz. »Dorfmann und Habermaß haben mich aus der Apotheke hierher geholt, weil sie dachten . . .«

»Daß du hier sicherer bist?« ergänzte Steiner. »Dann hätten sie dich aber gleich in den Keller tragen sollen!«

»Sie wurden abgerufen, Steiner. Stransky hat sie irgendwohin geschickt, weiß nicht, wozu . . .«

»Und die anderen haben sich natürlich einen Dreck um dich gekümmert! Sieht diesen neuen Burschen wieder mal ähnlich!«

Steiner reißt die Decke weg. Er starrt auf die Verbände um beide Beine des jungen Mannes. Auf dem einen sind ein paar Blutstropfen bis nach außen durchgesickert. Er möchte etwas sagen, sich entschuldigen; denn eigentlich ist er ja an dieser Verwundung schuld und daran, daß Junghans nicht gleich nach hinten hatte geschafft werden können. Dieser arme kleine Kerl hat einen Teil des Preises für den verzweifelten Versuch bezahlt, das Morden zu stoppen, und nun hat er für nichts bezahlt . . . Doch was würde es helfen, darüber zu reden?

Steiner schiebt die Arme unter Junghans' Rücken und Knie und hebt den Verwundeten hoch. »Liegst du so gut?«

Junghans nickt und schließt die Augen.

Als Steiner hinter der Bartheke vor der offenen Falltür stehenbleibt, blickt er sich zu der Treppe nach oben um; von dort ist irgendein Laut hergekommen. Richtig, dort oben steht Jeanette, die Tochter des Wirts; sie muß eben aus der Kammer gekommen sein, zu der die Tür noch offen ist. Aus einem Treppenfenster kommt ein wenig Licht, und es scheint auf ein verängstigtes Gesicht. Im gleichen Moment donnert draußen wieder ein Einschlag und bebt durch das ganze Haus nach.

Jeanette hat sich schlaff gegen einen Treppenpfosten fallen lassen, krallt sich an ihm fest.

Steiner ruft zu ihr hinauf: »Kommen Sie runter!« Mit einer Kopfbewegung weist er zur Kellertreppe.

Jeanette starrt ihn an, scheint zu zögern, aber dann schüttelt sie heftig den Kopf und stürzt zurück durch die Tür. Die fällt dann auch gleich ins Schloß.

Steiner spürt wieder die Last auf seinen Armen. Junghans liegt wie ohnmächtig, sein Kopf ist an die Brust des Feldwebels gesunken. Steiner dreht sich seitwärts und trägt Junghans so Stufe um Stufe abwärts.

Auch der Weinkeller ist verlassen. Nur flüchtig nimmt Steiner einen Stapel mit Kisten wahr, der in einer Ecke des düsteren Raumes aufgetürmt worden ist. Ihm fällt auch kaum auf, daß das Gitter, das vor einer Art Tunnel gestanden hatte, ausgehakt neben dem Durchgang steht. Er sucht nur die Reihe der Fässer ab, von denen noch ein Dunst nach Rotwein ausgeht. Zwischen zweien findet er eine genügend große Lücke, und in sie senkt er vorsichtig den jungen Soldaten.

Dann entdeckt er Strohhülsen, die von Flaschen abgestreift worden sind, sammelt ein paar davon und schiebt sie Junghans unter den Kopf. Der unbeholfene Transport scheint den Jungen völlig er-

schöpft zu haben; er schläft jetzt – jedenfalls reagiert er nicht mehr.
Nun muß Steiner plötzlich wieder an Dorfmann und Habermaß denken. Was für einen Auftrag sie wohl bekommen haben? Der eine wäre so unsinnig wie der andere, denkt er. Ihn überkommt das Gefühl, daß er die beiden nie wiedersehen wird. Er schilt sich abergläubisch, und dann tritt er an den Tunnel, der sich neben dem ausgehobenen Gitter ins Dunkel zu erstrecken beginnt.

In der Bodenkammer, in die Jeanette zurückgekehrt war, lag in seinem alten Bett unter einem Kissenberg ihr Vater, der Wirt der Estaminet. Sein Gesicht war eingefallen, die Augen lagen tief in den Höhlen. Als sich die junge Frau wieder auf den Bettrand neben ihn setzte, mit mütterlicher Gebärde und einer Miene der Ergebung, erkannte sie erst wieder, wie schwach und zerbrechlich der einst so feiste Mann durch die Krankheit geworden war. Wie wenig hatte sie ihn pflegen können, und an einen Arzt war schon gar nicht zu denken gewesen! Nicht einmal genug Nahrung hatte sie für ihn auftreiben können. Sie streichelte nachdenklich über sein Gesicht, dessen Furchen nicht einmal von den Bartstoppeln verborgen wurden.
Zu ihrer Verwunderung erkannte sie in seinen Augen ein freudiges Leuchten. Er schien mit einer geradezu kindlichen Spannung auf etwas zu warten.
Da setzte das Bombardement erneut ein. Diesmal schien das Donnern noch näher zu kommen. Direkt über ihnen schien ein Schuß in die Dachziegeln gedrungen zu sein. Dann krachte irgendwo eine Mauer in sich zusammen, merkwürdig langsam. Detonation folgte auf Detonation; der entsetzliche Lärm schien förmlich einen Kreis um sie herum zu bilden. Die Kammer war vom Widerhall des Dröhnens erfüllt, als säßen sie mitten in einer mit wütenden Schlegeln gerührten Trommel.
Dann war es still wie in einem Grab.
Kaum hatte Jeanette begriffen, daß sie noch lebte, da sah sie ihren Vater geradezu strahlen.
»Jetzt kriegen sie's«, wisperte er; »jetzt kriegen sie's richtig!«
Jeanette hatte den Mund schon geöffnet, um zu fragen, was ihm

und ihr das noch nützte, aber sie schloß die Lippen wieder. Dem Alten war jede noch so irrwitzige Freude zu gönnen; und im Grunde hatte er ja wohl recht.
»Hol eine Flasche aus dem Keller, Jeanette«, sagte er und richtete sich auf. »Die beste! Wir wollen es feiern!«
Die junge Frau schüttelte traurig den Kopf. »Leider, Vater ... Es geht nicht ... Da unten sind doch die Soldaten ...«
Das Strahlen des Alten verfiel. »Natürlich ... du kannst nicht mitten unter sie gehen, Jeanette. Wenn ich denke, was sie mit dir tun könnten ... Sie sind wie Wölfe!«
»Manche ja«, sagte Jeanette.
Dann hob sie den Kopf und lauschte. Von draußen kam jetzt kein Laut. »Ob's noch mal losgeht?«
»Bestimmt, Jeanette. Bis keiner mehr übrigbleibt! Keiner!« Der alte Mann hatte sich wieder ganz in seinen Haß geflüchtet.

Der Tunnel, der vom Weinkeller der Estaminet ausgeht, ist ein Teil des Entwässerungssystems, das sich unter der Stadt Saint Vallone hinzieht und seinen Mittelpunkt unter dem Marktplatz hat. Davon wußte zu dieser Stunde Feldwebel Steiner noch nichts, aber Major Stransky hatte sich darüber gründlich informiert und darauf seinen Plan aufgebaut. Noch ahnte keiner der beiden Männer, daß damit eine neue Auseinandersetzung zwischen ihnen eingeleitet wurde, in der sich ihre Gegensätzlichkeit bis zum Äußersten steigern mußte.
Als Steiner die ersten Schritte in den Verbindungsgang zwischen Weinkeller und Tunnelsystem tat, umfing ihn eine Düsternis, in der er zunächst kaum etwas erkannte. Nicht weit vor ihm machte der gemauerte Stollen einen Knick, und so kam ihm nur schwach ein Lichtschein entgegen. Dann nahm er die Kette flackernder Behelfslampen wahr, die in Abständen von etwa fünfzehn Metern in Mauernischen aufgehängt worden waren. Es roch hier unten dumpf nach Erde, alten Quadern, faulendem Wasser und nach dem Petroleum in den Lampen. Aus einer Tiefe, in die Steiner noch nicht hineinblicken konnte, kamen Geräusche von laufenden, hämmernden, rufenden Menschen.
Nun sah er sie auch, die Soldaten, die da und dort Sprengladungen

Nun sah Steiner sie auch, die Soldaten, die da und dort Sprengladungen anbrachten. Er hätte nicht sagen können, woran er erkannte, was sie taten; aber er war in keinem Moment im Zweifel darüber.

anbrachten. Steiner hätte nicht sagen können, woran er erkannte, was sie taten; aber er war in keinem Moment im Zweifel darüber. Er dachte sofort an Stranskys Befehl damals in Novograd, an das Entsetzen im Eisenbahntunnel, an das Opfer, das drei seiner Männer dort sinnlos hatten bringen müssen. Dennoch weigerte er sich nun, die volle Konsequenz der Vorbereitungen in den Tunnels von Saint Vallone zu begreifen. Hier bahnte sich etwas so Ungeheuerliches an, daß er daran einfach nicht glauben konnte.
Aus der Reihe der Gestalten, die sich ins Halbdunkel verlor, lösten sich zwei Männer und kamen auf Steiner zu. Sie schienen in einen erregten Wortwechsel vertieft und hatten ihn noch nicht gesehen. Er konnte nicht verstehen, was sie sagten, aber bald erkannte er den einen: Major Stransky. Den zweiten Mann hatte er noch nie gesehen; das war ein vierschrötiger Kerl, der sich mit bulliger Unbekümmertheit gegen den Major zu stellen schien.
»... ist mein Job, den müssen Sie schon mir überlassen.« Die brummige Stimme wurde allmählich lauter: »Mit Sprengsätzen kann man nicht umgehen, als wenn's Fußbälle wären – Herr Major.«
»Sicher, sicher, Feldwebel Berking, Sie werden das schon richtig machen. Wo ist übrigens Ihr Unteroffizier Bohde?«
Steiner, an eine der sich nach oben rundenden Mauern gelehnt, beobachtete mit einer leicht amüsierten Genugtuung, wie artig sich Stransky geben konnte.
Aber dann merkte er, daß dieser ungestüme Pionier-Feldwebel namens Berking aufgestört worden sein mußte. Er sah ihn unsicher umherschauen, und es dauerte eine ganze Weile, ehe Berking erwiderte: »Haben nicht Sie ihn nach draußen geschickt, Herr Major?«
»Ja, sicher, ich hab' ihm gesagt, er soll die letzten Kästen von dem Lkw holen. Ist er denn noch nicht zurück?«
»Nein, nicht gesehen, ich war doch ...«
Den Rest der Erklärung Berkings nahm Steiner nicht mehr auf. Der kurze Blick, den er vorhin auf den Toten neben dem verlassenen Wagen getan hatte, stand jetzt wieder scharf vor ihm. Und zugleich wurde ihm schreckhaft bewußt, daß Kästen mit Sprengstoff noch immer auf diesem Wagen liegen mußten, daß sie dort

gleichsam darauf warteten, von einem Granatsplitter getroffen zu werden ...

Im gleichen Augenblick, in dem Stransky zu Steiner hinsah, hatte er sich schon herumgeworfen und hastete zurück. Der Feldwebel lief wie um sein Leben durch den Verbindungsgang, rannte durch den Weinkeller, stürmte die Stiege hinauf. Im Schankraum erstarrte er; er hatte ein Geschoß heranpfeifen gehört. Hier drinnen konnte er Richtung und Entfernung nicht gleich abschätzen; doch schon hörte er den Einschlag, der so nahe war, daß er ihn fast betäubte.

Sofort danach stürmte er vor. Wie von der Seite her, nur aus einem Augenwinkel, sah er erste Flammen aus dem Kühler des Wagens züngeln. Es durchzuckte ihn, daß sein Instinkt wieder einmal recht gehabt hatte; und auch das Bewußtsein der unmittelbaren Gefahr für ihn selbst war irgendwo da.

Doch das alles zählte jetzt nicht. Ebensowenig wie der Tote, der dort noch lag. Alles in Steiner stellte sich auf die Ladefläche des Lkw ein, auf die Sprengstoff-Kästen, die dort noch sein mußten.

Gottlob war die Ladeklappe noch offen. Er flankte hinauf. Zwei Kästen waren noch da, und sie lagen ganz hinten. Sein Oberkörper war wie zum Sprung vorgestreckt, und mit beiden Händen gleichzeitig packte er je einen Griff. In der gleichen Bewegung, in der er sich aufrichtete, drehte er sich um. Er war jetzt so angespannt, daß er das neue Geschoß nicht kommen hörte. Erst als es einschlug, umgellte ihn die Detonation. Ehe er sie begriff, sprühten Brocken um ihn herum. Ein Steintrümmer prallte gegen seine Schulter und warf ihn fast um. Er spürte den Schmerz, machte sich aber sofort und wie automatisch unempfindlich dagegen, war mit einem großen Schritt an der Ladeklappe und federte auch schon aufs Straßenpflaster.

Als er mit den Kästen in beiden Händen in den Schankraum hastete, standen dort Stransky und Berking, der eine mit angstverzerrtem Gesicht, der andere mit einer Miene unmenschlichen Gleichmuts. Steiner setzte die Last ab, hörte erst nur sein eigenes Atmen und dann Prasseln von Flammen. Er blickte sich um und sah, daß das Feuer die lackierten hölzernen Planken des Lastwagens erfaßt hatte. Aber so wurde der Brand vielleicht vom Tank abgelenkt ...

Als Steiner die beiden Männer wieder ansah, hatten sich deren Gesichter entspannt. Feldwebel Berking nickte bloß und schlurfte dann auf die Falltür zu. Bald war er nach unten verschwunden. Major Stransky wirkte freundlich, freundlicher, als Steiner ihn je zuvor erlebt hatte, fast zu freundlich.

»Wir müssen Ihnen dankbar sein, Steiner«, sagte er. »Das haben Sie gut gemacht.«

Steiner brachte ein Grinsen zustande, das jedoch nicht ohne Verachtung war. Davon aber sah der Major nichts. Er schien zu glauben, daß die letzten Augenblicke ihn und den Feldwebel, der immer sein Gegenspieler gewesen war, doch noch zu einer kumpelhaften Gemeinsamkeit zusammengeschmiedet hätten.

»Kommen Sie mit, Steiner«, forderte Stransky ihn auf; »ich möchte Ihnen etwas zeigen.« Es wirkte fast, als wollte er den Feldwebel zu einem mit kindlichen Überraschungen vollgestellten Geburtstagstisch führen.

Doch dann fiel der Blick des Majors noch einmal auf die beiden Sprengstoffkästen, die Steiner an einer Wand abgesetzt hatte. »Das Zeug da«, sagte er, »hätte ausgereicht, die ganze Kneipe hier in die Luft zu jagen.«

»Und uns dazu«, ergänzte Steiner trocken.

Der Major stand schon an der Falltür. Er drehte sich noch einmal zu dem Feldwebel um. »Sicher«, erwiderte er. Aber der Gedanke schien ihn jetzt eher zu erfreuen. Da die Gefahr, in der er selbst gestanden hatte, vorüber war, schien sie ihn nichts mehr anzugehen. »Nun stellen Sie sich mal vor, Steiner«, fuhr er mit genüßlichem Lächeln fort, »was der Sprengstoff aus einem Dutzend solcher Kästen anrichten kann. Da unten – ah, kommen Sie nur mit, sehen Sie selbst!«

Steiner erwiderte nichts. Was immer er hätte sagen können, es staute sich in ihm an, und er hatte das Gefühl, er werde es erst ausdrücken können, wenn nichts anderes mehr möglich war, als es hinauszuschreien.

Stumm folgte er dem Major die Stiege hinab, durch den Weinkeller, in dem Junghans zusammengekauert im Ohnmachtsschlaf

lag, dann durch den Verbindungsgang ins unterirdische Labyrinth.
Sie kamen an den arbeitenden Pionieren vorbei, von denen sich keiner nach ihm umdrehte. Sie legten ihre Drähte, als handele es sich bloß um irgendwelche Stromleitungen, aber doch mit einer Verbissenheit, als müßten sie einer Katastrophe um Haaresbreite zuvorkommen. Nur Feldwebel Berking starrte Steiner und den Major an wie Wesen, die er nicht verstand. Um nichts kümmerte sich Stransky; er führte Steiner weiter und weiter, bis sie in ein geräumiges Rondell kamen, in das durch einige Gullys etwas Tageslicht sickerte.
Der Major war stehengeblieben und zeigte zur halbtonnenförmig gewölbten Decke. »Wir sind jetzt direkt unter dem Marktplatz«, sagte er mit dem Stolz eines Fremdenführers in einer historischen Gruft. »Hier haben wir natürlich das meiste Dynamit konzentriert. Sehen Sie da – und da – und da –« Er wies auf die Pakete an allen Ecken wie auf kostbare Schätze. »Auf diese Weise ist der ganze Platz unterminiert. Und alles ist miteinander verdrahtet. Es wird auf einen einzigen Schlag losgehen!«
»Großartig«, sagte Steiner, und seine Stimme klang so flach, daß der bittere Hohn darin kaum zu vernehmen war.
»Drei Schwadronen amerikanische Tanks werden wir in die Luft jagen, Steiner!« jubelte Stransky.
»Das sollte Ihnen nun bestimmt das Eiserne Kreuz einbringen, Major, vielleicht sogar gleich das Ritterkreuz.«
Noch immer hörte Stransky den Spott nicht. Er war viel zu selig über seine geniale Idee. »Vielleicht werden's sogar noch mehr sein«, schwelgte er weiter. »Wir werden sie nicht bloß aufhalten, Steiner. Wir werden sie vernichten!«
Steiner wagte immer noch nicht zu glauben, was er hörte und sah, obwohl er dies alles doch schon längst geahnt hatte. Zugleich hatte er das Gefühl, daß in Stranskys Plan der Tod für mehr Menschen beschlossen lag, als der Major selber begriff. Steiner sah da etwas heraufkommen, was man nicht zu Ende denken konnte. Grausamkeiten, die immer neue gebären mußten.
Noch wehrte er sich gegen diese Ahnung. Noch rettete er sich in einen fast spielerischen Sarkasmus. »Vorausgesetzt immer«, sagte

er und sah den Major aus verkniffenen Augen an, »daß all die Panzer zur gleichen Zeit kommen und daß sie sich alle auf dem Marktplatz versammeln.«
»Ich überlasse das nicht dem Zufall, Steiner.« Stransky war nicht zu erschüttern. »Ich werde vielmehr dafür sorgen, daß genau das geschieht!«
Nun erst schien sich der Major daran zu erinnern, daß er hier nicht zu seinesgleichen sprach, zu einem, mit dem er sich beraten oder dem er imponieren müßte, sondern mit dem Zugführer Steiner, dem er nur Befehle zu geben brauchte. »Sie sollten sich jetzt um Ihre Männer kümmern, Feldwebel«, sagte er. »Falls Sie noch Posten ausgestellt haben, holen Sie sie zurück. Die meisten sind ohnedies schon der Pak zugeteilt. Kontrollieren Sie, ob da alle bereit sind. Wir müssen für alle Eventualitäten gerüstet sein.«
Also bist du deiner Strategie doch nicht so ganz sicher? dachte Steiner. Das wunderte ihn nicht. Darin schien sogar noch ein Funken Hoffnung zu liegen. Doch sein Gesicht verriet nichts von diesen Gedanken. Er nickte nur und machte sich auf den Rückweg. Stransky blieb einstweilen zurück, in den Anblick der Lichtbündel vertieft, die von oben in die unterirdische Rotunde fielen.

14

Noch donnerten die amerikanischen Geschütze ihre Salven in die ferne Stadt. Aber die Pausen zwischen den einzelnen Schüssen waren länger geworden. Immer wenn Corporal Wilson den Befehl zum Feuern bekam, handelte er so, als gälte es nur, zur Sicherheit eben noch einen draufzusetzen.
Alle Offiziere und Soldaten im Befehlsbereich des Colonel Webster spannten sich jetzt auf den entscheidenden Schlag. Wo auch immer noch Vorbereitungen getroffen wurden, sie standen alle unter der Erwartung des Vormarsches, des Durchbruchs und des Triumphes, an dem niemand zweifelte. Die meisten waren von der Zuversicht des Sieges so erfüllt, als gälte es, eine vorgeschriebene Aufgabe im Manöver durchzuführen, bei dem nur mit Platzpatro-

nen geschossen würde. Nur ab und zu stieg in diesem oder jenem Kopf der Gedanke an eigene Verluste auf – »Trifft es mich?«
Auf einer kleinen Anhöhe hatte man ein Zelt errichtet, von dem aus der Colonel die ersten Operationen leiten wollte. Eine Seitenplane war weit aufgeschlagen und als Vordach abgestützt worden. Darunter standen Feldtisch und Feldstühle. Colonel Webster war von zwei Offizieren umgeben, einem Captain und einem Lieutenant, und irgendwo wieselte auch stets Private Beagleman herum. Melder kamen und gingen, das Telefon schnurrte, Webster nahm Botschaften an und gab Orders. So wurden die Anordnungen immer wieder unterbrochen, die er den beiden Offizieren zu geben begonnen hatte.
Die Geschäftigkeit drückte sich in einer erstaunlich heiteren Stimmung aus. Fast war es, als rüste man sich zu einem Fest statt zu einer Schlacht. Besonders die beiden jungen Offiziere waren erregt vor Begierde, sich zu bewähren. Zwar wirkte Captain Cornelly ruhiger als der Lieutnant, aber das war wohl nur eine Sache des Temperaments. Cornelly wirkte breit und hatte ein rundes Gesicht, Lieutnant Delmont war hochgeschossen und zapplig. Beide mochten etwa gleich alt sein. Auch der Rangunterschied spielte zur Zeit keine Rolle, denn jeder von ihnen hatte eine Panzer-Schwadron zu führen. Am unruhigsten machte sie, daß Major Rogers noch nicht da war, der auf dem Panzervormarsch den Oberbefehl haben sollte.
Auch der Colonel selbst wirkte sehr aufgeräumt. Er schien den Erfolg schon in der Tasche zu haben, und offenbar ließ er sich in seiner Zuversicht von nichts und keinem beirren.
Als wieder das Feldtelefon anschlug, meldete sich Webster mit entspanntem Gesicht und ruhiger Stimme. Aber während er lauschte, veränderte sich sein Ausdruck zu Erstaunen, ja zu Fassungslosigkeit. »Moment mal«, sagte er in den Apparat, hielt dann die Muschel zu und scheuchte mit ein paar brummigen Worten und knappen Gesten die Offiziere fort. »Ich ruf' euch dann wieder«, sagte er und legte den Hörer wieder ans Ohr. »Sagen Sie das noch mal!«
Captain Cornelly und Lieutenant Delmont fühlten sich nicht beleidigt. Es war klar, daß es Dinge gab, die ihr Kommandant nicht

vor ihnen besprechen konnte. Aber sie waren beunruhigt, denn dies Gespräch mußte ja sehr wichtig sein, und es mochte alle ihre Erwartungen hinfällig machen, sie vor ganz andere Aufgaben stellen. Aber darüber sprachen sie nicht einmal miteinander.
»Wollen Sie wirklich behaupten«, sagte Webster ins Telefon, »daß diese Deutschen versucht haben, ihren Hitler umzubringen? Und das sollen Offiziere getan haben? Denen er doch ihr ein und alles war?«
Ihm wurde das Unglaubliche bestätigt. »Und dann ist es ihnen noch nicht mal gelungen? Die Kerle halten sich doch sonst für so tüchtig! Was hatten sich die eigentlich davon versprochen?« Webster erinnerte sich an das Verhandlungsangebot, das Major Rogers ihm übermittelt hatte. Dem Vernehmen nach war es auf jenen General Hoffmann zurückgegangen, der nicht als Nazi galt. »Hatten sie gemeint, ihnen würden wir nach Hitlers Tod die totale Kapitulation ersparen?«
Wieder hörte er eine Weile zu. Dann fragte er bloß: »Und das ist direkt vom Pentagon durchgekommen, sagen Sie?«
Die Antwort war sehr kurz.
Dann faßte Webster zusammen: »Also hat sich im Grunde gar nichts geändert.« Doch gleich darauf fügte er hinzu: »Oder doch, denn nun werden sie noch verbissener für ihre letzten Fetzen Macht kämpfen. Danke für die Nachricht, Herr Kamerad.«
Der Colonel hängte auf. Einen Augenblick stand er unschlüssig da. Dann entschied er, keinem seiner Leute etwas von der Sache zu sagen. Die Nachricht könnte Verwirrung stiften.
Er winkte seine Offiziere heran und meinte dann mit ärgerlich-heiterer Miene: »Womit die da hinten uns in so 'ner Lage noch alles belästigen! Und dann tun sie auch noch so, als ob's wer weiß wie wichtig wäre.«
Die Herren lächelten erleichtert.

Überall aus den Waldstücken, in denen die Tanks gewartet hatten, lösten sie sich jetzt und wälzten sich ins offene Gelände. Die verschiedenen Ströme von Stahlkolossen vermischten sich, schienen durcheinander zu geraten, drohten sich ineinander zu verhaken. Zeitweise wirkte das wie ein Chaos aus grauen, lärmenden Unge-

tümen, die sich wie blind irgendeinen Weg bahnten. Doch in diesen rollenden Riesenkästen saßen ja Menschen, die durch Sprechfunk per Kopfhörer miteinander und mit dem Befehlspanzer verbunden waren. So ordneten sich ihre ungefügen Fahrzeuge doch allmählich nach einem Plan. Es bildeten sich Reihen, und eine davon zog sich als erste aus dem Gewühl, ließ die übrigen wartend hinter sich, erreichte die Straße.
Hier kam der vorderste Panzer knirschend zum Halten.
Er trug sogar einen Namen, wenn auch nicht offiziell. BETTY GRABLE war mit weißer Farbe an eine der genieteten Wände gemalt, obwohl doch das plumpe Ding so gar keine Ähnlichkeit mit dem kessen, flinken, lächelnden Hollywood-Girl hatte. Vielleicht hätte die wirkliche Betty Grable geschaudert, wenn sie erfahren hätte, daß eine Mordmaschine nach ihr getauft worden war; vielleicht wäre sie auch auf dieses Zeichen der Verehrung durch ›harte Männer‹ stolz gewesen. Vielleicht hätte eine hohe Generalität die Verbindung von Kino und Krieg leichtfertig gefunden; vielleicht hätte man es begrüßt, daß Soldaten ihre schwersten Waffen geradeso zärtlich zu lieben schienen wie ihre filmgeborenen erotischen Träume.
Als sich die Luke öffnete und Rogers herausschaute, dachte der Major gewiß nicht an Betty Grable. Er sah sich um und entdeckte den Jeep mit Sergeant Anderson, der an der Kolonne der wartend aufgereihten Tanks entlangfuhr. Rogers kletterte heraus, erstaunlich gewandt, und stand schon am Straßenrand, als der Jeep ihn erreichte.
Anderson bremste. »Colonel Webster wartet im Kommandozelt auf Sie, Sir.«
Rogers stieg in den Wagen. »Na, denn man los.«
Anderson steuerte seinen Jeep auf den holprigen Acker und wendete ihn in weiter Kurve. Mit gesteigertem Tempo sauste er an den Tanks vorbei zurück.
Rogers sah sich um, zu der Stadt hin, die von hier aus nur schemenhaft zu erkennen war. Sie lag gerade wieder unter Beschuß. Das war so weit weg, daß das Dröhnen der Einschläge wie ein abziehendes Gewitter klang.
Auch aus anderen Panzern lugten jetzt Gesichter. Die meisten

Colonel Webster war in ein Gespräch mit Captain Cornelly und Lieutenant Delmont vertieft. Erst als der Major nur noch drei Schritte von der Gruppe um Webster entfernt war, nahm der Colonel ihn wahr. (Robert Mitchum [links] und Rod Steiger [rechts].)

drehten sich dem Jeep nach. In einigen davon stand Stolz auf den Mann, der da vorbeifuhr, eine fast kindliche Freude darüber, einen so prima Kerl zum Führer zu haben; der würde das Kind schon schaukeln! Andere sahen skeptisch drein, wohl in Gedanken an ebenso selbstsichere Offiziere, die dann doch versagt hatten. Wieder andere konnten ihren Haß kaum verbergen, Haß gegen jede Befehlsgewalt oder gegen den Krieg schlechthin. Haß gegen den Tod, in den sie geschickt werden mochten. Aber in der Reihe dieser Gesichter kam es auf einzelne Mienen nicht mehr an, schon gar nicht auf die Gefühle der Menschen, auf die Schicksale, die diesen oder jenen genau hierher an diesen Punkt geführt hatten. Die Gesichter und die Menschen waren alle in diesen einen Sog gerissen worden, der nur vorübergehend zum Stillstand gekommen war, aber jeden Moment weiterfluten mußte.

Gesprochen wurde kaum. Auch Rogers und sein Sergeant wechselten kein Wort. Wenn ihre Blicke sich trafen, lagen Fragen darin, die sie nicht mehr stellten, weil die Antwort darauf außerhalb ihrer Macht lag.

Endlich kam die Anhöhe mit dem Kommandozelt in Sicht. Anderson hielt, Rogers stieg aus. Während er auf das Zelt zuging, hörte er noch, daß Anderson sein ›Beute-Radio‹ angestellt hatte, vernahm er noch ein paar Töne und Worte der guten alten »Lili Marleen« im *american sound* der Exdeutschen Marlene Dietrich. Truppenbetreuung . . .

Colonel Webster war in ein Gespräch mit Captain Cornelly und Lieutenant Delmont vertieft. Das hieß, die jungen Offiziere hörten zu und der Boß sprach. Ringsum herrschte reges Treiben.

Webster griff nach dem Telefon, das geläutet hatte, bellte ein paar Antworten hinein, die Rogers nicht hörte, und knallte den Hörer wütend auf. Erst als der Major nur noch drei Schritte von der Gruppe um Webster entfernt war, nahm der Colonel ihn wahr. Sofort unterbrach er sich mitten im Satz und sah Rogers mit bekümmertem Ausdruck an. Cornelly und Delmont traten unwillkürlich ein wenig zurück; beide spürten, daß zwischen Webster und dem Major etwas Besonderes vorging.

»Wegen dieser Botschaft . . .«, begann Webster und setzte dann noch einmal an. »Es tut mir leid, Rogers, aber da läuft nichts.«

»Sie haben es einfach abgelehnt?«
Webster begriff, wie konsterniert Rogers sein mußte. Es fiel ihm schwer, dem Major zu sagen, was gesagt werden mußte. So gleichmütig wie möglich erklärte er: »Nein, Rogers. Sie haben überhaupt nicht darauf geantwortet.«
»Heißt das . . ., sie haben . . . haben die Nachricht zwar . . . zwar quittiert, aber . . . aber . . .« Rogers merkte, daß er ins Stottern geraten war, und riß sich zusammen. »Aber nichts darauf erwidert?«
»Ja, genau dies heißt es.« Webster sah den Major so freundlich an wie ein Vater den Sohn, den er trösten mußte. »Ich weiß, wie schmerzlich das für Sie ist. Aber was soll man machen?« Dann streckte sich der Colonel, war wieder ganz der Alte. Auch seine Stimme klang wieder herrscherlich, als er zu allen drei Offizieren sagte: »Hören Sie jetzt genau zu, meine Herren.«
Atemlos lauschten sie.
»Die Zeit zum Vormarsch ist vierzehn null null. Also gut eine halbe Stunde, nachdem unsere Artillerie mit ihrem Job fertig ist. Sobald die Tanks rollen, sind Sie auf sich selbst gestellt, meine Herren. Sie müssen vorgehen, wie es sich aus der Situation ergibt. Sie, Rogers, sitzen im leitenden Tank. Sie, Cornelly und Delmont, müssen immer Kontakt mit dem Major halten. Soweit alles klar?«
Die jungen Offiziere gaben ihre Zustimmung, der Captain mit gemessener Würde, der Lieutenant in markigem Ton. Rogers nickte nur.
»Aber Sie sollten immer daran denken«, fuhr der Colonel fort, »daß Ihr eigentliches Ziel die Stadt Marnon ist, zehn Meilen weiter südlich. In Saint Vallone sollen Sie nur den entscheidenden Durchbruch erzwingen. Was dort danach noch aufgeräumt werden muß, können die Truppen erledigen, die man Ihnen hinterherschickt. Halten Sie sich also damit nicht auf.« Webster sah sich um, musterte jeden der Offiziere mit einem langen Blick, ehe er schloß: »Gibt's noch Fragen?«
Es gab keine, oder jedenfalls wurden keine laut.
»Sehr gut!« sagte der Colonel. »Dann wünsche ich Ihnen allen viel Glück.«
Captain Cornelly und Lieutenant Delmont salutierten und gingen

»Mag sein.« Diese Erklärung hörte man so oft, daß sie bloß noch wie eine Ausrede wirkte; aber irgend etwas im Ton des Colonels hatte Rogers überzeugt, und so nahm er es hin. (Robert Mitchum und Rod Steiger.)

langsam davon. Fast verstohlen sahen sie sich um, weil sie merkten, daß Major Rogers bei dem Colonel stehengeblieben war. Sie dachten an die Sätze, die zwischen Webster und Rogers gewechselt worden waren, als der Major dazugekommen war. Sie ahnten, daß da noch nicht alles gesagt worden war. Sie hatten nicht begriffen, wovon da die Rede gewesen war, und darüber begannen sie nun zu rätseln. Aber das taten sie jeder für sich; Fragen über Vorgesetzte auszusprechen, das gehörte sich nicht. Und außerdem hatten sie auch gleich wieder an so vieles andere zu denken ...

Das galt auch für Webster. Er schien nicht einmal wahrzunehmen, daß Rogers noch etwas von ihm wollte. So sprach ihn der Major direkt an: »Sir ...?«

Der Colonel blickte unwillig auf. »Was ist, Major?«

»Ich hätt's verstanden, Sir, wenn das Armee-Hauptquartier die Sache strikt abgelehnt hätte«, sagte Rogers. »Aber überhaupt keine Antwort zu geben ... Ich weiß nicht, Colonel, da stimmt doch was nicht. Das wirft mich irgendwie um.«

»Ehrlich gesagt, ich war auch überrascht.« Der Colonel setzte nicht hinzu, daß er es nun nicht mehr so verwunderlich fand. »Aber es ist nun mal so. Vielleicht wissen die oben irgendwas, was wir nicht wissen.« ›Was du noch nicht weißt‹, korrigierte er sich in Gedanken.

»Mag sein.« Diese Erklärung hörte man so oft, daß sie bloß noch wie eine Ausrede wirkte; aber irgend etwas im Ton des Colonels hatte Rogers überzeugt, und so nahm er es hin. Er salutierte und wandte sich zum Gehen.

»Hals- und Beinbruch, Major«, sagte Webster und erwiderte den Gruß. Er sah Rogers noch lange nach. Was immer bei den Deutschen und mit ihrem Hitler geschehen sein mochte, wie immer die Führung des Gegners auf diese Ereignisse reagierte: Es würde einen schlimmen Tag geben. Nicht nur für die Deutschen. Webster wußte das geradeso gut wie der Mann, der dort fortging.

Anderson hatte bei Radiomusik in seinem Jeep gewartet und mindestens drei Zigaretten geraucht. Sein gewöhnlicher Gleichmut hatte ihn zu seinem eigenen Erstaunen verlassen. Er meinte, daß es nicht Angst war, was ihn so unruhig machte. Er fühlte sich an der Entscheidung über eine Waffenruhe so beteiligt, als hätte er selbst darüber zu befinden. Er ahnte, daß Rogers jetzt noch einmal mit dem Colonel darüber redete, und fühlte sich, als steckte er in der Haut seines Majors.

Als Rogers dann kam, sah Anderson schon seinem Schritt an, daß alles vergeblich gewesen sein mußte. So fragte er nicht. Mit fast verlegener Miene stellte er sein fröhlich dudelndes Radio ab. Stumm setzte sich der Major neben ihn in den Jeep, und Anderson fuhr los.

Diesmal schien der Major die Männer in seinen Panzern nicht einmal zu sehen.

Wirklich war Rogers tief in Gedanken versunken. Jetzt wußte er wieder, daß er sich mit der Entscheidung ›von oben‹, die keine war, nicht abfinden konnte. Daß er noch versuchen mußte, was immer er konnte. Nur sah er bislang keinen Weg.

An der Spitze der Kolonne standen ein paar Männer herum, die aus ihren Tanks ausgestiegen waren, um sich die Beine zu vertreten. Unter ihnen ein Sergeant, der nach Gestalt und Gesicht wirkte wie einer der harten Pioniere, die einst im Wilden Westen aufständische Indianer gnadenlos dezimiert hatten. Er rief Rogers an: »He, Major, jetzt werden wir sie richtig zu Klump hauen, was?«

Ein *Soldier*, der neben dem stiernackigen Mann stand, ein milchgesichtiges Kerlchen, das aussah, als gehöre es noch in die Schule, blähte sich auf. »Da gibt's doch überhaupt kein Problem, Sir, nicht das geringste.«

Rogers setzte ein freundliches Lächeln auf, aber er antwortete nicht.

Anderson fuhr langsam weiter. Das Lächeln des Majors war einem Ausdruck der Traurigkeit gewichen. »Wer ist dieses Kind?« fragte er den Sergeanten.

»Heißt Dugan, Sir. Aus irgend so 'nem Hinterwäldlernest. Ist erst letzte Woche mit dem Nachschub gekommen. Weiß eben noch gar nichts. Wird's aber lernen, Sir.«

Der Major nickte. Nichts in seinem Gesicht verriet, daß er sich fragte: Ob Dugan überleben wird, was er lernt?

15

Noch einmal geht das Entsetzen auf Saint Vallone nieder. Die Amerikaner scheinen sich genau auf das Zentrum der Stadt eingeschossen zu haben. Rings um den Marktplatz steht kaum noch ein Haus, nur einzelne Wände ragen aus den Trümmerbergen. Es sind Stuben aufgerissen worden, in denen Tische und Schränke am Abgrund hängen, schaurige Erinnerungen an vertriebenes oder vernichtetes Leben. Die Säulen der Rathaus-Arkaden sind zerborsten, unter der nachfolgenden Last zusammengebrochen, aber hinter ihnen ist noch eine Halle erhalten geblieben, in die man hineinsehen konnte, wenn jemand zum Hineinsehen da wäre.

Als endlich die Stille eintritt, Stille wie auf einem Friedhof, da tauchen aus den Häuserresten hier und da Gestalten auf, Soldaten mit fast kalkweiß gewordenen Uniformen und angstkranken Gesichtern.

Sie sehen sich um, als könnten sie nicht begreifen, daß sich nicht der Boden selbst aufgetan hatte. Sie schauen einander an, als müßten sie sich gegenseitig bestätigen, daß sie noch leben.

Wie durch Zufall stehen Leutnant Kleist und Feldwebel Steiner dicht beieinander. Zwar hatte jeder von ihnen in einer anderen Ecke Zuflucht gesucht, so daß sie sich während des Beschusses nicht gesehen hatten; aber jetzt grinsen sie sich flüchtig an und empfinden eine merkwürdige Gemeinsamkeit.

»Sie wollen auch nach Ihren Leuten sehen, Feldwebel?« fragte Kleist.

»Natürlich. Sie sind der Führer der Pak, nicht wahr, Herr Leutnant?«

»Und Sie müssen Steiner sein. Ich habe schon eine Menge von Ihnen gehört.«

»Der Herr Major hat Ihnen bestimmt nichts Gutes über mich gesagt.«

»Wie man's nimmt, Steiner. – Hier ist alles so anders.«

»Als wo?«

»Ich bin zum erstenmal an der Front.«

»Na, da sind Sie ja gleich gründlich eingeweiht worden, Herr Leutnant.«

Noch einmal geht das Entsetzen auf Saint Vallone nieder. Die Amerikaner scheinen sich genau auf das Zentrum der Stadt eingeschossen zu haben. Rings um den Marktplatz steht kaum noch ein Haus, nur einzelne Wände ragen aus den Trümmerbergen.

»Ja. Aber komisch, ich hab' überhaupt keine Angst mehr.« Und ich habe keine Magenschmerzen, fügt er in Gedanken hinzu.
»Angst hat man meist erst hinterher«, sagte Steiner. »Und dann ist man so erleichtert, daß man sie fast genießt.«
»Sie müssen es wissen.« Kleist zögert einen Moment. »Wir müßten mal länger miteinander reden können, Steiner. Aber jetzt müssen wir wohl weiter, nicht wahr?«
»Natürlich, Herr Leutnant.«
Und dann gehen sie los, jeder in eine andere Richtung.

Rother hatte hinter einer halbierten Mauer Deckung gesucht. Nun kroch er heraus, stäubte sich ab und ging auf die Panzerabwehrkanone zu. Das ermutigte den jungen Schell, der sich erst halb in ein Kellerfenster gezwängt hatte, aus seinem Loch zu Rother zu kommen.
Schell blieb stehen, sah sich um, lauschte. Allmählich kam ein Lächeln auf sein verschmiertes Gesicht, und dann strahlten auch seine Augen. »Sie haben aufgehört«, sagte er leise. Dann schrie er es förmlich heraus: »Das Feuer hat aufgehört!«
»Und nu' kannste auf ihre Panzer warten«, erwiderte Rother.
»Ja –?« Schells Lächeln verfiel.
»Komm schon«, sagte Rother, »wir müssen das verdammte Ding hier wieder klarkriegen.« Er hatte schon begonnen, den Schutt beiseite zu räumen, der auf die Pak gefallen war. »Scheint keine lebenswichtigen Organe getroffen zu haben«, erklärte er. »Was ich bedauere.«
Ähnlich ging es an vielen anderen Orten zu. In weitem Umkreis um den Marktplatz waren in allen Seitenstraßen die Geschütze in Stellung gebracht worden, und an den meisten von ihnen trafen sich jetzt die Kanoniere, die während der Kanonade in Deckung gegangen waren.
So standen an einer Pak auch Hauser und Keppel. Steiner kam gerade auf sie zu, stieg über Schutthalden, um Krater. Endlich hatte er sie erreicht. »Alles in Ordnung, Hauser?« fragte er.
»Da!« Hauser zeigte auf eine Mulde zwischen Trümmern. In seinem Gesicht stand ein tiefer Schrecken. Er konnte kaum sprechen. »Unteroffizier Lange . . .«

Steiner wandte sich um, kniete nieder. Hinter sich hörte er Keppel sagen: »Er muß getroffen worden sein, als er wegrennen wollte.«
Steiner hörte es, und hörte es nicht. Er sah in Langes offene, blicklose Augen. Er sah wieder die Reling der Fähre, die Abenddämmerung über dem Wasser, die aufblinkenden Sterne . . . damals, als sie vom Kubanbrückenkopf übergesetzt wurden. Er hörte Lange reden, von der Heimat, von der Sehnsucht. Nun war nichts mehr zu sagen. Für Lange gab es keine Hoffnungen mehr – und keine Sehnsucht.
Steiner knöpfte die Feldbluse des Toten auf. Er hatte Mühe, die Schnur mit der Erkennungsmarke zu finden.
Als er dann die Hälfte des Blechschildchens abgebrochen hatte, betrachtete er die Zeichen auf dem Metall, als könnten sie ihm noch etwas sagen. Aber es waren bloß Buchstaben und Zahlen, die nichts über die Person verrieten, die nun ausgelöscht war. Steiner steckte die Hälfte in die Tasche und richtete sich auf. Er musterte Keppel und Hauser. Der ehemalige Personalchef wirkte noch immer zutiefst verstört, der einstige Hitlerjunge gab sich mannhaft. »Dann kommandierst du jetzt diese Pak, Keppel«, sagte der Feldwebel endlich. »Meinst du, daß du das schaffst?«
»Selbstverständlich, Herr Feldwebel.«
Steiner nickte und ging weiter.
Wenig später stutzte er. Er glaubte einen Moment lang, nicht richtig zu sehen. Aber die Männer, die da auf ihn zukamen, waren wirklich Krueger und Nissen. Krueger freute sich sichtlich und machte schneller. Auch Nissen sah irgendwie erleichtert aus.
»Hallo, Steiner, Mann Gottes . . .!« Doch Krueger begegnete einem konsternierten Gesicht.
»Was, zum Teufel, macht ihr denn hier?«
Das klang so verärgert, daß Unteroffizier Krueger nicht mehr wußte, woran er war, und nicht antworten konnte.
»Ihr solltet doch auf dem Beobachtungsposten in der Garage bleiben«, erklärte Steiner, noch immer aufgebracht.
»Hauptmann Berger und Klingmann sind jetzt dort. Sie haben uns abgelöst und zurückgeschickt.«
Nissen stand neben Krueger und begriff besser als er die ungewohnt heftige Reaktion ihres Feldwebels. Aus irgendeinem

Grunde, den sie beide nicht kannten, mußte der Ausguck aus der Garage auf die Straße nach Saint Vallone für Steiner sehr wichtig sein.
Steiner schien sich allmählich etwas beruhigt zu haben. Er sah nach seiner Uhr und zuckte dann mit den Schultern. »Na ja, spielt wohl auch keine Rolle mehr«, murmelte er. Aber er wirkte erschöpft, und als er sich auf einen Steinhaufen niederließ, schien alle Kraft aus ihm gewichen zu sein.
»Was ist eigentlich mit dir los, Steiner?« fragte der Unteroffizier.
»Was soll mit mir los sein?«
»Mit dir stimmt doch was nicht«, beharrte Krueger.
»Ah, nichts.« Steiner sah auf. Seine Augen wanderten rings um den Platz, und unwillkürlich folgte Krueger seinem Blick. Da war nichts als Zerstörung. Was stehengeblieben war, wie etwa der Hauptteil des Rathauses, betonte nur noch die Wüstenei.
»So was haben wir doch schon öfter gesehen, Steiner.«
Nissen hörte es und senkte die Augen.
»Nur diesmal . . . diesmal hoffte ich, es würde nicht . . .«
Krueger vollendete statt Steiner den Satz: ». . . würde nicht so schlimm werden?« Es klang fast ärgerlich, als er fragte: »Haste auf 'ne Art Zauberei gehofft, oder was?«
»Hast ja recht.« Steiners Mund verzog sich zu einem reuigen Lächeln. »Kam noch nie anders.« In seinen Gedanken spielte sich noch einmal die ganze Kette der Ereignisse ab, von dem Gespräch mit General Hoffmann über den Handstreich um jene Hütte bis zu dem bösen Triumph Major Stranskys, der Steiner das Scheitern hätte klarmachen müssen.
»Vielleicht hatte das alles von vornherein keinen Sinn«, überlegte er laut. »Und jetzt jedenfalls hat es keinen mehr.«
Krueger verstand nicht, wie sollte er auch? Er begriff nur, daß sein Kamerad vor dem Kommenden schauderte. »Klar, kam noch nie anders«, wiederholte er. »Aber das hat uns doch noch nie gestört, Steiner?«
»Jawoll, Krueger. Warum sollten wir uns jetzt daran stoßen? Das hast du gut gesagt, Unteroffizier Krueger, sehr gut. Also machen wir weiter, bis alles vorbei ist – so oder so.«
Steiner stand auf und streifte Nissen mit einem Blick. Er sah dem

Theologiestudenten an, daß der an seinem Gott zu zweifeln begann. Aber das würde Nissen mit sich selbst ausmachen müssen. Nach ein paar Schritten drehte sich Steiner noch einmal zu Krueger um. »Wenn die Tanks kommen, alter Junge . . . tu mir den Gefallen und duck deinen dummen, dicken Kopf schön tief, ja?«
»Mach ich doch immer.«
Dann ging Steiner auf die Rathausecke zu.

Das Kriegerdenkmal ist in sich zusammengestürzt. Die trauernde Frau ist über den Soldaten gefallen, nur ihre Beine stehen noch auf dem Podest. In ihren Bronzeleib kann man hineinsehen wie in einen leeren Mantel. Sie und die Soldatenfigur scheinen sich zu umarmen, und sie sind gemeinsam bedeckt von Steinen und Steinkrümeln, als habe ein Sämann sie ausgestreut.
Im Rathaussaal, in den man durch Lücken in den Arkadentrümmern gerade noch hineinsehen kann, herrscht ein merkwürdiges Leben. Steiner bleibt verwundert davor stehen, und da drinnen bemerkt ihn niemand. Mehrere kleine Gruppen von Soldaten scheinen damit beschäftigt, Schutt beiseite zu räumen. Dann erkennt er den Feldwebel Berking, der einigen seiner Pioniere Anweisungen gibt. Zwischen ihnen taucht Major Stransky auf. Er ruft in den Raum, und dann erscheinen von dort Leutnant Kleist und ein paar Unteroffiziere, die Steiner nicht kennt. Sie bilden eine Art Hofstaat um Stransky, und die ganze Runde bewegt sich auf die Außenfront zu. Man steigt durch die Trümmer der Arkaden; und da erblickt Stransky Steiner.
»Ah, Feldwebel«, ruft der Major sichtlich erfreut, »Sie kommen genau im richtigen Augenblick!«
Nun stehen seine Leute und er mitten unter ihnen auf dem Platz. Er sieht sich um und sonnt sich in der Aufmerksamkeit, mit der sie auf seine Erklärungen warten.
Aber erst, als Berking dazugekommen ist, mit einer etwas unwilligen Langsamkeit, beginnt Stransky: »Über diese Straße müssen die amerikanischen Panzer in die Stadt kommen.« Er zeigt mit weit ausgestrecktem Arm dorthin, wie Hannibal einst über einen Alpenpaß gezeigt haben mag. »Sie müssen den Marktplatz passieren. Es gibt keinen anderen Weg für sie.«

Kleist und einige der Unteroffiziere nicken; Berking scheint nicht einmal hingehört zu haben; und Steiner sieht bewegungslos zu.
»Wenn sie kommen«, fährt Stransky fort, »müssen sie glauben, in eine unverteidigte Stadt einzufahren.« Sein eben noch triumphierendes Gesicht ist jetzt zu einer Grimasse grausamen Zynismus verzerrt. »Wenn dann genügend viele Panzer auf dem Platz versammelt sind . . .« Der Major spricht nun direkt den Pionier-Feldwebel an: »Sagen Sie denen hier, was Sie vorbereitet haben, Berking.«
»Wir haben überall Sprengkörper angebracht. Die Drähte laufen unter diesem Haus zusammen«, erklärt Berking lässig. »Der Druck auf einen Auslöser hier wird genügen, um . . .«
Stransky unterbricht ihn. »Sie verstehen, meine Herren? Damit wird der ganze Marktplatz demoliert! Falls irgendein Panzer das übersteht, werden wir ihn mit unserer Pak erledigen.«
Mit beiden Armen gestikuliert er zu den Seitenstraßen hin, wo die Abwehrkanonen versteckt stehen. Unwillkürlich dreht sich Steiner dorthin um. Er denkt an seine Männer und weiß, daß Stransky an sie keinen Gedanken verschwendet.
Der Major hat schon weitergesprochen. Doch nun stockt er mitten im Satz und ruft scharf: »Steiner! Das geht auch Sie an!«
Steiner macht kehrt. Er sagt noch immer nichts, verzieht kaum eine Miene.
Stransky sieht wieder zufrieden aus, zufrieden mit sich selbst. »Also, meine Herren«, sagt er, »Sie müssen Ihren Leuten ganz klarmachen, daß aus den Paks kein einziger Schuß abgefeuert werden darf, ehe sie nicht die Explosion hören. Ist das jetzt verstanden?«
Man hört scharfe »Jawolls«, andere murmeln bloß ihre Zustimmung, und Berking nickt, denn ihn geht das ja kaum etwas an. Steiner steht immer noch reglos da.
»Dann können Sie an Ihre Posten gehen«, sagt Stransky.
Die Gruppe löst sich auf. Berking kehrt in den Rathaussaal zurück. Die Unteroffiziere gehen in verschiedenen Richtungen davon. Steiner ist stehengeblieben, fühlt sich von Stranskys Blick förmlich festgenagelt.
Da geht zwischen ihm und dem Major der Leutnant seinen Weg,

streift ihn mit einem Blick, der Entsetzen auszudrücken scheint. Es ist, als verstünde Kleist, was dem Feldwebel durch den Kopf geht.
Dann sind Stransky und Steiner miteinander allein. »Ja, Steiner«, sagt der Major, »jetzt sind wir soweit. Wie finden Sie das?«
Nicht ohne Ironie erwidert Steiner: »Wie meinen Sie das, Herr Major?«
Eine weitausholende Handbewegung Stranskys umschreibt den Marktplatz. »Wie sieht es hier aus, Steiner? Kein Zeichen von Verteidigung, nicht wahr?«
Langsam dreht sich Steiner um sich selbst. Ringsum beinahe nur Trümmer, in denen kein Leben mehr sein kann. Weit und breit außer ihm und dem Major keine atmende Seele. Die Hausreste verbergen vollkommen die Paks in den Seitenstraßen. Auch in der Rathaushalle ist kaum etwas zu sehen.
Der Feldwebel blickt den Major wieder an. »Jawohl, Herr Major. Der Platz ist total verlassen.«
Stransky nickt tief zufrieden. Diese Bestätigung gerade von Steiner ist wie eine kostbare Auszeichnung. Aber plötzlich wird er nachdenklich. Irgend etwas in der Antwort des Feldwebels macht ihn nachträglich stutzig. Fast besorgt wiederholt er: »Verlassen?«
Die Stirn ist gerunzelt; er kaut auf seiner Unterlippe. »Ja, Sie haben recht – als hätten alle Leute die Stadt längst verlassen . . . Ob das die Amis argwöhnisch macht?«
In einer Lücke zwischen den Arkaden-Trümmern erscheint das Gesicht des Pionier-Feldwebels. »Herr Major«, ruft Berking, »die Telefon-Verbindung ist hergestellt . . . Jemand will Sie sprechen . . .«
Stransky eilt hin. Vor dem Schuttberg dreht er sich noch einmal zu Steiner um. »Ah, ich weiß schon, wie ich das mache, Sie werden sehen!«
Und dann ist er verschwunden.

16

An der Spitze der Kolonne stand Major Rogers neben seinem Tank und rauchte eine Zigarre. Immer wieder blickte er in die Richtung, in der Saint Vallone lag, und dann wieder sah er auf seine Uhr. Sergeant Anderson hatte seinen Jeep auf den Wegrand gefahren, war ausgestiegen und lehnte sich nun gegen den Kühler. Auch er rauchte, aber seine Augen ruhten ständig auf dem Major. Gesprochen worden war seit Minuten nicht mehr, doch der Sergeant meinte genau zu wissen, was in Rogers vorging. Als der Major wieder mal auf seine Uhr sah, blickte Anderson auf die seine. Ehe er es sich versah, hatte er gesagt: »Noch genau eine halbe Stunde, Sir.«

Rogers blickte irritiert auf. »Seit wann sagen Sie so überflüssige Sachen, Anderson?« Er studierte das Gesicht des Sergeanten. »Möchte wirklich gern wissen, was Sie so denken.«

Anderson gab sich dümmlich. »Worüber, Sir?«

Auch Rogers tat gleichgültig, als er erklärte: »Über diese drei deutschen Generale natürlich. Wenn die nun wirklich gekommen sind und bloß darauf warten, das Handtuch zu werfen . . .« Der Major sah an der Reihe der wartenden Panzer entlang, und die Kopfbewegung, mit der er das tat, schloß deutlich genug die Männer ein, die in den Fahrzeugen hockten oder vor ihnen standen. Die Stimmung des kommenden Triumphes schien jetzt verflogen zu sein; das schier endlose Warten hatte viele dumpf gemacht und andere zapplig nervös. Es hatte schon zuviel Gelegenheit gegeben, an die Gefahren zu denken. Anderson sah das gerade so gut wie der Major.

Rogers blickte wieder den Sergeanten voll an. »Wir könnten uns einen Haufen unnützen Kummers ersparen.«

»Hm . . .«

»Und falls die Generale nicht da sind . . . dieser Sergeant Steiner hat sicheres Geleit garantiert . . .«

»Hm hm, das hat er.«

»Also, was schließen Sie daraus, Anderson?«

Nun starrte der Sergeant zur Stadt Saint Vallone hin. Bis zu den Rauchwolken, die sich da irgendwo in dem Himmel verkräuselten,

war nichts zu sehen als lebloses Gelände und natürlich die Straße. Dann schaute er noch einmal die Kolonne entlang. Als sein Blick wieder den Major traf, war Andersons Mund zu einem schiefen Grinsen verzogen. Es sagte so klar, als ob er es in Worte gefaßt hätte: Mein Lieber, sie haben uns ganz schön verscheißert.
Rogers verstand. »Richtig«, sagte er, »genauso ist es.« Er warf seine Zigarre weg und trat den Stummel aus. Dann begann er, ein weiteres Mal an der Kolonne entlangzugehen. Diesmal sprach ihn keiner an; jeder mußte sehen, daß der Major tief beschäftigt war.
Anderson war wie prüfend um seinen Jeep herumgegangen, aber eigentlich nur, um eben etwas zu tun. Er war nicht besonders erstaunt, als dann Rogers ihn anrief: »Anderson!«
Der Sergeant schaute auf. Rogers stand direkt vor ihm. Er mußte mit Riesenschritten zurückgekommen sein. »Sir –?«
»Leihen Sie mir doch für ein paar Minuten Ihren Jeep, Anderson.«
Der Sergeant wußte, daß Rogers dies geradesogut hätte befehlen können, und doch schüttelte er entschieden den Kopf. »Es tut mir leid, Sir, aber ... ich mag nicht, daß jemand anders meinen Jeep fährt.«
Rogers hörte heraus, daß Anderson selbst fahren wollte – mit ihm. »Wie Sie wollen! Denn mal los!«
Wie zwei Akrobaten, die dies miteinander trainiert hatten, sprangen sie zugleich in den Wagen. Und schon brauste Anderson los. Sie hörten nicht, wie einer der Panzerkommandanten, ein schneidiger junger Corporal, der in seiner offenen Turmluke stand, einem seiner Männer, der auf der Straße an einer Zigarre herumkaute, zurief: »Wo zum Teufel wollen die hin?«
Der *Private* da unten bewahrte seine Gemütsruhe. »Wollen wohl sehen, wie gut die Straße ist. Kommen bestimmt gleich zurück.«

Nun steht der Jeep etwa halbwegs zwischen der amerikanischen Bereitstellung und der Stadt Saint Vallone auf verlassener Straße. Der Major und der Sergeant warten schweigend. Ab und zu schaut einer von ihnen auf die Uhr. Aber die Zeit scheint fast stillzustehen. Das Nichts um sie her zerrt an den Nerven. Doch keiner will das dem anderen zeigen.

Stransky steht in dem leeren Rathaussaal, und neben ihm wartet Steiner, den er wieder einmal hatte rufen lassen. So sieht und hört Steiner, wie der Major ins Telefon bellt. (Richard Burton und Helmut Griem.)

Endlich beugt sich Rogers vor und stellt Andersons Beute-Radio an. Dabei sieht er wie fragend zu dem Sergeanten hin, und Anderson nickt. Allmählich tönt aus dem Radio Jazz im Dixieland-Stil, wird immer lauter. Die quicke Musik paßt zwar gar nicht hierher, aber das ist vielleicht das beste an ihr.
Als sie einen Augenblick aussetzt, sagt Anderson: »Es ist, als hätten wir gar keinen Krieg.«
»Na, dann machen wir uns eben noch ein bißchen näher ran, was?«
So fahren sie wieder, langsam, vorsichtig, und das Radio plärrt weiter. Rogers zieht ein Taschentuch aus der Hose und knüpft es an die Antenne des Sprechfunkgerätes. Anderson guckt hoch, guckt dann den Major an und sieht wieder auf seinen Weg.

Aus dem Fenster der Garage auf jener Anhöhe am Rand Saint Vallones starrt Unteroffizier Klingmann durchs Fernglas hinaus auf die Straße. Er hat nicht glauben können, was Hauptmann Berger ihm eben geschildert hat; aber jetzt sieht er selbst, daß es stimmt.
Berger hängt bereits am Feldfernsprecher. Er hat Major Stransky seine Meldung schon erstattet, und auch bei ihm ist er auf Unglauben gestoßen. So wiederholt er: »Jawohl, Herr Major, ein amerikanischer Jeep nähert sich. Ist vielleicht noch zwölfhundert Meter entfernt.«
Stransky steht in dem leeren Rathaussaal, und neben ihm wartet Steiner, den er wieder einmal hatte rufen lassen. So sieht und hört Steiner, wie der Major ins Telefon bellt: »Lassen Sie ihn um Himmels willen herankommen, Berger. Eröffnen Sie bloß nicht das Feuer, ehe der Jeep Ihren Standort erreicht hat.«
»Wir können sowieso nicht feuern«, antwortet der Hauptmann (aber das kann Steiner natürlich nicht hören); »sie haben eine weiße Flagge gehißt.«
»Mir doch egal, was für eine Flagge die haben!« gibt Stransky wütend zurück (und nun weiß Steiner Bescheid). »Lassen Sie sie um keinen Preis durch! Verstanden, Berger?«
Dann knallt der Major den Hörer auf die Gabel und sagt: »Hören Sie, Steiner . . .« Nun erst blickt er sich um. Der Feldwebel ist nicht mehr da.

Alles geht jetzt sehr schnell.
Steiner eilt über den Platz, nimmt die Straße zum Stadtrand. Er trägt sein Sturmgewehr wie einen Stafettenstab. Jeder Muskel, jeder Nerv, jede Miene ist angespannt wie bei einem Besessenen. Endlich hat er einen Punkt erreicht, von dem aus er die Anhöhe mit der Garage sieht. Von hier aus ist auch die Landstraße zu überblicken, und in der Nähe einer Baumreihe erkennt er, noch winzig, den Jeep. Er erklimmt einen Trümmerhaufen, wo einmal ein Haus war, und wartet. Nun ist das weiße Fähnchen schon auszumachen. Er drückt seine Waffe in die Schulter und zielt. Er weiß natürlich, daß er von hier aus den Jeep nicht treffen kann; aber das will er ja auch gar nicht. Es sollen Schüsse vor ihnen aufspritzen und sie warnen. Er will weder zu früh noch zu spät abziehen. Es ist, als sei sein ganzer Instinkt in den rechten Zeigefinger konzentriert.
In der Garage hat sich Hauptmann Berger neben das MG gehockt. Unteroffizier Klingmann sieht zu, kann nichts tun, weiß nichts zu sagen; selbst sein Gesicht ist ohne Ausdruck. Berger schaut ihn nicht an; er zielt. Er hat die weiße Fahne des Jeeps jetzt genau im Fadenkreuz. Er nimmt sogar zwei Gesichter wahr. Er hört etwas direkt neben sich, wie einen Atemstoß, und blickt auf. Klingmanns Mund steht noch offen. Der Unteroffizier scheint mit dem Kopf geschüttelt zu haben, aber Berger weiß nicht, ob sich Klingmann wirklich gerührt hat.
Steiner schießt. Drei Feuerstöße.
Die Geschosse hageln etwa hundert Meter vor dem Jeep in die Straße. Sergeant Anderson reagiert sofort, reißt das Steuer herum; der Wagen schlingert zwischen den Bäumen hindurch aufs Feld.
Dann knattert Bergers MG. Er weiß nicht, was da eben geschehen ist.
Klingmann hat es besser gesehen, aber auch er kann es sich nicht erklären. Er beobachtet nur, wie unberechenbar der Wagen dort Haken schlägt. Berger versucht, mit dem MG dem Zickzack zu folgen. Klingmann kann die Treffer verfolgen; kaum einer liegt nahe genug. Die meisten Geschosse müssen von den Bäumen abgeprallt sein.

Steiner erklimmt einen Trümmerhaufen, wo einmal ein Haus war, und wartet. Er drückt seine Waffe in die Schulter und zielt. (Richard Burton.)

Der Jeep hat jetzt eine volle Kehrtwendung gemacht, stockert noch eine Weile übers Feld, kommt dann auf die Straße zurück, gewinnt rasch an Fahrt, fliegt förmlich davon.
Berger stellt das Feuer ein. Als er sich aufrichtet, blinzelt er Klingmann mit einem Lächeln an, in dem ebenso Bedauern wie Genugtuung liegen.
Auch Steiner hat die Waffe sinken lassen. Von dem Jeep ist jetzt nur noch eine Staubwolke zu sehen. Er ist zufrieden. Dann steigt er von dem Trümmerhügel, schultert das Sturmgewehr und geht langsam nach Saint Vallone zurück.
Erst als der Jeep aus der Gefahrenzone ist, merkt Anderson, daß sein Radio nicht mehr spielt. Dann sieht er die Geschoßspur im Apparat.
»Die Hundesöhne haben mein Radio kaputtgemacht!« ruft er wütend. Der Major lacht.
Wenig später haben sie die wartende Panzerkolonne erreicht. An der Spitze stehen Captain Cornelly und Lieutenant Delmont. Der Captain zeigt auf seine Armbanduhr und ruft Rogers zu: »Sir, wir müssen starten!«
Der Major springt aus dem Jeep und erklettert den Tank BETTY GRABLE.

17

Die Stadt sah weithin aus wie ein Trümmerfeld. Und doch war sie noch nicht ganz tot. Und es waren nicht nur die Soldaten, die noch in ihr lebten. In stehengebliebenen Häusern und Hausresten, in Kellern und Schuppen warteten noch immer Männer und Frauen, Greise und Kinder darauf, was das Schicksal für sie bereithielt.
Aber nun wurden sie, einer nach dem anderen oder in Gruppen, aus ihrer bangen Erwartung aufgeschreckt. Es erschienen Deutsche und jagten sie hoch.
Da war ein altes Paar, Monsieur Emile Dubois und Madame Blanche, die sich in den Lagerraum ihres Kramladens verkrochen hatten. Ihre Wohnung war über ihnen zusammengestürzt, und

nur im letzten Moment hatten sie sich retten können. Wie durch ein Wunder war dieser Anbau erhalten geblieben.
Natürlich gab es seit langem keine Vorräte mehr in ihm. So hatten sie sich zwischen leeren Regalen und alten Kisten eingerichtet in der vagen Hoffnung, doch noch zu überleben. Sie hatten schon soviel miteinander durchgestanden, und so wußten sie voneinander, was sie jetzt bewegte. Sie sprachen nicht über ihre Angst oder über die Gewißheit, daß sie alles, was käme, miteinander tragen würden. Nur die Blicke, die sie wechselten, drückten immer noch so etwas wie ein bißchen Geborgenheit aus.
Aber nun erschien ein Leutnant und befahl ihnen, sofort mit ihm herauszukommen; die gesamte Bevölkerung habe sich auf dem Marktplatz zu versammeln. Der Mann hatte das deutsch gesagt, und nur aus seinem barschen Ton und seinen nervösen Gesten hatten sie erraten, was er von ihnen wollte. Madame Blanche wußte darauf nichts anderes, als sich noch tiefer in ihre Ecke zu verkriechen und an die Wand zu drücken. Monsieur Dubois blieb merkwürdig steif sitzen, richtete sich sogar noch auf und fragte: »*Pourquois?*«
»*Pourquois?*« wiederholte der Leutnant und schien zu begreifen, daß er sich ihnen irgendwie verständlich machen müßte. Jetzt erst erinnerte er sich, daß er Französisch gelernt hatte, und in dieser Sprache erklärte er ihnen: »Weil der Befehl dazu erteilt worden ist.«
»Ihnen?« erwiderte Dubois.
Leutnant Kleist war bei diesem einen Wort zumute, als hätte dieser alte Franzose ihn durchschaut, hätte erkannt, wie verhaßt ihm der Befehl war, den er durchsetzen mußte. »Es hat keinen Sinn, wenn Sie mir Schwierigkeiten bereiten«, erklärte Kleist. »Wenn ein anderer käme, würde er Sie vielleicht mit Kolbenhieben auf den Platz jagen. Wollen Sie das?«
»Und warum weigern nicht Sie sich?«
Darauf wußte Kleist keine Antwort.
Dubois nickte, stand auf, half seiner Frau, und Arm in Arm gingen sie an dem Leutnant vorbei aus dem Lagerraum. In ihrer Haltung lag ein Stolz, der Kleist noch mehr beschämte.
Etwas anders erging es dem jungen Schell, der sich noch nicht

daran gewöhnt hatte, was es hieß, Soldat zu sein – Soldat im Feindesland. Ihm war unter anderem ein Haus zugeteilt worden, in dem nur alle Fensterscheiben zerplatzt waren, obwohl es neben einem Schutthaufen stand. Dort fand er in der Küche eine Frau mit drei Kindern. Die Frau mochte fünfunddreißig oder vierzig sein; sie hätte gut seine Mutter sein können. Einer der beiden Jungen war vielleicht elf oder zwölf, ein schlaksiger Bursche mit wütenden Augen, bereit, seine Mama mit Zähnen und Klauen zu verteidigen, gerade so, wie Schell das selbst an seiner Stelle getan hätte. Das Mädchen war wohl acht Jahre alt, ein schmächtiges Ding voller Scheu und Angst. Der kleine Junge war noch keine vier und begriff natürlich überhaupt nichts.

Schell konnte ihnen allen nur klarmachen, was sich mit Gesten und Rufen ausdrücken ließ, und er hatte das Gefühl, er benähme sich wie ein Bulle von der Feldgendarmerie.

Als er mit ihnen auf dem Marktplatz war, wo schon so viele standen, wandte er sich ab in dem Bewußtsein, daß nicht er an dieser Schändlichkeit schuld war. Dennoch empfand er sie mit Ekel vor sich selbst.

Halle und Tieck, die unterschiedlichen Freunde, kamen in die Estaminet. Auf dem Weg dorthin hatte der schmächtige Halle gefragt, warum die Bürger von Saint Vallone denn zusammengetrieben werden sollten, und der stämmige Tieck hatte erwidert, man käme im Krieg nur durch, wenn man nicht fragt. Damit hatte sich Halle zufriedengegeben; er vertraute der realistischen Vernunft und dem Schutz seines Freundes. Aber als sie dann in den Schankraum kamen, wurde ihrer beider Entschlossenheit auf eine unerwartete Probe gestellt.

Aus der offenen Falltür zum Keller lugte der Kopf einer jungen Frau hervor.

Sie sah sehr verstört aus; aber sie blickte ihnen entgegen, als sei ihr endlich jemand zu Hilfe gekommen.

»*Il est mort*«, brachte Jeannette hervor. »*Votre camerade . . . il était blessé . . . et maintenant il est mort . . .*«

Soviel verstanden sie: Irgendein verwundeter Deutscher, den sie nicht kannten, war in den Keller gelegt worden, und nun war er gestorben. Da konnten sie nichts mehr tun. Doch es ergoß sich über sie ein Strom von französischen Worten, die sie nicht begriffen.

Jeannette war vor einer Weile bewußt geworden, wie still es um sie her war. Nicht nur das Schießen hatte aufgehört, sondern auch in dem Haus gab es keinen anderen Laut mehr als den schweren Atem ihres Vaters, der eingeschlummert war. Das hatte sie so unheimlich berührt, daß sie aus dem Zimmer geschlichen und durch das ganze Haus gegangen war. Überall war es leer gewesen; selbst den Keller hatte sie verlassen gefunden. Sie hatte das Gitter gesehen, das neben den Durchgang zum Tunnelsystem gestellt worden war, und die leeren Sprengstoffkästen, die man in eine Ecke gestapelt hatte, beides hatte sie erschreckt, und beides hatte sie nicht verstanden. Dann erst hatte sie die Pritsche entdeckt und den leblosen Soldaten darauf. Sie hatte sich über ihn gebeugt und allmählich erkannt, daß er tot war.

Das alles erzählte sie jetzt, und sie fügte hinzu, was sie von Soldaten hielt, die einen der ihren so einsam hatten verrecken lassen. Sie übersah in ihrer Erregung, daß diese beiden Deutschen keines ihrer Worte verstanden.

Halle und Tieck waren hilflos. Ihr Auftrag blieb, auch nachdem die junge Frau geendet hatte. Tieck beharrte darauf: »Kommen Sie mit!«

Das begriff Jeannette, und sie erwiderte: *»Mais mon père . . .«*

»Es ist noch jemand hier?«

»Mon père«, wiederholte Jeannette, und das war nicht eigentlich eine Antwort. *»Il est malade . . .«*

»Wo?« fragte Tieck.

Jeannette blickte nach oben.

»Komm«, sagte Tieck zu seinem Freund, und sie stiegen die Treppe hinauf. Jeannette folgte ihnen in stummem Entsetzen.

Als sie in die Kammer kamen, war Jeannettes Vater schon aufgeschreckt. Er begegnete den Soldaten mit einem Blick, als sei er auf alles gefaßt. Er stieg aus dem Bett, ehe etwas gesagt worden war. Als er dann seine Hose und Jacke anzog, meinte Tieck, ihn antreiben zu müssen: »Machen Sie schon!« Aber Halle sah ihn an, als wollte er sagen: Das wäre doch nicht nötig gewesen. Doch der alte Mann schien es ohnedies nicht gehört zu haben.

Halle war es, der erkannte, daß sie ihn auf dem Weg stützen mußten. Seine Kraft hätte dazu nicht ausgereicht ohne Jeannette, die den Vater von der anderen Seite hielt. (Sonja Janine und Richard Burton [rechts].)

Halle war es, der erkannte, daß sie ihn auf dem Weg stützen mußten. Seine Kraft hätte dazu nicht ausgereicht ohne Jeannette, die den Vater von der anderen Seite hielt. Tieck trottete, jetzt doch etwas unsicher, hinterher. So kamen sie endlich auf die Straße.

Als Steiner den Stadtrand erreicht hatte, sah er, wie aus einem halbzerstörten Haus zwei alte Frauen von Soldaten herausgeführt wurden. Er hörte die beiden erregt reden und weinen. Die Soldaten kümmerten sich augenscheinlich nicht darum, schubsten die Frauen nur weiter und stießen Schimpfworte aus.
»Heh!« rief Steiner. »Was macht ihr denn da?«
Der eine der beiden Soldaten nahm so etwas wie Haltung an. »Wir bringen sie auf den Marktplatz, Herr Feldwebel.«
»Warum?«
»Alle werden auf den Marktplatz gebracht. Befehl von Herrn Major Stransky.«
Jetzt begriff Steiner, was hier vorging. Aber das konnte er diesen Soldaten nicht erklären. »Immerhin könntet ihr ziviler mit ihnen umgehen.«
»Wir haben's versucht, Herr Feldwebel, aber das funkte nicht.«
»Na ja, ihr habt es ja nicht anders gelernt.« Steiner wandte sich ab und ging weiter. Wir alle haben nichts anderes gelernt, als Befehlen zu gehorchen, was immer sie besagen, dachte er, und soweit sind wir also damit gekommen . . .
Als er den Marktplatz erreicht hatte, standen dort schon etwa zwanzig Menschen. Ein paar Soldaten paßten auf, daß sich niemand wieder entzog. Am Rande sah er Major Stransky, und er hörte ihn zu einem Unteroffizier sagen: »Schnell, machen Sie schnell, es sind bestimmt noch mehr Leute da, und ich will sie alle hier haben!« Der Unteroffizier lief los.
Steiner wäre am liebsten dazwischengefahren, aber er wollte erst mehr wissen, und so versuchte er, dem Blick Stranskys zu entgehen. Er drückte sich am Rande der Menge entlang und nahm dabei wahr, wieviel Angst, Entsetzen und Entwürdigung diesen Menschen aufgebürdet worden war.
Zur Estaminet »*Au coq d'or*« kam er gerade, als aus der Seitentür der Wirt, seine Tochter und zwei Soldaten traten. Wieder fragte

er: »Was soll das?« Da er wußte, welche Antwort er bekommen würde, fügte er rasch hinzu: »Ihr könnt doch nicht einen todkranken Mann . . .«
Tieck unterbrach ihn: »Der Major hat ausdrücklich gesagt: Alle – Herr Feldwebel.«
Halle meinte seinen Freund unterstützen zu müssen und ergänzte leise: »Wir sollten auf keinen Fall diese Frau aus der Kneipe vergessen, hat er gesagt, Herr Feldwebel.«
»Ja, das war sein eindeutiger Befehl«, bestätigte Tieck mit neuer Sicherheit.
»Nun, und ich gebe euch jetzt den eindeutigen Befehl, diese Leute ins Haus zurückzubringen!«
Sein schroffer Ton machte die beiden unsicher. Sie blickten einander fragend in die Augen. Steiner sah sie weiter streng an. Er war selten so entschlossen gewesen, seinen Rang und dessen Befehlsgewalt geltend zu machen.
Nach einer Pause sagte Tieck zu seinem Freund: »Immer der letzte Befehl gilt, nicht wahr?« Halle nickte. So ließen sie den alten Mann und Jeanette wieder ins Haus. Dann drehten sie sich um und folgten ihnen. Auch Steiner ging in die Estaminet.
Die beiden Soldaten halfen dem alten Mann bereits die Treppe hinauf. An deren Fuß hatte Jeanette gezögert, als ob sie noch etwas sagen wollte. Steiner sah sie an und fragte: »Ja –?«
»Votre camarade – qu'il était blessé – il est mort.«
Dann folgte sie eilig den anderen.
Junghans ist tot, dachte Steiner. Er dachte auch: Es ist wohl das beste so. Dennoch stieg er die Treppe zum Keller hinab.
Er verweilte einige Augenblicke neben dem Toten. Aber seine Gedanken waren kaum bei den Ereignissen, die zu diesem Tod geführt hatten, oder bei der Erkenntnis der Vergeblichkeit dieses Opfers. Er dachte beinahe nur noch an das, was er nun kommen sah. Und er mußte es verhindern. Nur er konnte es.

Steiner hatte vom Tunnel her ein Geräusch gehört. Er war an den Durchgang getreten und hatte gelauscht. Von weither hallten Schritte nach. Er stieg in den Durchgang.
Die fremden Schritte waren verstummt. Aber je tiefer Steiner in

die unterirdischen Gänge drang, desto deutlicher hörte er doch, daß da irgendwo jemand sein mußte. Dann vernahm er sogar Worte: »Sie sind also fertig?« Stranskys Stimme. Eine andere, die er nicht erkannte, gab Antwort: »Ja, alle Zündkabel münden in diesem Verteiler, Herr Major.« Dann waren wieder Schritte zu hören, die sich schnell entfernten.

Als Steiner um die Ecke bog, sah er zwanzig Meter entfernt Stransky stehen; der Major war jetzt allein. Steiner ging auf ihn zu. Stransky sah auf. Seine Miene drückte zuerst eine gewisse Verstörtheit aus, dann wurde sie erwartungsvoll gespannt, und schließlich stahl sich ein Ausdruck grausamen Triumphes in das Gesicht. Noch zwang sich Steiner zur Ruhe. Einige Herzschläge lang maß er den Major nur mit Blicken. Dann sagte er leise mit schneidender Stimme: »Das können Sie nicht tun, Major.«

Stransky tat überrascht. Es klang fast gemütlich, als er erwiderte: »Warum denn nicht, Steiner? Es war Ihre eigene Idee.«

Steiner wußte das nur zu gut. Eben deswegen war es seine Pflicht, den Major zu hindern. Doch noch erwiderte der Feldwebel nichts.

»Sie haben doch gesagt«, fuhr Stransky fort, »daß der Platz verlassen aussehe. Sie hatten vollkommen recht. Das Bild war alles andere als überzeugend.«

Darauf reagierte Steiner, indem er auf den Verteilerkasten starrte. Ihm war schon bewußt, daß kein Argument den Major von seinem Plan abbringen werde. Den Hinweis auf die Unmenschlichkeit wider jedes Kriegsrecht würde Stransky nicht einmal verstehen. War nicht der einzige Ausweg, jetzt hinzugehen und diese Kabel einfach wegzureißen?

Aber Steiner hatte doch einen Augenblick zu lange gezögert. Er sah sogar noch auf, und da registrierte er, daß sich Stransky bis an den Einstieg des Tunnels vom Rathaus her zurückbewegt hatte. Der Major hatte schon die ersten Stufen erklommen und stand also über ihm. Wieder grinste Stransky in unerträglicher Zufriedenheit.

»Sie Mörder!« schrie Steiner. »Aber Sie Dummkopf wissen ja nicht einmal, wovon ich rede!«

Stransky hatte seine rechte Hand an der linken Hüfte. »O doch«, sagte er ruhig. »Sie sind mir schon einmal in die Quere gekommen, zum zweiten Mal wird Ihnen das nicht gelingen. Sie haben schon einmal Hand an mich gelegt, Steiner, aber jetzt werde ich das rechtzeitig verhindern!«

Der Major hatte seine Pistole gezogen, und Steiner sah sie auf sich gerichtet. Dennoch näherte er sich Schritt um Schritt Stransky. In diesem Moment war es Steiner vollkommen gleichgültig, ob Stransky schoß oder nicht. Alles war gleichgültig geworden außer Stranskys Mordplan.

Der Major mußte Steiners rücksichtslose Entschlossenheit spüren. Sie machte ihn unsicher. Seine Hand zitterte leise. Aber dann unterstützte er sie mit der linken. Und er schoß.

Er traf in Steiners rechte Schulter. Steiner taumelte, fiel, sein Kopf prallte auf Stein, und er verlor das Bewußtsein.

Stransky blieb noch einen Augenblick stehen. Als er sah, daß Steiner sich nicht mehr rührte, drehte er sich um und entfernte sich nach oben.

Im Rathaus traf er auf Feldwebel Berking. Der Führer des Pionierzuges, der nicht wissen konnte, was eben da unten geschehen war, wies auf den Zündmechanismus. »Sie brauchen bloß den Hebel da kräftig hinunterzudrücken, Herr Major, und . . .«

Stransky nickte. Jetzt also war alles in Ordnung.

18

Die amerikanischen Tanks hatten sich längst in Bewegung gesetzt. Sie hatten sich zu zwei Kolonnen geordnet, angeführt von dem Befehlspanzer mit Major Rogers und Sergeant Anderson an Bord. Noch hatte Rogers die Turmluke nicht geschlossen; er stand aufrecht darin und blickte sich ständig nach allen Seiten um. Hinter und neben ihm war alles, wie es sein sollte. Vor ihm gab es noch immer nichts zu sehen. Was in ihm vorging, hätte er nicht einmal sich selbst sagen können.

Das Donnern dieser riesenhaften Kriegsmaschinerie drang ins Land. Es erreichte auch die Garage, in der Hauptmann Berger und Unteroffizier Klingmann als Beobachter saßen. Sie hörten sie

kommen, noch ehe sie mehr von ihr sahen als den hochgewirbelten Staub. Dennoch warteten sie, bis sich die ersten der stahlgrauen Ungetüme erkennen ließen.
Berger rief den Major an. Stransky kam auch sofort an den Apparat; er schien in höchster Spannung auf diesen Anruf gewartet zu haben.
»Sie kommen, Major«, sagte Berger. »Mindestens drei Schwadronen.«
Neben dem Hauptmann stand Klingmann und sah durch das Fernglas. Er konnte die Zahl der Panzer nicht einmal schätzen, und die Überlegenheit des nahenden Feindes erschien ihm hoffnungslos.
Berger hörte Stransky sagen: »Großartig. Wenn sie hier einfahren, werden sie von vielen französischen Patrioten willkommen geheißen werden.«
»Ich versteh nicht, Major . . .«, sagte der Hauptmann noch, ehe er merkte, daß Stransky schon aufgehängt hatte. Berger sah zu Klingmann auf, der sich zu ihm umgewandt hatte. »Können Sie sich das erklären«, begann er; doch dann verstummte er. Es hatte keinen Zweck, darüber zu reden; niemand würde es verstehen.
Jetzt wälzten sich die Kolonnen unmittelbar unter ihnen vorbei. Klingmann blickte wieder hinaus, und er sah, wie sich im Führungspanzer die Luke schloß. Diese Bewegung setzte sich durch beide Reihen wie ein Lauffeuer fort.
Als Major Rogers sich geduckt und eingeschlossen hatte, sagte er zu Anderson, der die Worte allerdings nur von den Lippen lesen konnte: »Bis hier sind wir im Jeep gekommen.«
»Und hier haben wir Feuer vor die Schnauze gekriegt«, ergänzte der Sergeant.

Stransky steht in dem aufgerissenen Rathaussaal neben dem Zünder und blickt über den Marktplatz. Die Menge dort sieht beinahe festlich aus, trotz der schäbigen, schmuddligen Kleidung und der verhärmten Gesichter. Daß die Erregung, die alle diese Menschen beherrscht, nicht Freude ist, sondern Angst, läßt sich nicht ohne weiteres erkennen.
Nur zwei Soldaten stören das friedliche Bild, die den Wirt der Estaminet mehr tragen als führen; die Wirtstochter, diese Jeanette

(oder wie sie nun heißt), umkreist ängstlich die Gruppe. Wie eine Glucke, die ihr Küken umsorgt, denkt Stransky und lächelt. Dann brüllt er über den Platz die beiden Soldaten an: »Los, verdrückt euch, ich will hier nicht eine deutsche Uniform mehr sehen!«
Tieck und Halle folgen dem Befehl mit Erleichterung. Sie haben schon lange nicht mehr miteinander geredet; zu unverständlich ist ihnen, was sie in der letzten halben Stunde erlebt haben. Auch ohne Worte weiß jeder von ihnen, daß sich der andere erbärmlich fühlt, unfähig, mit der eigenen Lage fertigzuwerden, so daß sie erst recht einander nicht trösten können.
Die ungleichen Freunde kommen in eine der Seitenstraßen, in denen versteckt die Pak-Mannschaften warten. Tieck und Halle nehmen noch wahr, wie erregt auch hier alle sind. Aber irgendwie geht all dies sie nichts mehr an.
Hauser und Keppel haben kaum bemerkt, daß da zwei Kameraden an ihnen vorbeigegangen sind. Zwischen den beiden herrscht eine fast gehässige Spannung. Hauser weiß längst, daß Keppel den Augenblick kaum abwarten kann, in dem er seine Kanone auf einen Ami-Panzer abfeuert.
»Mann«, hat Hauser ihm schon mehrmals zu verstehen gegeben, »wir haben klare Befehle! Wenn du vorzeitig losballerst, kann werweißwas passieren! Warum nimmst du nicht endlich Vernunft an!«
Aber dadurch hatte sich nichts geändert. »Vernunft! Vernunft!« hat Keppel bloß entgegnet. »Was soll uns Vernunft? Wir verteidigen eine heilige Sache!«
Warum, dachte Hauser noch einmal, hat man mich gerade an diesen Wahnsinnigen gekettet?
Ganz für sich allein steht Stransky am Zünder.
Und Steiner liegt im Tunnelende unterm Rathaus, noch immer bewußtlos.

Die ersten Panzer fahren in die Stadt ein. Die Männer in ihnen sehen eine Trümmerwüste ohne Zeichen menschlichen Lebens. Kein Schuß fällt. Saint Vallone scheint vom Feind längst geräumt worden zu sein.
Im Führungstank starrt Major Rogers durch den Sehschlitz. So

Endlich steht er und wagt ein paar Schritte. Er merkt, daß er noch schwankt, und rafft alle seine Kräfte zusammen. (Richard Burton.)

sieht er als erster die Menschenmenge auf dem Marktplatz. Noch sind kaum einzelne Gestalten zu erkennen und erst recht keine Gesichter. Aber offensichtlich ist schon, daß dies Zivilisten sind. Rogers gibt an seine Kolonne den Befehl durch: »Langsamer fahren!«

Der Panzer BETTY GRABLE erreicht den Marktplatz. Jetzt unterscheidet Rogers Männer, Frauen, Kinder. Nirgends ein Soldat, eine Waffe. Rogers findet das Bild irgendwie unheimlich. Wenn die Deutschen abgezogen sind, wie es den Anschein hat, dann müßten die Franzosen dort doch glücklicher aussehen? Sie müßten doch die Befreier begrüßen? Aber die Leute auf dem Platz scheinen eher auf ein Unheil zu warten.

Die Panzer schwärmen aus, rings um den Marktplatz.

BETTY GRABLE ist knirschend zum Halten gekommen. Rogers öffnet die Luke, steigt aus. Er hält seine Waffe bereit. Ihm drängt Anderson nach, auch er höchst wachsam und schußbereit.

Steiner kommt langsam zu sich. Das erste, was er begreift, ist der Schmerz. Er befühlt seine Schulter und faßt in die Blutspur. So kommt die Erinnerung an den Schuß wieder und mit ihr an seine Lage. Er versucht, sich aufzurichten, und das ist so mühsam und schmerzhaft, daß er aufstöhnt.

Endlich steht er und wagt ein paar Schritte. Er merkt, daß er noch schwankt, und rafft alle seine Kräfte zusammen. Gottlob ist mein Kopf wieder klar, denkt er, als er auf den Verteilerkopf der Zündkabel zugeht. Zugleich hört er von oben her eine seltsame Unruhe. Die Geräusche im einzelnen kann er nicht erkennen; aber er weiß instinktiv, daß der entscheidende Moment gekommen ist.

Er hat schon mit beiden Händen die Kabel umfaßt. Er strafft sich und gibt sich den letzten Befehl.

Die Anstrengung, mit der er die Kabel von den Klemmen reißt, ist so groß, daß er danach taumelt und wiederum fällt.

Dies ist für Stransky der Augenblick des höchsten Triumphes. Alles ist genauso gekommen, wie er es geplant hat. Die Panzermacht der Amis ist auf dem Platz versammelt, und die Besatzungen können sich in Sicherheit wähnen. Gleich wird das alles in die Luft ge-

hen, in Fetzen auseinandergesprengt sein. Die verräterischen Franzosen werden mit den Amerikanern sterben, und das haben sie auch verdient. Das Bewußtsein seiner tödlichen Macht ist so köstlich für Stransky, daß er es bis zum letzten Moment auskosten möchte.
Jetzt! denkt er dann und drückt mit aller Kraft, in einem Rausch grausamer Lust, den Hebel nieder.
Es geschieht nichts. Nichts!

Steiner hat sich abermals aufgerafft. Er nimmt seine Waffe und steigt langsam die Treppen aus dem Tunnel hoch. Vor dem Rathaussaal, dort, wo einmal die Arkaden gestanden haben, kommt er ans Tageslicht. Er sieht die Franzosen, die Panzer, einzelne amerikanische Soldaten. Dann erkennt er Major Rogers und neben ihm den Sergeanten Anderson. Er sieht, daß Rogers vor Jeanette und ihrem Vater steht. Rogers scheint die junge Frau angesprochen zu haben.
Der amerikanische Offizier hatte sich zunächst etwas ratlos unter den Zivilisten umgesehen. Er hatte sich gefragt, ob irgend jemand unter ihnen ihm wohl erklären könnte, was hier eigentlich los war. Dann hatte er den alten Mann und die junge Frau entdeckt und gefunden, sie sähe am ehesten so aus, als werde sie ihn verstehen und Auskunft geben können.
Auch Stransky hat von seinem Platz aus die Szene genau beobachtet. Er weiß jetzt, daß sein Plan gescheitert ist; abermals hat ihm irgendein unverständliches Schicksal den Erfolg versagt. Aber deshalb gibt er nicht auf; nie wird er das tun! Diese junge Frau wird quatschen, denkt er; sie wird alles verraten, und dann gnade uns Gott! Dazu darf es nicht kommen. Er zückt seine Waffe, richtet sie auf Jeanette. Er hat ihren Kopf klar im Ziel. Diesmal zittert seine Hand nicht.
Steiners Blick hat inzwischen nach Stransky gesucht und ihn entdeckt. Seither hat er ihn nicht mehr aus den Augen gelassen. Jetzt erkennt er, daß Stransky aus seinem Hinterhalt auf Jeanette zielt. Steiner reißt seine Waffe hoch und zieht ab.
Stransky taumelt, sein Schuß geht in die Luft. Dann stürzt er zu Boden.

Steiner geht langsam voran, auf die Gruppe um Rogers zu. Der amerikanische Major, der wieder sichernd nach allen Seiten ausschaut, erblickt ihn. Unwillkürlich muß Rogers schmunzeln. Er ist sicher, daß der deutsche Sergeant die Waffe nicht gegen ihn richten wird. So läßt er die Pistole sinken und wartet, bis Steiner bei ihm ist.
Dann spricht Rogers ihn auf englisch an: »Hören Sie, alter Freund, was ist eigentlich aus Ihren drei Generalen geworden?«
»Der Führer hat sie gehindert.« Auch Steiner lächelt jetzt. Er nickt Anderson zu. Dann betrachtet er den Tank. »Betty Grable?« Er blickt Rogers fragend an. »Ist das Ihre Freundin, Major?«
»Nein, aber vielleicht hat Anderson was mit ihr.«
Der amerikanische Sergeant will protestieren, aber da sieht er, wie der Deutsche sich krümmt.
Steiner hat der Schmerz so gepackt, daß er taumelt. Rogers springt zu und fängt ihn auf. Dann führt er Steiner zum Rathaus, dem einzigen Platz, der so aussieht, als ob man dort einen Verwundeten betten könnte. Steiner läßt alles mit sich geschehen. Er nimmt es nur noch undeutlich wahr.
Plötzlich bleibt Rogers stehen. Er hat den toten deutschen Offizier liegen gesehen und daneben den Zündapparat. Jetzt versteht er. Doch er fragt Steiner noch: »Hat der etwa . . .« Weiter kommt er nicht.
Der deutsche Sergeant ist in seinen Armen ohnmächtig geworden.

Keppels Pak ist schußbereit. Keppel selbst hat mit wachsender Verwunderung verfolgt, was geschah – daß nichts geschah. Er hockt hinter dem Geschütz.
Hauser neben ihm erwartet, daß es jeden Augenblick losgeht. Er reißt Keppel beiseite. »Du sollst warten, verdammt!«
»Worauf denn noch?«
Hauser hält ihn umklammert. »Ich sag dir, wenn du verrückt spielst, bring ich dich um!«
»Du –? Mich –?« Keppels Gesicht ist voller Geringschätzung und Haß. Dann rennt er ein Knie in Hausers Unterleib. Hauser schreit auf, läßt los; Keppel ist wieder an seiner Pak.
Jetzt hat er einen Panzer genau im Visier. Er zieht ab. Sofort lädt

Steiner geht langsam voran, auf die Gruppe um Rogers zu. Der amerikanische Major ist sicher, daß der deutsche Sergeant die Waffe nicht gegen ihn richten wird. (Richard Burton und Robert Mitchum.)

er nach. Er hat getroffen. Rogers hat es gesehen und stürmt über den Platz. Die anderen Tanks haben ihrerseits das Feuer eröffnet. Zugleich war Keppels Schuß für die anderen Pak-Mannschaften das Zeichen, ebenfalls einzugreifen.
Auch Krueger und Nissen feuern wie wild.
Krueger flucht wie ein Wahnsinniger vor sich hin, aber seine Worte gehen im Kampflärm unter. Nissen scheint ohnedies nichts um sich her zu hören oder zu sehen; er lädt nach und lädt nach, als könne er nur so das Grauen überstehen, in das er wie alle anderen eingespannt ist.
Die ersten Schüsse schon haben Steiner aus seiner Ohnmacht geweckt. Er hatte aufgeblickt und gerade noch gesehen, wie Rogers auf seinen Panzer zulief. Dann sah er die Mündungsfeuer aus den Geschützen der Tanks. Zwischen den Kampfwagen liefen kopflos Menschen hin und her. Er meinte, sie schreien zu hören, aber das war in diesem Getöse doch wohl unmöglich.
Er weiß selbst nicht, wie er auf die Beine gekommen war. Er denkt auch nicht darüber nach, woher er die Kraft nahm, mitten in die Menge zu laufen. Er rennt eben, rennt auf zwei Kinder zu, die zu Boden gedrängt worden sind. Er reißt sie hoch, reißt sie mit sich, läuft mit ihnen zurück in den Schutz der Rathaushalle.
Dann stürmt er erneut los, zwischen die Leute. Mit Rufen und Gesten versucht er, ihre Panik zu brechen. Es gelingt ihm wirklich, eine Gruppe zu bilden, die sich planmäßig in Sicherheit bringt. Er selbst hört gar nicht die Schüsse, die hin und her über ihn pfeifen. So duckt er sich auch nicht, als käme es auf seinen Tod nun nicht mehr an.
Er achtet auch nicht darauf, daß hinter ihm einer der Panzer losfährt. Erst im letzten Moment weicht er aus, aber er wird noch gestreift und zu Boden gerissen.
Die Paks sind den Panzern nicht gewachsen. Zwar wurden Panzer getroffen, sind unbeweglich geworden, und einige brennen lichterloh. Auch amerikanische Soldaten sterben oder werden schwer verwundet. Der Preis, den die Amis zahlen, ist hoch. Aber es fallen mehr Paks aus. Ein Geschütz nach dem anderen verstummt. Hier und da stürzen Kanoniere, schreiend oder lautlos.
Fast erstaunt stellt Steiner fest, daß der Panzer ihn nicht verletzt

hat. Er steht auf und sieht um sich her die Tanks weiterrollen. Er kann ihnen ausweichen und schlängelt sich zwischen ihnen hindurch an den Rand des Platzes. Er sieht die letzten Zivilisten davoneilen.

Plötzlich ist der Platz beinahe leer. Direkt vor ihm ist ein Panzer auf der Strecke geblieben. Er erkennt BETTY GRABLE. Er geht näher und sieht, daß Major Rogers und Sergeant Anderson hinter dem Fahrzeug stehen.

Anderson ist geduckt; er ist offenbar dabei, mit irgendeinem Werkzeug die Panzerkette zu reparieren. Da lenkt ein anderes Geräusch Steiners Blick ab.

An eine Hauswand gepreßt steht Keppel. Er hat ein Sturmgewehr in die Schulter gedrückt und zielt. Im gleichen Moment wirft sich Steiner auf Anderson und reißt ihn nieder. Der Schuß zischt um Haaresbreite über die beiden hinweg. Zugleich schießt Rogers auf Keppel. Der brüllt auf, sackt in sich zusammen und bleibt leblos liegen.

»*Thank you*«, sagt Rogers.

Anderson rappelt sich auf. »*Goddam*«, flucht er. »*But – thank you.*«

Die Spannung ebbt ab, und ihr folgt eine seltsam nachdenkliche Stimmung. Nach einigem Zögern erklärt der Major: »Auf uns folgt motorisierte Infanterie, Steiner. Die Leute werden hier gründlich aufräumen. Warum sollten Sie bis dahin hierbleiben, Sergeant?«

»Es bleiben so viele hier.«

»Ja, auch von unseren Leuten . . .« Rogers erinnert sich an die Vergeblichkeit seiner Versuche, das zu verhindern. »Es tut mir leid, daß unsere kleine Verabredung zu nichts geführt hat, Steiner. Sie haben da in der Hütte eine verdammt schneidige Sache gemacht. Und nun . . .«

»Wir hätten früher an so was denken sollen«, sagt Steiner. »Und Saint Vallone – das ist ja kein Ende. Sie haben noch einen weiten Weg bis Berlin, Major.«

»Vielleicht treffen wir uns später mal wieder?«

»Man kann nie wissen.« Steiner salutiert und geht.

Wie um sich endgültig aus seiner Trauer zu reißen, ruft Rogers

ihm nach: »He, für einen Burschen, der Offiziere nicht liebt, war das aber 'n ziemlich zackiger Gruß!«
Steiner versteht, dreht sich um und erwidert: »Reine Routinesache, Major.«

Wenige Augenblicke später hat sich Steiner über Keppels Leiche gebeugt. Das junge Gesicht ist zu einer aschgrauen Maske verfallen. Die Augen stehen offen, aber die Begeisterung und der Glaube darin sind erloschen. Armer, irregeleiteter Junge, denkt Steiner. Doch gleich darauf fragt er sich: Warum arm? Ist ihm nicht erspart geblieben, das letzte, bitterste Ende seines Wahns mitzuerleben?
Er sucht Keppels Erkennungsmarke, bricht sie auseinander, steckt die eine Hälfte ein. Wie oft hatte er das schon getan!
Er geht weiter und stößt auf eine Pak, die zu Schrott geschossen worden ist. Neben ihr liegen zwei tote Soldaten. Der eine ist Nissen; des anderen Gesicht ist ins Straßenpflaster gedrückt. Steiner dreht den Kopf um. Er sieht in Kruegers entstelltes Antlitz.
Nun haben sie uns doch getrennt . . . Steiner kann es kaum begreifen. Da neben ihm liegt ein Stück seines eigenen Lebens. Es hatte so entsetzliche Stunden gegeben, auch manchmal Streit, ja, und Heiterkeit, und kleine Hilfen, und große, stillschweigend verschworene Kameradschaft. Übrig bleibt nichts als die Hälfte einer Erkennungsmarke.
Und du, Nissen, denkt Steiner, bist du nun in deinem Himmel? Wenn du Gott triffst, frag ihn doch mal, warum er uns Menschen so gemacht hat, daß wir uns das hier antun.

Am Ende der Straße begann das offene Land. Hier sah es aus, als hätte es den Krieg nie gegeben. Alles schien in einem tiefen Schlummer zu liegen.
Die Schulter begann Steiner wieder zu schmerzen. Er betastete sie, aber das Blut war geronnen oder im Tuch seiner Uniformjacke versickert. Er hängte das Sturmgewehr über die andere Schulter. Dabei fragte er sich, warum er sich noch mit der Waffe abschleppte. Aber man konnte nicht wissen, wozu sie noch gut sein mochte. Und außerdem gehörte sie mittlerweile zu ihm wie seine Arme.
Steiner ging langsam weiter. Der Weg war nun schmal, und er

wußte nicht, wohin er führte. Vielleicht würde er auf eine andere Einheit stoßen, und dann wäre er wieder mitten drin in diesem Krieg. Vielleicht liefe er Amerikanern in die Arme, und sie würden ihn gefangennehmen. Vielleicht . . .

Vorläufig jedenfalls kümmerte sich niemand um ihn.

Und es ging auf den Abend zu.